자연에서의
의지에 관하여

대우고전총서
Daewoo Classical Library
030

자연에서의 의지에 관하여

저자의 철학이 그 출현 이후
경험과학을 통해 획득한 증명에 대한 논의

Über den Willen in der Natur

아르투어 쇼펜하우어 | 김미영 옮김

아카넷

나는 사유의 베틀에서 나의 실을 만들었다.

그들은 그것이 애쓸 가치가 없는 것이라고 여겼고,

바라보기만 했다.

그래도 시간은 분명히 모든 것을 개선한다.

— 아이스킬로스

■ 일러두기

- 이 책의 번역 대본은 아르투어 휩셔(Arthur Hübscher)가 편집한 『쇼펜하우어 전집(*Arthur Schopenhauer. Sämtliche Werke*)』(Leipzig: Brockhaus, 1937) 제4권에 있는 "Über den Willen in der Natur: Eine Erörterung der Bestätigungen, welche die Philosophie des Verfassers seit ihrem Auftreten durch die empirischen Wissenschaften erhalten hat"이다.
- 각주는 저자 주와 옮긴이 주를 나누어서 밝혀주었다. 옮긴이가 따로 설명한 주에는 내용 앞에 〔옮긴이〕라고 표시하였다.
- 본문 중 괄호 안 한글의 기울임꼴 부분은 옮긴이의 설명이다.

서문

이 짧은 책도 19년이 지난 후에 수정할 수 있어서 기쁘다. 이 책이 나의 철학을 위해 특별히 중요한 만큼 기쁨은 더욱더 크다. 왜냐하면 여기서 나는, 순수 경험적인 것에서 즉 자신들의 특수 학문의 끈을 추적하는 선입견 없는 자연학자들의 관찰에서 출발하여 나의 형이상학의 본래적 핵심에 직접적으로 도달하고, 나의 형이상학이 자연과학과 접촉하는 지점을 입증하며, 나의 근본 학설을 평가하는 시험을 어느 정도 제공하기 때문이다. 이를 통해 나의 근본 학설은 더 상세하고 독특한 증명을 획득할 뿐 아니라 다른 어떤 곳에서보다 더 명백하고 쉽게 이해될 수 있다.

이 개정판은 분량이 늘어난 만큼 내용도 많이 보완되었다. 어떻게든지 언급할 만한 것은 초판에서 전혀 삭제되지 않은 반면에 많은 내용이 덧붙여졌으며, 눈에 띄게 추가된 부분도 있다.

그리고 출판사에서 이 작품의 개정판을 요구한 것은 일반적인 의미에서도 좋은 징조다. 그것은 진지한 철학 일반에 대한 관심을 의미하며, 현 시대에 철학에서의 실제적 발전에 대한 요구가 지금까지보다 더 절박하게 감지된다는 사실을 입증하기 때문이다. 그런데 이와 같은 요구는 두 가지 상황에 기인한다. 한편으로 그것은 자연과학의 모든 분야에서 일어난 유례없이 열렬한 활동에 기인한다. 이 활동은 대부분 자연과학 외에는 아무것도 배우지 않은 사람들에 의해 관리되는 것으로, 극단적이고 편협한 유물론에 이르게 하는 위험성을 갖는다. 유물론에서 **맨 먼저** 불쾌감을 유발하는 것은 마지막 결과의 도덕적 야수성이 아니라 최초 원리의 믿을 수 없는 어리석음이다. 거기서는 심지어 생명력이 부인되고 유기적 자연은 화학적 힘들의 우연적인 놀이로 깎아 내려지기 때문이다.[1] 도가니와 시험관을 다루는 신사들은, 단순한 화학이 제약사의 능력은 줄 수 있겠지만 철학자의 능력을 줄 수는 없다는 사실을 알아야 한다. 마찬가지로 그들의 정신과 상통하는 다른 자연 연구자는, 어떤 사람이 완벽한 동물학자이며 원숭이 종류 60가지를 모두 꿰고 있을 수 있다 해도, 자신의 교리문답서 외에 아무것도 배우지 않았

---

1) 그리고 그 우매함은, 이 경탄할 만한 신비스러운 세계의 본질과 현존의 비밀에 접근하는 단서가 빈약한 **화학적 친화성**에서 발견되었다고 완전히 진심으로 오해하는 정도에까지 이를 수 있었다! 현자의 돌을 찾으려 했고 단지 금을 만들기를 바랐던 연금술사의 망상은 우리 시대 **생리학적** 화학자들의 망상과 비교하면 실로 사소했다.

다면 전체적으로 보아 무지한 사람, 즉 대중에 포함되는 사람이라는 것을 알아야 한다. 그러나 이는 현 시대에서 흔히 있는 일이다. 이 시대에는 화학, 물리학, 광물학, 동물학, 혹은 생리학을 배웠지만 그 밖에는 세상에서 아무것도 배우지 않은 사람들이 계몽가로 자처한다. 그들은 여기에 다른 곳에서 배운 유일한 지식, 말하자면 자신들에게 아직 달라붙어 있는, 학창 시절의 교리문답서에 대한 지식을 가져온다. 그리고 자신들에게 이 두 부분이 서로 잘 맞지 않을 경우 그들은 즉시 종교를 조롱할 것이며, 바로 그다음에는 조야하고 천박한 유물론자가 될 것이다.[2] 플라톤과 아리스토텔레스, 로크 그리고 특히 칸트와 같은 사람이 있었음을 그들은 아마 학교에서 들었을 테지만, 이 사람들이 도가니와 시험관을 다룬 적도 또 원숭이를 박제한 적도 없으므로 상세히 알 가치가 없다고 생각했다. 오히려 2천 년의 사유 작업을 태연하게 창밖으로 내던지면서 그들은 자신들의 풍부한 정신 자원으로부터 한편으로는 교리문답서에 기초하여 다른 한편으로는 도가니와 시험관이나 원숭이 목록에 기초하여 자신들의 풍부한 정신 자원으로부터 날조된 철학을 세상에 제시한다. 그들에게는 대화에서 한몫을 하기 전에 아직 많은 것을 배워야 하는 무지한 사람들이라는 솔직한 가르침이 어울린다. 그리고 마치 『순수이성비판』이 달에서 출판되었고 지구에는

---

2) "교리문답 혹은 유물론"이 그들의 구호다.

단 한 권도 없는 것처럼 영혼, 신, 세계의 시초, 원자 등등에 관해 아이같이 단순한 실재론을 아무렇게나 독단적으로 표명하는 이는 대개 누구나 그야말로 대중에 속한다. 그가 자신의 지혜를 나누어 줄 하인 방으로 그를 보내라.[3]

철학의 실제적 진보를 요청하는 다른 상황은 모든 위선적인 은 폐와 교회 법규에 따르는 거짓 생활에도 불구하고 점점 더 늘어가는 불신앙이다. 이 불신앙은 계속 확장되는 모든 종류의 경험적·역사적 지식과 필연적이고 불가피하게 제휴한다. 이 불신앙은 기독교의 형식뿐 아니라 (기독교 자체보다 훨씬 더 광범위하게 뻗쳐 있는) 정신과 의미마저도 배척하고, 인류를 위에서 언급한 화학적 유물론보다 더 위험한 **도덕적** 유물론에 넘겨주려고 위협한다. 거기서 이 불신앙을 돕는 것은 현재 도처에서 매우 무모하게 등장하는 습관적인 사이비 신앙주의뿐이다. 그 교양 없는 신도들은 자신들의 봉사료를 여전히 손에 쥔 채 지나치게 엄숙하고 매우 절박하게 설교한다. 그래서 그들의 목소리는 학술원이나 대학에서 출판된 학술적인 비판적 잡지에까지, 그리고 철학 서적뿐 아니라 생리학 서적에까지 파고

---

3) 그는 또한 그곳에서 자신들이 이해하지 못하는 우연히 들은 외국어를 즐겨 떠드는 사람들을 만날 것이다. 마치 그가 예를 들어 **관념론**에 대해 그것이 무엇을 의미하는지를 알지 못한 채 즐겨 말하는 것과 똑같이, 그래서 관념론을 대체로 유심론(Spiritualismus, 실재론으로서의 유심론은 관념론의 반대말이다) 대신 사용하는 것처럼 말이다. 이것을 우리는 책과 비판적 학술잡지에서 유사한 혼동들과 함께 100번도 더 볼 수 있다.

든다. 여기서 그들은 완전히 부적당한 장소에 있으므로 분개를 일으킴으로써[4] 자신들의 목적을 손상시킬 것이다. 이런 상황에서 독자들이 철학에 관심을 드러낸 것은 기쁜 일이다.

그럼에도 내가 철학 교수들에게 전할 슬픈 소식이 있다. 그들의 (도어구트[5]에 따라) 카스파 하우저, 그들이 거의 40년 내내 빛과 공기로부터 세심하게 차단하고 벽으로 견고하게 둘러싸서 어떤 소리도 그의 현존을 세상에 누설할 수 없었던—그들의 카스파 하우저가 달아났다! 그는 달아났고 세상에서 돌아다닌다.—몇 사람은 심지어 그가 왕자라고 생각한다.—혹은 단조롭게 말하자면, 그들이 가장 두려워했고, 그래서 통합된 힘과 보기 힘든 완강함으로, 지금까지 결코 없었던 그렇게 심한 침묵을 통해, 그렇게 일치된 무시와 은폐를 통해 한 세대를 넘어서 운 좋게 방지할 수 있었던 이 불행이 그럼에도 불구하고 나타났다. 사람들이 나를 읽기 시작한 것이다. 그리고 이제 다시 중지하지는 않을 것이다. "사람들이 나를 읽는다. 그리고 사람들은 나를 읽을 것이다(Legor et legar)." 그것은 어쩔 수 없다. 참으로 곤란하고 극도로 불편하다. 이것은 실로 진

---

4) 우리가 그들의 신앙을 갖지 않는다는 것을 그들에게 언제나 보여주어야 할 것이다.

5) [옮긴이] 프리드리히 도어구트(Friedrich Dorguth, 1776~1854): 독일의 법률가·철학자. 쇼펜하우어를 최초의 체계적인 실재론자로 평가한다. 『변증법과 동일성 체계에 대한 근본비판(Grundkritik der Dialektik und des Identitätssystems)』에서 쇼펜하우어를 1828년 독일에서 발견된 정체불명의 버려진 아이인 카스파 하우저(Kaspar Hauser)로 비유한다.

정한 숙명이다. 여기에 불행은 없다. 이것이 그렇게 충성스럽고 친근한 과묵함에 대한, 그렇게 확고하고 일치된 단결에 대한 보상인가? 불쌍한 궁정 고문관이여! 호라티우스의 약속은 어디에 있는가.

충실한 침묵에게도 분명히 확실한 보답이 배분된다.

철학 교수들에게는 그래도 사실상 '충실한 침묵'이 부족하지는 않았다. 오히려 침묵은 바로 그들이 그곳에서 언제나 이득을 알아채는 그들의 장점이다. 침묵은 또한 실제로 이득을 취하는 가장 훌륭한 비결이다. 누구도 알지 못하는 것은 있지 않는 것과 같기 때문이다. 그러나 '보답(merces)'이 그렇게 완전히 '확실한(tuta)' 것으로 지속될 것인지는 이제 미심쩍어 보인다. 우리가 '보답'을 **좋지 않은** 의미로 번역하지 않는다면 말이다. 이는 물론 좋은 고전적 권위에 의해서도 입증될 수 있을 것이다. 내 저술에 대해 적용될 수 있는 유일한 수단은 강단 철학의 기형아가 출생할 때의 시끄러운 소란 속에서 내 저술에 관해 극도로 침묵함으로써 세상에 내 저술을 비밀로 하는 것이라는 사실을 그 신사들은 전적으로 정확하게 통찰했다. 이는 언젠가 코리반트(Corybant)가 시끄러운 소리와 소란으로 태어난 제우스의 목소리를 들리지 않게 만들었던 것과 같다. 그러나 그 수단은 고갈되었고 비밀은 누설되었다. 독자들은 나를 발견했다. 그에 대한 철학 교수들의 분노는 크지만 무력하다. 왜냐하면 유일하게 작용하고 그렇게 오랫동안 성과를 갖는 수단이 고갈된 후 이제 어떤 요란한 소리도 나의 영향력을 방해할 수 없기 때문이다. 그리고 이제 헛되이 어떤 이는 그런 태도를, 다른 이는 또 다른 태도를 취한다. 물론 그들은, 나의 철학과 사실상 동시대에 살았던 세대가 나의 철학에 대해 알지 못한 채 죽음에 이르게 하는 데 성공했다. 그러나 그것은 단순한 유예였다. 시간은 언제나 그랬듯이 약속을 지켰다.

'철학적 직업(믿을 수 없이 단순하게 그들은 자신들을 이렇게 칭한다)[6]의 신사들에게 나의 철학이 그렇게 미움을 받는 이유는 두 가지다. 첫째, 나의 작품들이 독자의 취향을 타락시키기 때문이다. 그것은 공허한 미사여구의 올가미에 대한 취향이며, 높이 쌓아올려진, 아무것도 말하지 않는 단어들의 나열에 대한 취향이며, 속이 비어 있고 천박하며 서서히 괴롭히는 잡담에 대한 취향이며, 가장 지루한 형이상학의 옷으로 가장하여 나타나는 기독교의 독단적 사고와 윤리학을 소개하는, 심지어 카드놀이와 춤에 대한 입문서도 갖는 조직화된 가장 천박한 고루함에 대한 취향이며, 간단히 말하자면 이미 상당히 많은 이들을 모든 철학으로부터 영원히 물러나게 한 실타래 철학의 방법 전체에 대한 취향이다.

둘째 이유는, '철학적 직업'을 갖는 신사들이 나의 철학을 절대

---

6) 『괴팅겐 학술비평(*Göttingische gelehrte Anzeigen*)』(1853), 1쪽을 보라.

로 인정할 수 없고, 그래서 그것을 '직업'에 유용하도록 이용할 수도 없다는 것이다. 이 사실을 그들은 심지어 진심으로 유감스러워한다. 나의 부유함이 그들의 처절한 가난을 호화롭게 대체했을 것이기 때문이다. 그러나 나의 철학은 지금까지 발굴된 인간적 지혜의 가장 큰 보물을 함축한다 해도 결코 그들의 마음에 들 수 없다. 왜냐하면 나의 철학은 바로 그 신사들의 삶의 욕구이자 현존을 위한 '불가결한 조건'인 이성적(理性的) 심리학과 모든 사변신학으로부터 멀리 떨어져 있기 때문이다. 말하자면 그 신사들은 천지의 모든 사물에 앞서서 자신들의 관직을 유지하려고 하며 그들의 관직은 천지의 모든 사물에 앞서서 사변신학과 이성적 심리학을 요구한다. "이것 밖에서는 안식을 찾을 수 없다." 신학은 그런 것이며 그런 것이어야 한다는 것이다. 그것이 어디서 오는 것이든 상관없이 말이다. 모세와 예언자들이 옳아야 한다는 것, 이것이 철학의 최상 원칙이며, 거기에 이성적 심리학이 적절하게 속한다. 그러나 이제 그와 같은 것은 **칸트**에게서도 나에게서도 기대할 수 없다. 알려졌듯이 가장 설득력 있는 신학적 주장들은 모든 사변신학에 대한 칸트의 비판에 부딪쳐 벽에 던져진 유리같이 박살나고, 칸트의 수중에서 이성적 심리학에는 온전한 부분이 아무것도 남지 않았다! 그리고 이제 심지어, 그의 철학을 대담하게 계승하는 나에게서 이 둘은 결코 더 이상 등장하지 않는다. 그것이 일관적이고 성실한 것이다.[7] 반면에 강단 철학의 과제는 엄밀히 말하자면, 매우 추상적이고 난해하고 까다로워서 고통스러운 지루한 공식과 산문의 옷을 입은 교리문답서의 핵심적 근본진리를 기술하는 것이다. 따라서 이 진리는 첫눈에는 매우 혼란스럽고 잡다하며 이질적이고 독특해 보일 수 있을지라도 언제나 마지막에는 문제의 핵심으로서 모습을 드러낸다. 이 시작은, 나에게는 알려져 있지 않더라도 유용할 수 있다. 나는 철학에서, 즉 최고의, 가장 중요한, 세상의 모든 것을 넘어 인류의 가슴에 놓여 있는 설명이라고 이해되는 '절대적 진리를 의미하는 진리에 대한 탐구에서 강단철학의 책략에 의해서는 결코 단 한 발짝도 더 접근되지 못한다는 것만큼은 안다. 오히려 그 탐구는 그 책략에 의해 곤경에 빠지게 될 것이다. 그래서 나는 이미 오래전에 대학 철학 안에서 진정한 철학의 적을 알아챘다. 그러나 이제 그런 상황에서 정직하게 생각하고 완전한 진지함에서 진리를, 진리만을 향하는 철학이 한 번 나타난다면, 거기서 '철학적 직업의 신사들에게는, 마분지로 무장한 연극 속 기사에게 갑자기 그들 중에 실제로 무장한 기사가 서 있어서 그들의 무거운 발걸음에 가벼운 무대 마루판자가 진동하는 것 같은 기분이 들어야 하지 않는가? 따라서 그와 같은 철학은 나쁜 것이고 틀린 것임이 **분명하다**. 그래서 그 철학은 '직업의 신사들에게, 자신이 아닌 어떤 것으로 보이기 위해 다른 이들을 그들 자신인 그것으로 간주하면 안 되는 사람의 고

---

7) 왜냐하면 계시는 철학에 아무것도 주지 않기 때문이다. 따라서 철학자는 모든 사물 앞에서 무신론자여야 한다.

통스러운 역할을 부과한다. 그러나 이제 이로부터 웃기는 연극이 나온다. 그 신사들이, 무시는 유감스럽게도 끝났으므로 이제 40년이 지나서 나를 자신들의 척도로 측정하기 시작하고 자기네 지혜의 높이에서 마치 자신들의 관직으로 인해 충분히 권한이 있는 것처럼 나에 대해 최종 판결을 내릴 때, 우리는 그 연극을 즐긴다. 이 연극에서는 그들이 내 앞에서 명사(名士)로 행사하려 들 때 가장 재미있다.

칸트도 그들에게, 비록 더 조용한 방식이지만 나만큼 미움을 받는다. 그것은 바로, 칸트가 이 신사들의 '생계'인 사변신학과 이성적 심리학을 그 가장 깊은 기초에서 전복시켰고, 실로 진지함을 이해하는 모든 이에게서 회복할 수 없도록 파괴했기 때문이다. 그러니 그를 그 신사들이 미워하지 않을 것인가. 그들에게 자신들의 '철학적 직업'을 힘들게 해서 어떻게 명예를 가지고 꾸려나갈 것인지를 전혀 예측할 수 없게 한 그를. 그래서 우리 둘 다 나쁘다. 그리고 그 신사들은 우리를 완전히 무시했다. 그들은 나에게 거의 40년 동안 눈길 한 번 주지 않았다. 그들은 **칸트**를 이제 자기네 지혜의 높이에서 동정심을 갖고 그의 오류를 비웃으면서 내려다본다. 이는 매우 현명한 술책이며 눈이 부시기까지 하다. 왜냐하면 이때 그들은 신과 영혼에 대해, 마치 『순수이성비판』이 세상에 없는 것처럼, 유명하고 자신들과 특히 친한 사람에 대한 것처럼 완전히 거리낌 없이 모든 책을 통틀어서 말할 수 있고, 신의 세계에 대한 관계와 영혼의 육체에 대한 관계를 철저하고 현학적으로 논의할 수 있기 때문이다. 『순수이성비판』이 작업대 아래에만 있다면 모든 것은 훌륭하게 돌아갈 것이다! 이 목적을 위해 그들은, 이제 이미 수년 동안 칸트를 아주 조용히, 서서히 옆으로 밀어 보내고 폐기하려고, 실로 그를 경멸하려고 시도한다. 그리고 이제 한 사람은 다른 사람을 통해 고무되어 점점 더 뻔뻔스러워진다.[8] 그러나 그들은 참으로 그들 자신 안에 두려워할 어떤 모순도 갖지 않는다. 그들은 모두 동일한 목표와 동일한 사명을 갖고 있으며, 총명한 회원들이 '대중의 관점에서' 모든 방향으로 서로 절하며 접대하는 방대한 단체를 형성하기 때문이다. 그렇게 해서 서서히, 가장 가련한 편람 수록자가 오만함에서 칸트의 위대한 불사적인 발견을 낡은 오류로 취급하고, 실로 그것을 가장 우스운 자기도취와 가장 뻔뻔스러운 그러나 토론의 어조를 가장한 권위자의 명령으로 태연히 제거하기에 이르렀다. 여기서 그들은 칸트의 작품을 알지 못하는[9] 믿음이 깊은 독자를 갖는다고 확고히 믿는다. 그리고 칸트는 작가들에게 그렇게 당했다. 사상이 결여되었으며 마비시키는 장광설을 늘어놓는 그들의 철저한 무능력은 모든 지면에서, 모든 줄에서 눈에 띈다. 이

---

8) 한 사람은 언제나 다른 사람에게 권리를 주고, 거기서 순진한 독자는 결국, 그들이 실제로 권리가 있다고 생각한다.

9) 여기서 나는 에른스트 라인홀트(Ernst Reinhold)의 『형이상학의 체계(*System der Metaphysik*)』, 제3판(1854)을 특별히 염두에 두었다. 이것과 같이 두뇌를 썩히는 책들의 재판이 되풀이하여 출간되는 일이 어떻게 일어나는지를 나는 『여록과 보유(*Parerga und Paralipomena*)』, 제1권, 171쪽에서 설명했다.

렇게 지속된다면, **칸트**는 곧 죽은 사자가 당나귀에게 발길질당하는 광경을 제공할 것이다. 프랑스에서조차 같은 정통주의에 고무되어 동일한 목표를 향해 작업하는 동료들이 없지 않다. 특히 바르트[10]씨는 사회과학학술원에서 1850년 4월에 한 강연에서 감히 칸트를 내려다보면서 평가했고 그에 대해 가장 모욕적인 방식으로 말했다. 그러나 다행히 그 배후에 숨은 것을 누구나 곧바로 볼 수 있었다.[11]

우리 독일의 '철학적 직업'을 갖는 다른 사람들은 이제 다시, 그들의 목적에 그렇게 대립하는 **칸트**에게서 벗어나기 위해 그의 철학을 정면으로 비판하지 않고 그것이 세워진 기초를 파괴하려고 시도하는 길을 택한다. 그러나 그들은 그 과정에서 모든 신과 판단력으로부터 완전히 버림받아서 선천적 진리를, 즉 인간 오성만큼 오래된 진리를, 실로 오성 자체를 만들어내는 진리를, 그래서 자신에게도 전쟁을 선포하지 않고는 거부할 수 없는 그 진리를 공격한다. 그러나 이 신사들의 용기는 그렇게 대단하다. 애석하게도 나에

---

10) 〔옮긴이〕 쥘 바르텔미-생-틸레르(Jules Barthélemy-Saint-Hilaire, 1805~1895): 프랑스의 철학자, 언론가, 정치가.
11) 그러나 맹세코 프랑스와 독일의 그런 모든 신사들에게는 철학이 우연을 가장하여 성직자들에게 주는 것 외의 어떤 다른 것을 위해 있다는 사실이 알려져야 한다. 무엇보다 우리는 그들에게, 우리가 **그들의 믿음을 믿지 않는다는**─그것으로부터, 우리가 그들을 무엇으로 간주하는지가 도출되는─ 사실을 분명히 알려야 한다.

게는 그중 세 명이[12] 알려졌으며, 나는 그들 중 이 손상을 가하고, **공간**을 후천적으로 결과로서, **그 안에 있는** 대상들의 단순한 관계로서 성립하게 하는 오만함을 갖는 사람들이 더 많이 있을 것이 염려된다. 그들은 공간과 시간이 경험적 근원을 가지며 물체들에 의존해서, 물체들의 병존에 대한 우리의 지각에 의해 공간이 최초로 성립하고 또 마찬가지로 그렇게 변화의 연속에 대한 지각에 의해 시간이 성립한다고 (바보! 마치 병존과 연속이라는 단어들이 선행하는, 그것들에 의미를 부여하는, 공간과 시간에 대한[13] 직관 없이 우리에게 어떤 의미를 가질 수 있는 것처럼) 주장하기 때문이다. 그리고 그들은 결과적으로, 물체가 없다면 공간도 없을 것이고 따라서 물체가 사라지면 공간도 없어져야 한다고 주장하고, 마찬가지로 모든 변화가 멈추면 시간도 정지한다고 주장하기 때문이다.[14]

---

12) K. Rosenkranz, *Meine Reform der Hegelschen Philosophie*(1852), 특히 41쪽에 중요하고 전지적인 어조로 다음과 같이 되어 있다. "나는 물질이 존재하지 않는다면 시간과 공간이 절대로 존재하지 않을 것이라고 분명히 말했다. 자신 안에서 긴장된 에테르가 비로소 실제적인 공간이며, 그것의 운동과 그 결과 모든 특별하고 개별적 것의 생성이 비로소 실제적인 시간이다."

L. Noack, *Die Theologie als Religionsphilosophie*(Lübeck, 1853), 8, 9쪽.

v. Reichlin-Meldegg, Oersted의 "Geist in der Natur"에 대한 두 논평, 《하이델베르크 연보(*Heidelberg Jahrbücher*)》, 1850년 11·12월 호와 1854년 5·6월 호.

13) 시간은 연속적 존재의 가능성의 조건이다. 연속적 존재는 시간 없이는 발생할 수도 없고, 우리에게 이해될 수도 단어로 표현될 수도 없을 것이기 때문이다. 마찬가지로 병렬적 존재의 조건은 공간이다. 그리고 이 조건들이 우리 두뇌의 소질에 내재한다는 사실에 대한 증명이 '선험적 감성론'이다.

그와 같이 어리석은 말은 칸트 사후 50년이 지나 진지하게 개진된다. 그러나 칸트철학을 손상시키는 것이 실제로 그 목적이다. 그리고 물론 칸트철학은 그 신사들의 주장이 사실이라면 **일격**에 무너졌을 것이다. 다행히 그것은 반박은 고사하고 비웃음을 답변으로 받는 종류의 주장들이다. 말하자면 우선 거기서 문제되는 것은 칸트철학에 반대하는 이단이 아니라 건전한 인간 오성에 반대하는 이단이다. 여기서는 어떤 철학적 독단에 대한 공격이라기보다는 선천적 진리에 대한 공격이 일어난다. 이 선천적 진리는 바로 그런 것으로서 인간 오성 자체를 만드는 것이며, 따라서 정신이 멀쩡한 누구에게나 '2x2=4'라는 것과 마찬가지로 순간적으로 떠올라야 하는 것이다. 쟁기질하는 농부를 나에게 데려와서 그에게 그 질문을 이해시켜보라. 그러면 그 농부는 그대들에게, 천지의 모든 사물이 사라질 때 공간은 그래도 머물러 있을 것이며, 천지의 모든 변화가 멈출 때 시간은 그래도 계속 흐를 것이라고 말할 것이다. 이 독일 사이비 철학자들과 반대로 프랑스의 물리학자인 **푸이예**(Claude Pouillet)는 얼마나 존경할 만한가. 그는 형이상학에 신경을 쓰지 않지만, 프랑스에서 공식적인 교육의 기초인, 널리 알려진 자신의 물리학 교과서 1장에서 바로 상세한 두 개의 절을, 즉 '공간에 관한' 절과 '시간에 관한' 절을 합치는 일을 소홀히 하지 않았다. 여기서

---

14) 공간을 그 안에 있는 물체로부터 도출하는 것은 대략 바다의 소금을 소금에 절인 청어에서 도출하는 것과 같다.

그는 공간이 무한하다는 것과 함께 모든 물질이 제거된다 해도 공간은 지속될 것이라는 점을, 그리고 모든 변화가 멈춘다 해도 시간은 자신의 길을 끝없이 갈 것이라는 점을 입증한다. 여기서 이제 그는, 다른 것에서는 그래도 일반적이듯이 경험을 증거로 끌어대지 않는다. 그것은 불가능하기 때문이다. 그럼에도 그는 명증적인 확실성을 갖고 말한다. 말하자면 그에게는 물리학자로서 무엇으로부터 자신이 도대체 그 모든 것을 아는지를 물을 생각이 전혀 떠오르지 않는다. 그의 학문은 철저히 내재적인, 즉 경험적으로 주어진 실재성에 제한되는 것이다. 칸트에게는 이 물음이 떠올랐다. 그리고 칸트가 선천적 종합판단의 가능성에 대한 물음의 엄격한 형식으로 옷을 입힌 바로 이 문제가 그의 불멸의 발견, 말하자면 선험철학의 출발점이자 초석이 되었다. 이 선험철학은 바로 이 물음에 대한 그리고 연관된 다른 물음에 대한 답변을 통해 경험적 실재성 자체가 어떤 사정에 처하는지를 보여준다.[15]

그리고 『순수이성비판』이 나온 지 70년이 지나서, 그리고 세계가 그 책의 명성으로 가득 찬 후에, 그 신사들은 오래전에 없어진 극심

---

15) 이미 **뉴턴**은 『프린키피아(*Principia*)』의 정점인 정의들 중 여덟 번째 정의의 주석에서 **절대적인 시간**, 즉 **빈** 시간을 채워진 혹은 상대적인 시간으로부터 완전히 정당하게 구분한다. 마찬가지로 뉴턴은 절대적 공간과 상대적 공간을 구분한다. 그는 (11쪽에서) 다음과 같이 말한다. "시간, 공간, 장소, 운동을 나는 정의하지 않는다. 그것들은 모두에게 잘 알려져 있기 때문이다. 그래도 주목되어야 할 것은, 사람들이 이들의 크기를 그것이 감각 사물에 대해 갖는 관계들 외의 다른 방법으로는 파악할 수 없다는 점이다. 그리고 이로부터

한 불합리성을 제시하고 옛날의 야만성으로 돌아가기를 감행한다. 칸트가 지금 다시 와서 그와 같은 횡포를 본다면, 분명히 그에게는 시나이 산에서 내려와 백성들이 금송아지를 둘러싸고 춤추는 것을 발견하고 화가 나서 석판을 때려 부순 모세와 같은 기분이 들 것이다. 그러나 칸트가 모세와 마찬가지로 그 상황을 비극적으로 받아들이려고 한다면, 나는 그를 예수 「시락(Sirach)」의 말[16]로 위로할 것이다. "바보와 말하는 사람은 잠자는 사람에게 말하는 것이다.

몇 가지 선입견들이 나온다. 이 선입견들을 제거하기 위해서는 그것들을 절대적·상대적·본래적·가상적·수학적·경험적인 것으로 구분할 필요가 있다."

이어서 그는 12쪽에서 다음과 같이 말한다. "절대적·본래적·수학적 시간은 그 자체 본성적으로 외적인 어떤 것과의 관계없이 균일하게 한결같이 흐르며 지속성이라는 다른 이름으로 불리는 것이다. 상대적·가상적·경험적 시간은 운동을 통해 지속하는, 각각의 지각될 수 있는 외적인 (정확하거나 대략적일 수 있는) 양이다. 이것은 대중에게 본래적 시간 대신에, 예를 들어 시, 일, 월, 년으로서 사용된다.

절대적 공간은 본성적으로 어떤 외적인 것과의 관계없이 성립하며 언제나 균일하고 변화 없이 지속된다. 상대적 공간은 이 공간의 양이다. 즉 각각의 가변적 거리이다. 이 양은 우리의 감각을 통해 그것의 물체에 대한 위치에 따라 결정되며, 사람들에게 변화 없는 공간 대신 사용된다. 우리는 땅 아래에서, 공중에서 혹은 하늘에서 공간의 거리를 땅에 대한 위치에 따라 결정하는 것이다.

그러나 뉴턴에게도, 도대체 어디서 이 두 무한한 존재인 공간과 시간이 우리에게 알려져 있는지, 더욱이 우리가 그것의 모든 성질과 법칙성을 가장 작은 것에 이르기까지 제시할 줄 알 만큼 그렇게 정확히 알려져 있는지를 물을 생각이 나지 않았다. 뉴턴이 바로 여기서 강요하듯이 그 존재는 뚜렷한 것이 아니기 때문이다.

16) [옮긴이] 『구약성서』의 「집회서」를 의미한다. 그리스어로 '벤 시락의 지혜' 혹은 '시락의 아들 예수의 지혜'라고 번역된다.

말이 끝났을 때 바보는 그게 뭐냐고 묻는다." 왜냐하면 앞의 신사들에게는 바로 그 '선험적 감성론'이, 즉 칸트의 왕관에 있는 이 다이아몬드가 전혀 존재하지 않았기 때문이다. 선험적 감성론은 '존재하지 않는 것'으로서 암묵적으로 무시되었다. 존경스러울 정도로 평범한 두뇌의 취향이, 위대한 정신의 가장 중요한 가르침을 그들의 단순한 반대 주장으로 파기하는 것이거나 심지어 그 가르침을 두말없이 바람에 날려버리는 것이거나 아니면 마치 아무것도 일어나지 않은 듯 행하는 것이라면, 도대체 무엇을 위해 자연이 자신의 희귀한 작품을, 하나의 위대한 정신을, 수백만 중에서 유일한 정신을 만들어냈다고 그들은 생각하는가?

그러나 가장 위대한 두뇌들이 다루었던 사물들에 관해 이제 누구나 되는 대로 국적을 부여하는, 철학에서의 황폐화와 야만성의 이러한 상태는 바로, 뻔뻔스러운 난센스 삼류작가인 헤겔이 철학 교수들의 도움으로 가장 기괴한 착상을 대담하게 내놓는 것이 허용되고, 이로써 30년 동안 독일에서 모든 철학자 중 가장 위대한 철학자로 간주될 수 있었던 것의 결과이다. 그렇다면 누구나, 자신의 참새머리를 스치는 것을 곧바로 대담하게 내놓아도 된다고 생각한다.

따라서 언급했듯이 무엇보다 '철학적 직업'의 신사들은, 과거의 독단주의라는, 진흙으로 채워진 하수구로 돌아가기 위해, 그리고 마치 아무 일도 일어나지 않은 것처럼 그리고 **칸트**도 비판철학도 여태껏 세상에 없었던 것처럼,[17] 잘 알려지고 권고된, 자신들이 선호하는 소재에 관해 되는 대로 꾸며낸 이야기를 하기 위해 **칸트철학**을 말소하려고 생각한다. 이로부터 수년 전부터 도처에서 알려진, 라이프니츠에 대한 허세 섞인 존경과 칭찬도 유래한다. 그들은 라이프니츠를 기꺼이 칸트와 대등하게 대하며, 실로 그를 가끔 매우 대담하게 모든 독일 철학자 중에서 가장 위대한 철학자로 칭함으로써 칸트 위에 올려놓는다. 그러나 **칸트와 비교하여** 라이프니츠는 빈약한 작은 빛이다. 칸트는 위대한 정신이다. 칸트 덕분에 인류는 망각되지 않는 진리를 갖는다. 그리고 칸트의 업적에는 바로, 세계를 **라이프니츠**와 그의 허튼 소리로부터, 즉 예정 조화로부터, 모나드(Monaden)와 '무구별자 동일성[18]'으로부터 영원히 구해낸 일도 속한다. 칸트는 철학에 진지함을 도입했으며 나는 그 진지함을 유지한다. 그 신사들이 달리 생각하는 것은 쉽게 설명될 수 있다. **라이프니츠**는 하나의 중심 모나드와 그것을 치장하는 변신론을 갖지 않는가! 이것들은 '철학적 직업'의 나의 신사들에게 어울리는 것이다. 그래도 어떤 이는 이것들과 함께 견디고 정직하게 생계를 유지할 수 있다. 반면에 칸트의 '모든 사변신학에 대한 비판'에서 어떤 이는 참으로 무서워서 머리털이 곤두선다. 따라서 **칸트**는 사람들이

---

17) 칸트는 말하자면, 철학이 **유대 신화**와는 완전히 다른 어떤 것이어야 한다는 놀라운 진리를 폭로했다.

18) 〔옮긴이〕 identitas indiscernibilium: 구별될 수 없는 두 사물은 동일하다는 라이프니츠의 원리이다.

옆으로 밀어놓는 심술궂은 사람이다. 라이프니츠 만세! 철학적 직업 만세! 실타래 철학 만세! 그 신사들은 실제로 자신들의 하찮은 의도에 따라 선(善)을 은폐하고 위대한 것을 끌어내리고 틀린 것을 신뢰하게 할 수 있다고 생각한다. 잠시 동안은 그럴 수 있을 것이다. 그러나 사실상 지속적으로 그럴 수도 없고 처벌받지 않고 그럴 수도 없다. 심지어 나도 그들의 간계와 14년간의 악의적인 무시에 맞서서 목적을 이루지 않았는가. 나는 그동안 **샹포르**[19]의 명언을 이해하는 것을 배웠다. "어리석은 사람들이 총명한 사람들에 대해 일치단결하는 것을 보면, 자신들의 주인을 파멸시키기로 맹세한 노예들을 보는 것 같을 것이다."

우리는 좋아하지 않는 사람과 교제하지 않는다. 따라서 **칸트**에 대한 반감의 결과는 그의 학설에 대한 믿을 수 없는 무지이다. 이 무지에 대해 나는 가끔 내 눈을 믿지 못할 증거에 부딪친다. 몇 가지 사례를 통해 나는 이것을 그래도 입증해야 한다. 먼저 이미 몇 년 지난 것이지만 틀림없는 걸작품을 예로 들겠다. 미셸 교수의 『인류학과 심리학』 444쪽에서 칸트의 정언명법은 "너는 해야 한다. 너는 할 수 있기 때문이다"라는 말로 제시된다. 이것은 오기(誤記)가 아니다. 왜냐하면 미셸은 3년 후에 출간한 『최근 독일 철학의

---

19) 〔옮긴이〕 니콜라 샹포르(Nicolas Chamfort, 1741~1794): 프랑스의 극작가. 공화주의자였지만, 마라와 로베스피에르의 비타협적 자코뱅파에 대해 비판적이었다. 투옥에 대항하여 자살을 시도하였고, 그 상처로 인해 생을 마감하였다.

발전사』 38쪽에서 그것을 똑같이 제시하기 때문이다. 따라서 그가 칸트철학을 실러의 경구들에서 배운 것으로 보이는 사실은 제쳐놓고라도, 그는 그 문제를 뒤집었고 칸트의 유명한 주장의 반대를 진술했다. 그리고 그는 분명히, 칸트가 자신의 정언명법에 근거하여 자유에 대한 요청으로 말하려고 한 것에 대해 최소한의 예감도 갖지 않는다. 어디선가 그의 동료 중 한 명이 그 문제를 비난했는지는 내게 알려지지 않았다. 오히려 "이 자유를 우리는 서로 허락하고 간청한다."[20] 그리고 최근의 한 가지 경우만 더 추가하겠다. 위의 주석에서 언급한, 우리의 제목이 애석하게도 그 제목의 대부 역할을 해야 하는 외르스테드[21]의 책에 대한 논평자는 그 책에서 "물체

---

20) 미셸은 《철학지(*Philosophisches Journal*)》(1855) 제3호 혹은 4호에 있는 논문 **「나에 관해(*über mich*)」**(피히테의 《철학과 철학적 비판(*Zeitschrift für Philosophie und Philosophische kritik*)》지 제27권 1호와 2호) 44쪽에서 칸트의 유명한 물음인 "어떻게 선천적 종합판단이 가능한가?"를 화제로 삼고 "이 물음에 대한 **긍정적 답변**" 등등이라고 계속 말한다. 이를 통해 그는 자신이 이 물음의 의미에 대한 최소한의 예감도 갖지 않는다는 것을 증명한다. 이 물음은 긍정을 위해서도 부정을 위해서도 아무런 계기를 제공하지 않는다. 오히려 그 물음은 "**어떻게** 우리는 **그와 같은** 시간, 공간, 인과성에 관련된 모든 것에 관해 모든 경험 이전에 자명하게 판단할 수 있게 **되는가?**"를 말한다. 미셸의 이 **수치스러운 무지**에 대한 논평이 《헤겔(*Hegelzeitung*)》지의 최종호의 한 곳에 제시된다. 그곳에서 미셸은, 칸트가 그 물음을 제기한 이래로 모든 철학자들이 선천적 종합판단을 **탐구했다**고 말한다! 철학의 기초에서의 그와 같은 무지는 폐기될 만하다.

21) [옮긴이] 한스 크리스티안 외르스테드(Hans Christian Ørsted, 1777~1851): 덴마크의 물리학자이며 화학자. 전류의 자기 작용을 발견하였다. 자기장의 세기를 나타내는 기호인 에르스텟(Oe)은 그의 이름에 따른 것이다.

는 힘으로 채워진 공간이다"라는 명제를 발견한다. 이 명제는 그 논평자에게 생소한 것이다. 자신이 세계적으로 유명한 칸트의 학설을 대하고 있다는 사실을 알아채지 못한 채 그는 그 명제를 외르스테드의 독자적인 역설적 생각으로 간주하고, 3년 간격으로 쓴 두 논평에서 그 명제에 대해 다음과 같은 주장으로 용감하게 지속적으로 반복하여 비판한다. "힘은 질료와 같은 것이 없다면, 즉 물질이 없다면 공간을 채울 수 없다." 그리고 3년 후에 그는 "공간에 있는 힘은 아직 어떤 사물도 만들지 않는다. 힘이 공간을 채우기 위해서는 질료가, 즉 물질이 있어야 한다. 그러나 질료 없이는 공간을 채우는 것이 불가능하다. 힘은 단독으로는 결코 공간을 채울 수 없다. 힘이 공간을 채우기 위해서는 물질이 있어야 한다." 브라보! 내 구두장이도 그렇게는 주장할 수 있을 것이다.[22] 학식에 대한 그와 같은 증거를 볼 때 위에서 내가 **칸트**를 손상시키려고 하는 사람으로 거명함으로써 그를 부당하게 대하지 않았는지 의심이 엄습한다. 여기서 나는 물론, 그가 "공간은 오직 사물들의 병존 관계다"(같은 곳, 899쪽). 그리고 908쪽에서 "공간은 사물들이 그 아래에 있는 관계, 즉 사물들의 병존이다. 이 병존은, 물질의 개념이 멈추면 개념이

---

22) 동일한 논평자(v. Reichlin-Meldegg)는 《하이델베르크 연보》 1855년 8월 호 579쪽에서 신에 관한 철학자들의 학설을 설명하면서 다음과 같이 말한다. "칸트에게서 신은 인식될 수 없는 물자체다." 율리우스 프라우엔슈테트 (Julius Frauenstädt)의 『편지(*Briefe*)』에 대해 《하이델베르크 연보》 1855년 5월 호나 6월 호에 실은 논평에서 그는 선천적 인식은 결코 없다고 말한다.

기를 멈춘다'라고 말하는 것을 보았다. 그가 '자연과학의 형이상학적 근거를 몰랐듯이 '선험적 감성론'도 몰랐을 것이므로, 그래서 결국 이 명제들을 마찬가지로 순진하게 썼을 것이기 때문이다. 그래도 그것은 철학 교수로서 좀 심한 일이었을 것이다. 그러나 오늘날 우리는 모든 것을 파악하고 있어야 한다. 비판철학에 대한 지식은 그것이 나타났던 철학 중에서 최근의 진정한 철학이며, 그래서 모든 철학함에서, 실로 인간적인 지식과 사유 일반에서 하나의 혁명이자 세계 역사의 전환점을 일으켰음에도 사라졌기 때문이다. 그에 따라 칸트의 철학을 통해 이전의 모든 체계들이 파기되었으므로, 이제 칸트철학에 대한 지식이 소멸한 후에 철학은 대체로 더 이상 이전의 어떤 선호되는 사상가의 학설에 근거하여 진행되지 않고, 일상적 교양과 교리문답서에 근거하여 되는 대로 권리를 부여하는 것에 지나지 않는다. 그러나 이제 아마 나로 인해 놀라서 철학 교수들은 다시 칸트의 작품을 읽기 시작할 것이다. 그러나 **리히텐베르크**[23]는 "언젠가는 칸트의 철학을 줄타기만큼 배울 수 없을 것이라고 믿는다'라고 말한다.

나는 앞의 죄인들의 죄를 열거하는 것을 마지못해 승낙하지 않

---

23) 〔옮긴이〕게오르크 크리스토프 리히텐베르크(Georg Christoph Lichtenberg, 1742~1799): 독일의 물리학자이며 저술가. 계몽주의의 대변자로서 특히 칸트와 스피노자의 영향을 받았다. 1777년에 황의 가루를 이용하여 방전의 진행 과정을 보여주는 리히텐베르크 도형을 발견했다. 이 도형은 지금까지도 방전 현상에 대한 연구에 이용된다.

왔더라면 참으로 좋았겠다. 그러나 나는 그것을 해야만 했다. 왜냐하면 칸트 사후 50년이 지나 '철학적 직업의 신사들'이 한 행동의 결과로 독일철학이 처한 타락의 상태를 알려주는 것이, 그리고 자신들의 의도 외에는 아무것도 모르는 이 작은 정신들이 방해받지 않고, 세상을 계몽하는 위대한 천재의 영향을 저지하는 것이 허용된다면 초래될 상태를 알려주는 것이 세상의 진리에 대한 관심에서 오는 나의 의무이기 때문이다. 이 목적을 위해 나는 침묵하면 안 된다. 오히려 이것은 괴테의 호소가 적용되는 경우이다.

> 힘 있는 그대여, 그렇게 침묵하지 마시라.
> 다른 이들이 망설이더라도.
> 악마를 놀라게 하려는 이는
> 크게 외쳐야 하리라.[24]

루터 박사도 그렇게 생각했다.

칸트에 대한 증오, 나에 대한 증오, 진리에 대한 증오는, 이 모든 것이 '신의 더 큰 명예를 위한 것일지라도' 철학의 이 하숙인을 고무한다. 대학 철학이 진실하고 진지하게 생각되는 철학의 적이 되었다는 사실을, 이 철학의 진보에 저항하는 것이 대학 철학의 의무

---

24) 〔옮긴이〕 Goethe, *Zahme Xenien* 1(W. F. v. Löhneysen, *Arthur Schopenhauer, Sämtliche Werke*, Frankfurt 1986, Bd. III., 316쪽 참조).

임을 파악하지 못할 이가 있겠는가. 왜냐하면 그 이름에 걸맞은 철학은 바로 진리의 순수한 하인이며, 그래서 인류가 추구하는 가장 고귀한 것이기 때문이다. 그러나 그런 것은 직업에 적합하지 않다. 무엇보다 철학은 대학에 자리를 잡을 수 없다. 대학에서는 신학과가 윗자리에 서서 철학이 오기 전에 단호히 일을 결정하기 때문이다. 대학 철학을 낳은 스콜라철학에서는 달랐다. 그것은 공공연하게 '신학의 시녀'였다. 그리고 거기서는 단어가 사물에 일치했다. 반면에 지금의 대학 철학은 신학의 시녀이기를 거부하고 연구의 독립성을 사칭한다. 그러나 그것은 위장한 '시녀'일 뿐이며, 스콜라철학과 마찬가지로 신학에 봉사하기로 정해졌다. 그러나 이를 통해 진지하고 성실하게 의도된 철학은 대학 철학에서 명목상의 조수이자 사실상의 적을 갖는다. 바로 그래서 철학을 위해서는 대학 학문이기를 그만두는 것보다 더 유익한 일은 없다고 내가 이미 오래전에[25] 말했다. 그리고 내가 거기서 여전히, 대학에 반드시 필요한 논리학과 함께 철학사에 대한 짧은, 완전히 간결한 강좌가 아마 더 개설될 수 있을 것이라는 사실을 인정했지만, 나는 이 성급한 승인도 1853년 1월 1일의 『괴팅겐 학술비평』 8쪽에 있는, (두꺼운 철학사를 쓴) 교구장(Ordinarius loci)이 우리에게 한 고백을 통해 바로잡았다. 즉 "칸트의 학설이 일반적인 유신론이라는 것과, 신

---

25) 『여록과 보유』, 제1권, 185~187쪽.

에 관해 그리고 세계에 대한 신의 관계에 관해 널리 유포된 생각을 개혁하는 데 별로 혹은 전혀 기여하지 않았다는 것은 부인될 수 없었다"라는 것이다. 그렇게 쓰여 있다면 내 생각에는 철학사를 위해서도 대학은 이제 적합한 곳이 아니다. 철학사에서도 의도가 절대적으로 지배한다. 물론 나도 대학에서 철학사가 철학 자체와 동일한 정신에서 동일한 '소량의 소금으로' 강의되리라는 것을 이미 오래전에 예측했다. 이 인식을 드러내기 위해서는 계기만이 필요했다. 그래서 나의 소원은 철학이 그 모든 역사와 함께 강의 목록에서 사라진 것을 보는 일이다. 철학이 궁정 고문관들의 손에서 구출되었다는 것을 알고 싶기 때문이다. 그러나 거기서 나의 의도는 결코, 철학 교수들을 그들이 대학에 미치는 유익한 영향으로부터 배제하는 것이 아니다. 반대로 나는 그 명예가 세 단계 올라가서 최상위의 학부로 옮겨진, 즉 신학 교수가 된 그들을 보고 싶다. 근본적으로 철학 교수들은 사실상 이미 오래전에 신학 교수들이며 이제 충분히 오랫동안 지원병으로서 봉사했다.

동시에 나는 청소년들에게 강단 철학을 배우려고 시간을 허비하지 말고 칸트의 작품을 연구하고 또한 나의 작품을 읽으라는 선의의 솔직한 충고를 한다. 이 작품들에서 그들은 배울 만한 어떤 견고한 것을 발견하게 될 것임을 나는 약속한다. 그리고 그들이 그것을 받아들일 능력이 있다면, 그들의 머리에는 빛과 질서가 올 것이다. 빛나는 횃불이 제공되어 있는데 희미한 불빛의 빈약한 끝에 모이는 것은 잘한 일이 아니다. 더욱이 도깨비불을 뒤쫓으면 안 된다. 특히 진리를 갈망하는 나의 청소년들이여, 『순수이성비판』에 무엇이 쓰여 있는지를 궁정 고문관들로부터 듣지 말고 직접 읽어라. 거기서 그대들은 궁정고문관들이 그대들에게 유용한 지식이라고 생각했던 것과 완전히 다른 것을 발견할 것이다. 대체로 오늘날에는 대학 공부가 철학사에 너무 치중해 있다. 그와 같은 공부는 이미 그 본성상 지식으로 하여금 사유의 자리를 차지하게 하는 데 적합하여, 이제 단도직입적으로 철학 자체를 철학사 안에서 성립하게 하려는 의도와 함께 추진되기 때문이다. 오히려 2,500년 동안 있었던 모든 철학자들의 학설에서 피상적인 어중간한 지식을 얻는 것이 특별히 필요하지는 않으며, 사실상 매우 유익한 것도 아니다. 그러나 철학사는 그 이상의 것을, 더욱이 정직한 것을 제공하지는 않는다. 우리는 철학자들을 평범한 두뇌 안에서 나타난,[26] 그들의 학설에 대한 왜곡된 상에서가 아니라 오직 그들의 고유한 작품에서 배운다. 물론 철학을 통해 사유를 정리하고 참으로 편견 없이 세계를 바라보는 것을 배우는 일은 필요하다. 그런데 시대와 언어를 고려

---

26) **아우구스티누스**는 "우리는 인간에 관해 사람들이 어떤 생각을 가졌던가를 아는 것에 가치를 두기보다는 오히려 사물에 관해 스스로 판단해야 한다"라고 말한다(『삼위일체론(*De Trinitate*)』, 제19권, 3장). 그러나 현재의 방식으로는 철학 강의실이 진부한, 오래전에 낡고 소용없게 된 생각들의 고물상이 될 것이다. 이 생각들은 그곳에서 반 년마다 다시 한 번 두드려 털어서 깨끗해질 것이다.

할 때 이제 우리에게 칸트철학과 같이 근접한 철학은 없다. 동시에 칸트의 철학과 비교할 때 이전의 모든 철학은 피상적인 철학이다. 따라서 칸트철학은 주저 없이 선호되어야 한다.

그러나 나는 달아난 카스파 하우저에 대한 소식이 이미 철학 교수들 사이에 널리 퍼진 것을 발견한다. 몇 사람은 벌써 형형색색의 잡지에 나에 대한 비방과 함께 매우 분개하여, 자신들에게 부족한 기지를 거짓말로 대체하며[27] 울분을 토한 것을 나는 보기 때문이다. 그래도 나는 그에 관해 불평하지 않는다. 괴테의 시구에 대한 해석과 같이 그 원인은 나를 기쁘게 하고 그 결과는 나를 흥겹게 하기 때문이다.

> 우리의 축사에서 나온 스피츠는
> 끊임없이 우리와 동행할 것이다.
> 그렇지만 그것이 부르짖는 시끄러운 소리는
> 우리가 말을 탄다는 것을 증명할 뿐이다.[28]

프랑크푸르트, 1854년 8월.

---

27) 이 기회에 나는 독자에게, 내가 말했다는 것에 관한 보고를, 그것이 인용문으로 제기되더라도 반드시 믿지 말고, 먼저 내 작품에서 살펴볼 것을 단 한 번만 청한다. 그러면 다수의 거짓말이 밝혀질 것이다. 그러나 첨가된 소위 거위발("")이 먼저 형식적 오류로 확인될 수 있다.

28) 〔옮긴이〕 Goethe, "Kläffer"(W. F. v. Löhneysen, 같은 책, 319쪽 참조).

차례

입문

나는 17년간의 침묵[1]을 깬다. 시대를 앞서 나의 철학에 주의를 기울인 소수의 사람들에게 몇 가지 확증을 제시하기 위해서다. 이 확증은 나의 철학과 친숙하지 않은 편견 없는 경험주의자들로부터 획득되었다. 그들은 단순한 경험적 인식을 추구하는 길을 통해 그 길의 마지막 지점에서, 나의 학설이, 그로부터 경험이 총괄적으로 설명될 수 있다고 주장되는 형이상학적인 것으로서 제시한 바로 그것을 발견했다. 이와 같은 상황은, 경험주의자들이 추구하는 길이 지금까지 있어온 모든 체계들보다 나의 체계를 더 우대하므

---

1) 이 저술을 집필한 1835년에 나는 이렇게 썼다. 말하자면 나는 『의지와 표상으로서의 세계』가 출간된 1818년 이후로 아무것도 발표하지 않았다. 1816년에 출판된 내 논문 「시각과 색채에 관하여」에 대해 외국인을 위해서 작성된 라틴어판을 1830년에 *Scriptores ophthalmologici minores*(J. Radio 편) 세 권으로 통합하여 출판하였지만, 이것은 침묵을 깬 것으로 간주될 수 없기 때문이다.

로 한층 더 고무적이다. **칸트**의 가장 최근 체계까지도 포함하는 지금까지의 체계들에는 그 체계들의 결론과 경험 사이에 아직도 넓은 틈이 남아 있어서, 그 체계들이 직접적으로 경험으로까지 내려가고 경험과 접촉하는 것은 매우 어렵기 때문이다. 이를 통해 나의 형이상학은 실제로 자연학(Physische Wissenschaften)[2]과 공통의 경계점을 갖는 유일한 것으로서 입증된다. 자연학들은 이 경계점에 이르기까지 자신의 방법으로 형이상학을 향해가며, 실제로 거기서 완결되고 형이상학과 일치한다. 게다가 이 만남은 경험과학이 형이상학으로 향하도록 강요됨으로써 이루어지는 것도 아니고, 형이상학이 미리 은밀하게 경험과학들로부터 추상화되었고, 이제 셸링적인 방법에 따라 그것이 후천적으로 배운 것을 선천적으로 발견함으로써 이루어지는 것도 아니다. 경험과학과 형이상학은 약속하지 않고 저절로 그 지점에서 만난다. 따라서 나의 체계는, 지금까지의 모든 체계들이 그랬듯이 실재성과 경험을 넘어 허공에서 흔들리는 것이 아니라, 자연학들이 학생을 다시 맞이하는 현실성의 이 견고한 지반에까지 내려간다.

이제 여기서 제시될 낯설고 경험적인 증명은 내 학설의 핵심과 주안점에, 즉 내 학설의 특유한 형이상학에 총체적으로 관련된다.

---

2) 모든 자연과학(Naturwissenschaften)은, **주관적인 것**에 개의치 않고 자연을 **객관적** 측면에서만 파악한다는 지속적인 약점을 갖는다. 그러나 이 주관적인 것에 핵심 문제가 필연적으로 숨어 있는데, 이 문제가 철학의 문제가 된다.

말하자면 그것은 다음과 같은 역설적인 근본진리다. **칸트**가, 나에 의해 더 단호하게 **표상**이라고 명명된 단순한 **현상**에 대해 **물자체**라고 대비시켰고 절대로 인식될 수 없다고 간주한 그것, 말하자면 모든 현상의, 따라서 전체 자연의 실체인 이 **물자체**는, 우리가 우리 자신의 내부에서 **의지**라고 발견하는, 우리에게 직접적으로 알려진 무척 친숙한 것 이외의 다른 것이 아니라는 것이다. 따라서 이 **의지**는, 지금까지의 모든 철학자들이 추정했듯이 **인식**으로부터 분리될 수 없거나 심지어 인식의 단순한 결과가 결코 아니며, 전적으로 부차적이고 나중의 근원인 인식과 근본적으로 다르고 완전히 독립적이어서 인식 없이도 성립하고 표현될 수 있다는 것이다. 그리고 이와 같은 사실은 동물적 자연보다 낮은 단계에 있는 자연 전체에서 실제로 그렇다는 것이다. 또한 참으로 이 의지는 유일한 물자체로서, 즉 유일하게 참된 실재로서, 유일하게 근원적이며 형이상학적인 것으로서 다른 모든 것이 현상, 즉 단순한 표상일 뿐인 세계에서 모든 사물에 현존하고 작용할 수 있게 하는 힘을 부여한다는 것이다. 따라서 동물적 존재의 자의적 행동들뿐 아니라 동물의 살아 있는 신체의 유기적 활동도, 심지어 그 신체의 형태와 성질도, 나아가 식물의 성장도, 그리고 마지막으로 무기적 영역에서조차 결정화와 물리적 화학적 현상들에서 표명되는 모든 근원적인 힘도, 실로 무게 자체도 그 자체로서 그리고 현상 밖에서, 간단히 말해 우리의 머리와 그 표상의 밖에서 우리가 우리 자신 안에서 **의지**라고 발견하는 것과 정확히 동일하며, 이 **의지**에 대해 우리는 가능한 모든 것 중에서 가장 직접적이고 가장 은밀한 지식을 갖는다는 것이다. 나아가 이 의지의 개별적 표현들은 인식하는 존재, 즉 동물적 존재에서는 동기를 통해 작동하지만, 동물과 식물의 유기적 생명에서는 자극을 통해서도, 마지막으로 무기적 생명에서는 가장 좁은 의미에서 단순한 원인을 통해서도 의지의 표현은 줄어들지 않는다는 것이다. 동기, 자극, 원인이라는 다양성은 현상에만 관계한다는 것이다. 반면에 인식과 그것의 실체, 즉 지성은 의지로부터 완전히 다른 현상, 즉 의지의 객관화의 더 높은 단계에만 수반하는 단순히 이차적 현상으로서 의지 자체에 대해 비본질적이라는 것이다. 지성은 동물적 유기체에서 의지의 현상에 의존하므로 물리적이며, 의지 자체와 같이 형이상학적이지는 않다는 것이다. 따라서 인식의 부재로부터 결코 의지의 부재가 추론될 수 없다는 것이다. 오히려 의지는 인식 없는 모든 현상들에서도, 즉 식물의 성질에서뿐 아니라 무기적 성질에서도 입증된다는 것이다. 따라서 인식이 의지에 의해 제약될지라도, 지금까지 예외 없이 받아들여졌듯이 의지가 인식에 의해 제약되는 것은 아니라는 것이다.

오늘날에도 여전히 매우 역설적으로 들리는 내 학설의 이 근본 진리는 모든 형이상학을 가급적 회피하는 경험과학에 의해, 경험과학으로부터 오는 진리의 힘과 같은 정도로 진리의 힘에 의해 강요된 무척 놀라운 증명을 그 모든 주안점에서 획득한 것이다. 게다가 이 증명들은 나의 작품이 출판되고 나서야, 그러나 나의 작품과 전혀 무관하게 몇 해가 지나 점차 알려졌다. 이제 내 학설의 이 근본 교의가 이 증명들이 만나게 되는 바로 그것이라는 사실은 두 가지 관점에서 장점을 갖는다. 말하자면 한편으로는 그 근본 교의가 내 철학의 나머지 모든 부분을 초래하는 핵심 사상이기 때문이며, 다른 한편으로는 낯설고 철학에서 완전히 독립적인 과학들로부터의 증명이 오직 그 근본 교의로부터 용솟음쳐 나올 수 있었기 때문이다. 왜냐하면 내 학설의 다른 부분들 즉 윤리학적·미학적·인식론적 부분들에도 내가 이것들을 지속적으로 연구하면서 보낸 17년 동안 수많은 증거들이 제공되었지만, 이 증거들은 그 본성상 그것들이 생겨나온 현실성의 지반에서 직접적으로 철학 자체의 지반으로 옮겨가기 때문이다. 따라서 그 증거들은 낯선 증인의 특성을 가질 수 없다. 그리고 그 증거들은 나 자신에 의해 파악되었으므로 원래의 **형이상학**에 관계하는 증거들과 같이 그렇게 불가피하거나 명백하거나 결정적인 것은 아니다. 그 증거들은 우선 형이상학의 상관개념인 **자연학**(Physik, 고대의 광범위한 의미에서 이 단어를 받아들여서)에서 제공되었기 때문이다. 말하자면 자연학은, 즉 자연과학 일반은 자신의 길을 추구함으로써 모든 분야에서 마지막에는 자신들의 설명이 끝에 처하는 한 지점에 도달해야 한다. 이 지점이 바로 **형이상학적인 것**이다. 이것을 자연학은 넘어갈 수 없는 한계로 인지하고 거기서 멈춰 서며 이제 자신의 대상을 형이상학에 넘겨준다.

따라서 칸트가 "자연현상에서 최초의 근원은 전적으로 형이상학의 대상임이 명백하다"(「활력의 올바른 측정에 대하여」[3], 제51절)라고 말한 것은 정당하다. 자연학이 접근할 수 없고 알 수 없는 것, 즉 그것에서 자연학의 연구가 끝나며, 그다음에 자연학의 설명들이 주어진 것으로서 전제하는 그것을 자연학은 자연력, 생명력, 형성력 등등과 같은 표현으로 표시해왔다. 이 표현들은 x, y, z를 의미할 뿐이다. 그러나 이제 운 좋은 몇몇 경우에 특히 명민하고 주의 깊은 연구자가 자연과학 분야에서 그 분야를 경계 짓는 장막을 통해 슬쩍 엿보는 것에 성공한다면, 그래서 그 경계를 단순히 경계로서 감지할 뿐 아니라 그 성질도 어느 정도 인지하고, 더 나아가 그 너머에 놓여 있는 형이상학의 영역을 넘보는 것에도 성공한다면, 그렇게 혜택을 받은 자연학이 이제 그 정도로 탐색된 경계를, 이유들을 전혀 다른 영역에서 취하고 현재 자연학에 완전히 알려지지는 않은 형이상학적 체계가 모든 사물의 참된 내적 본질이자 최종 원리로 설정한 것이라고, 그래서 이 경계 밖에서 사물은 오직 현상, 즉 표상으로서만 인정되는 그런 것이라고 솔직하고 명확하게 표현한다면, 거기서 쌍방의 다른 종류의 연구자들은 틀림없이 광부와 같은 느낌

---

3) 〔옮긴이〕 "Gedanken von der wahren Schätzung der lebendigen Kräfte und Beurtheilung der Beweise, deren sich Herr von Leibnitz und andere Mechaniker in dieser Streitsache bedient haben, nebst einigen vorhergehenden Betrachtungen, welche die Kraft der Körper überhaupt betreffen"(1747).

을 가질 것이다. 이들은 땅속에서 서로 멀리 떨어진 두 지점에 있는 두 갱도를 서로 마주하여 판다. 이들은 쌍방 간에 오랫동안 지하의 어둠에서 나침반과 수준기(水準器, Libelle)에만 의존하여 작업한 후에 마침내 오랫동안 열망해온 기쁨을 체험한다. 그것은 상대방의 망치 소리를 듣는 일이다. 왜냐하면 그 연구자들은 이제, 자신들이 그렇게 오랫동안 헛되이 찾았던, 마치 하늘과 땅처럼 결코 만나려고 하지 않았던 자연학과 형이상학의 접촉 지점에 도달하였다는 것을, 두 학문의 화해가 시작되었고 그 접합점이 발견되었다는 것을 인식하기 때문이다. 그러나 이 승리를 체험하는 철학 체계는 이를 통해 자기 체계의 진리성과 정당성을 위하여 더는 가능할 수 없을 정도로 매우 강력하고 충분한 증거를 획득한다. 계산 시험으로 여겨질 수 있는 그와 같은 증명과 비교한다면 한 시대의 관심이나 무관심은 전혀 중요하지 않다. 그러한 관심이 그동안 무엇에 주의를 기울였는지가 평가되고, 칸트 이후에 수행된 것이 무엇인지가 발견된다면 특히 그렇다. 지난 40년 동안 독일에서 철학이라는 이름으로 행해진 놀이를 대중들은 마침내 직시하기 시작했고, 앞으로도 계속 그럴 것이다. 청산의 시간은 왔다. 칸트 이후의 끝없는 저술과 논쟁을 통해 하나의 진리라도 밝혀졌는지가 드러날 것이다. 이것은 여기서 가치 없는 대상들을 설명할 필요성으로부터 나를 해방시킨다. 특히 나의 목적을 위해 필요한 것은 다음의 일화를 통해 더 짧고 편안하게 수행될 수 있기 때문이다. 단테가 축제에서 가면들의 무리 속에 빠져들었고 메디치 공작이 단테를 찾으라고 명령했을 때, 명령을 받은 이들은 가면을 쓴 단테를 찾아낼 수 있을지를 의심했다. 그래서 공작은 그들에게 질문 하나를 주고, 단테와 비슷해 보이는 가면에게 그것을 소리쳐보라고 했다. 그 질문은 "누가 선을 인식하는가?"였다. 어리석은 대답들이 수없이 나온 후에 마침내 어떤 가면이 "악을 인식하는 자"라고 대답했다. 이 대답에서 그들은 그 가면이 단테임을 알아챘다.[4] 이 일화를 통해 언급될 것은, 동시대인의 무관심으로 인해 낙담할 어떤 원인도 나는 발견하지 못했다는 것이다. 나는 동시에 그러한 관심이 무엇에 주의를 기울였는지를 목격했기 때문이다. 개개인들이 누구였는지는 후세가 그들의 작품에서 알게 될 것이다. 그러나 그 작품들이 받은 호응에서는 동시대인이 누구였는지를 알게 될 뿐이다. 헤겔적 신비화의 무척 우스꽝스러운 대가들에게 '현대의 철학'이라는 이름이 붙는 것은 논란거리였다. 이 이름에 대해 내 학설은 전혀 아무런 권리도 요구하지 않는다. 그러나 내 학설은 물론 '다음 시대의 철학'이라는 이름에 대해 그 권리를 요구한다. 다음 시대는 더 이상 의미 없는 쓸데없는 말, 텅 빈 상투어, 유희하는 대구법에 만족하지 않고, 실재적 내용과 진지한 설명을 철학에 요구할 것이다. 또한 다음 시대는 철학이 그때마다 국교의 찬미가여야 한다는 부당하고 불합리한 요

---

4) B. Gracian, *el Criticón*, III, 9. 그라시안은 시대를 착오했을 수 있다.

구를 회피할 것이다. "왜냐하면 이성으로부터 계몽을 기대하면서도 어떤 결과에 귀착해야 하는지를 이성에 미리 지시하는 것은 매우 불합리한 일이기 때문이다"(『순수이성비판』, 제5판). 저절로 이해되는 그와 같은 진리가 여전히 위대한 인간의 권위를 통해 승인되어야 할 정도로 몰락한 시대에 사는 것은 슬픈 일이다. 그러나 사슬에 묶인 철학으로부터 거대한 일들이 기대되는 것은 우스운 일이다. 그리고 그 긴 연설의 빈약한 의미를 누구나 미리 아는데도 철학이 장엄한 진지함으로 그와 같은 거대한 일을 수행하려는 것을 보는 일은 무척 재미있다. 그러나 더 명민한 이들은 대부분 철학의 외투 안에서 변장한 신학을, 혼자 도맡아 말하면서 진리를 갈망하는 학생들을 자신의 방식으로 가르치는 신학을 알아챘다고 말한다. 이것은 위대한 시인의 인기 있는 어떤 장면을 연상시킨다.[5] 그러나 더 깊이 투시한다고 생각하는 다른 이들은, 철학의 외투에 숨은 것이 신학도 아니고 철학도 아니라 불쌍한 녀석일 뿐이라고 주장한다. 그는 가장 장엄한 몸짓과 깊은 진심으로 그 높고 숭고한 진리를 찾는다고 사칭하면서, 실제로는 자신과 장래의 어린 가족을 위해 한 조각의 빵을 찾는 데 지나지 않는다는 것이다. 그는 물론 이것을 다른 방법으로는 적은 노력과 많은 명예와 함께 얻을 수 있었을 것이다. 그렇지만 그는 요구되기만 하면 무엇이든 같은 가격으

---

5) 〔옮긴이〕『파우스트』, I, 1982~2000(W. F. v. Löhneysen, 같은 책, 326쪽 참조).

로 하겠다고 나선다. 심지어 그는 필요하다면 악마와 악마의 할머니까지도 선천적으로 연역하겠다고, 참으로 그래야 한다면 지적으로 직관하겠다고 나선다. 그러면 여기서는 물론 사칭하는 목적의 높음과 실제적 목적의 낮음이 대조를 이룸으로써 우스꽝스러운 인상이 희귀한 정도에 이른다. 그럼에도 철학의 순수하고 숭고한 지반이 그와 같은 직업인들로부터 정화되는 것은 여전히 바람직하다. 일찍이 예루살렘의 신전이 상인과 환전업자로부터 정화된 것처럼 말이다. 말하자면 더 나은 시간에 이를 때까지 철학의 독자는 지금까지 그랬던 것처럼 주의와 관심을 기울일 것이다. 지금까지 그랬듯이 앞으로도 **칸트** ─ 자연에 의해 오직 **한 번** 배출되었으며 그 자신의 깊이를 밝혀낸 이 위대한 정신 ─ 옆에 언제나 반드시, 말하자면 바로 그와 같은 또 한 사람으로서 피히테의 이름이 불릴 것이다. 단 **하나**의 목소리라도 '헤라클레스와 그의 원숭이!'[6]라고 외치지 않은 채 말이다. 지금까지 그랬듯이 앞으로도 헤겔의 절대적인 무의미 철학이 (그중 4분의 3은 명백히, 4분의 1은 어리석은 착상 안에서) 규명할 수 없는 깊은 지혜라고 주장될 것이다. "미친 사람이 생각하지 않고 말하는 것 같은 그런 언행"이라는 셰익스피어의 말이 그의 저술의 좌우명으로 제안되지 않은 채, 그리고 그 저술의 상징적인 표지 그림으로서 자신의 주변에 암흑의 구름을 만들어내서 그

---

6) 〔옮긴이〕칸트와 피히테를 대비적으로 비유하는 표현이다.

것이 무엇인지를 보지 못하게 하는 오징어가 "나의 암흑으로 인해 안전한"이라는 도안과 함께 제안되지 않은 채 말이다. 결국 지금까지 그랬듯이 앞으로도 모든 나날은 어떤 것을 의미하지 않고도 하루 종일 말할 수 있게 하는 현학적인 은어와 단어와 구절들로 복합된 새로운 체계들을 대학에서 사용하기 위해 가져올 것이다. 그리고 이 기쁨을 "물레방아 소리는 들리지만 가루는 보이지 않는다"라는 아랍 속담이 결코 방해하지는 않을 것이다. 왜냐하면 이 모든 일은 이 시대에 한 번 적합한 것이고, 자신의 과정을 거쳐야 하기 때문이다. 각 시대마다 다소의 소란과 함께 동시대인들이 몰두하고 그러고 나서 완전히 잦아들고 흔적도 없이 사라져서 그다음 세대는 그것이 무엇이었는지를 더 이상 말할 수 없는, 그런 유사한 것이 있듯이 말이다. 진리는 기다릴 수 있다. 진리의 생명은 길기 때문이다. 참된 것과 심각하게 숙고된 것은 언제나 천천히 자신의 길을 가며 자신의 목표에 도달한다. 물론 그것은 마치 기적을 통해 일어나는 일과 같다. 그러한 숙고는 나타날 때 보통 냉담하게, 실로 불쾌하게 받아들여지기 때문이다. 이는 그런 숙고가 완전히 인정받고 후세에 이른 이후에도 셀 수 없이 많은 대다수의 사람들은 자신을 웃음거리로 만들지 않기 위해 그 숙고를 오직 권위에 의존해서 타당하다고 간주하고, 그에 반해 올바른 평가자는 언제나 여전히 처음과 거의 같은 정도로 그렇게 소수로 머무르는 것과 같은 이유에서 그렇다. 그럼에도 이 소수는 그러한 숙고를 존경과 함께 보존할 수 있다. 그들 자신이 존경받고 있기 때문이다. 그들은 그 숙고를 이제 손에서 손으로 무능력한 다수의 머리들을 넘어 수세기를 통해 서로에게 전한다. 인류의 가장 좋은 유산이 존재하는 것은 이처럼 어려운 일이다. 반면에 진리가 진리이기 위해 전혀 다른 것에 관심을 갖는 이들에게 허락을 받아야 한다면, 그들의 목적은 포기될 수 있을 것이다. 그렇다면 그 목적은 자주 "아름다운 것은 추하고 추한 것은 아름답다"[7]라는 마녀의 구호(Hexenlosung)에 의해 처리될 것이기 때문이다. 다행히도 그렇지는 않다. 진리는 어떤 호의나 냉대에도 의존하지 않고 누구에게도 허락을 청하지 않는다. 진리는 자신의 발로 선다. 시간이 진리의 동반자다. 진리의 힘은 저항하기 어렵고 그 생명은 파괴될 수 없다.

---

7) 〔옮긴이〕 W. Shakespeare, *Macbeth*, I. 1(W. F. v. Löhneysen, 같은 책, 327 쪽 참조).

생리학과 병리학

위에서 통고한, 내 학설에 대한 경험적 증명들을 그 증명들이 나온 학문에 따라 분류하고 거기서 내 설명의 길잡이를 위해 자연의 서열을 위에서 아래로 추적하는 과정에서 나는 먼저 무척 눈에 띄는 증명에 대해 언급할 필요가 있다. 이 증명은 최근에 의술 전문가이자 덴마크 왕실의 주치의인 **브란디스**[1]의 생리학적·병리학적 견해를 통해 나의 핵심 교의가 된 것이다. 그의 『생명력에 관한 실험 (*Versuch über die Lebenskraft*)』(1795)은 이미 **라일**[2]이 특별한 칭송과 함께 받아들인 것이다. 브란디스가 최근에 출간한 『질병에 냉기를

---

1) 〔옮긴이〕 요하힘 디트리히 브란디스(Joachim Dietrich Brandis, 1762~1846): 독일의 의사. 킬대학교의 의학 교수였으며, 스톡홀름학술원 회원이었다.

2) 〔옮긴이〕 요한 크리스티안 라일(Johann Christian Reil, 1759~1813): 독일의 의사. 할레대학교와 베를린대학교의 의학 교수였다.

적용하는 것에 관한 경험들(*Erfahrungen über die Anwendung der Kälte in Krankheiten*)』(Berlin, 1833)과 『탈진의 질병분류학과 치료(*Nosologie und Therapie der Cachexien*)』(Berlin, 1834)에서 우리는 그가 가장 명백한 방식으로, 실로 가장 눈에 띄는 방식으로 **의식 없는**(bewußtlos) **의지**를 모든 생명 기능의 원천이라고 제시한 것을 목격한다. 이 의지로부터 그는 병든 상태뿐 아니라 건강한 상태에 있는 유기체의 모든 활동 과정을 도출하고, 의지를 생명의 최초 동인(primum mobile)이라고 서술한다. 그의 저술은 기껏해야 의학 독자들의 손에 들어갈 수 있을 것이므로, 나는 그 저술에서 자구대로 인용하여 그의 주장을 입증해야 할 것이다.

처음의 두 저술에서 브란디스는 다음과 같이 주장한다. "살아 있는 각 유기체의 본질은 그것이 대우주에 대해 자신의 존재를 가능한 한 유지하려고 의지하는 것이다"(VIII쪽). "하나의 기관 안에서는 오직 **하나의** 살아 있는 존재가, 즉 오직 **하나의** 의지가 동시에 발생한다. 따라서 통일성과 조화되지 않는 병든 **의지**가 피부기관에 있다면, 냉기는 그것이 온기 생성을, 즉 정상적인 **의지**를 불러일으킬 수 있는 동안에는 병든 의지를 억제할 수 있다"(X쪽).

"생명의 모든 활동에서 하나의 **규정하는 것**, 즉 그것을 통해 전체 유기체가 합목적적으로 형성되고 각 부분들의 형태 변화가 개체 전체와의 조화 속에서 제약되는 하나의 **의지**가 발생해야 한다는 것을 우리가 인정해야 한다면, 마찬가지로 **결정되는 것**이나 교화되는 것은……"(1쪽). "개별적 생명을 고려할 때 규정하는 것인 유기적 **의지**가 충족되어서 멈추기 위해서는 결정되는 것으로부터 충분한 것을 획득할 수 있어야 한다. 이것은 염증과 같이 지나치게 자극된 생명과정에서도 발생한다. 새로운 것이 형성되고, 해로운 것이 뿜어져 나온다. 염증의 과정이 완료되고 유기적 **의지**가 충족될 때까지 더 많은 새로운 것이 동맥을 통해 공급되고 더 많은 정맥혈이 제거된다. 그러나 이 **의지**는 충족될 수 없을 정도로 자극될 수 있다. 이 자극하는 원인(자극)은 직접적으로 특수한 기관에 작용하거나 (독, 전염병) 생명 전체에 영향을 준다. 그러면 이 생명은 곧 해로운 것을 제거하거나 유기적 **의지**를 변화시키기 위해 최고의 긴장 상태를 만들어낸다. 그리고 그것은 개별적 부분들에서 위험한 생명 작용과 염증들을 일으키거나 충족되지 않은 **의지**에 굴복한다"(11쪽). "충족될 수 없는 비정상적 **의지**는 이런 방식으로 유기체에 파괴적으로 작용한다. 만약 a) 통일성을 추구하는 생명 전체가 (합목적성의 의도가) 충족되어야 하는 다른 생명 작용들[위기와 용해(crises et lyses)]을 초래하여 비정상적 **의지**를 억제하지 않는다면 말이다. 이 다른 생명 작용들은 비정상적 **의지**를 완전히 억제한다면 결정적 위기(crises completae)라 불리고, 이 **의지**를 부분적으로 방향 전환시킨다면 비결정적 위기(crises incompletae)라 불린다. 혹은 비정상적 **의지**는 b) 다른 자극(약)이 아픈 의지를 억제하는 다른 **의지**를 불러일으키지 않는다면, 유기체에 파괴적으로 작용한다. 우리가 이 규정하는 것을 표상으로 의식되는 **의지**와 함께 동일한 범주에 놓는다면, 그리고 여기서 더 가깝거나 더 먼 유사성이 문제일 수 없다는 점에 주의한다면, 우리는 우리 자신이 경계선이 없는 것이어서 분리될 수 없는 **하나의** 생명이라는 근본 개념을 고수한다는 것을 인정한다. 이 생명은, 그것이 어느 정도로 천부적이고 숙달된 다양한 기관들에서 표현되는지에 따라 인간의 신체에서 머리카락을 자라게 하고 표상들의 가장 고귀한 결합을 만들 수 있다. 가장 격렬한 성향인 충족되지 않은 **의지**는 더 강력하거나 약한 자극에 의해 억제될 수 있음을 우리는 알게 된다" 등등(12쪽). "외부 온도는 하나의 동인이다. 이 동인에 따라 규정하는 것은, 즉 유기체를 통일체로서 유지하려는 이 성향은, 다시 말해 **표상 없는 이 유기적 의지**는 자신의 활동을 때로는 같은 기관에서, 때로는 떨어져 있는 기관에서 조절한다. 그러나 모든 생명 표현은 병든 상태에서뿐 아니라 건강한 상태에서도 유기적 **의지**의 표명이다. **이 의지가 식물의 성장을 결정한다.** 건강한 상태에서 이 의지는 전체 통일체와의 일치를, 그리고 병든 상태에서 이 의지는…… 이 통일체와 일치하지 **않을 것을 원하도록** 유인된다"(18쪽). "피부에 갑자기 냉기를 주는 것은 피부의 기능을 억제한다(감기). 그리고 찬 음료는 소화기관의 **유기적 의지**를 억제하며 이를 통해 피부의 의지를 늘리고 땀 분비를 가져온다. 병든 **유기적 의지**에서도 마찬가지다. 냉기는 피부 발진을 억제한다" 등등(23쪽). "열은 전체 생명과정이 병든 **의지**에 참여하는 것, 말하자면 이것은 개별 기관에서의 염증이 전체 생명과정에서 일어난 것이다. 이것은 병든 **의지**를 만족시키고 결점을 제거하기 위해 특정한 어떤 것을 형성하려는 생명의 노력이다. 이 특정한 것이 형성되는 시기는 위기 혹은 용해라고 불린다. 병든 **의지**를 유발하는 해로운 것에 대한 최초의 지각은 감관을 통해 인지된 해로운 것의 작용과 똑같이 개인에게 작용한다. 이 작용은 우리가 그 해로운 것이 우리 개인에 대해 갖는 전체적 관계와 그 해로운 것을 제거하는 방법을 표상으로 보내기 전에 일어난다. 그 해로운 것은 경악과 그 해로운 경악의 결과인 생명과정의 정지 상태를 세포조직에서 초래하며, 무엇보다 외부 세계로 향한 부분인 피부와 개인 전체를(외부 신체를) 움직이는 근육에서 공포, 오한, 전율, 관절통 등을 일으킨다. 둘의 차이는, 후자의 경우 해로운 것은 즉시 혹은 점차적으로 명백한 표상에 이른다는 점이다. 그 해로운 것이 모든 감관을 통해 개인과 비교됨으로써 개인에 대한 그것의 관계가 규정되고, 그것에 대해 개인을 보호하는 수단(무시, 도피, 방어)이 **의식된 의지**에로 보내질 수 있기 때문이다. 반면에 전자의 경우 해로운 것은 의식에 도달하지 않고, 생명만이 (여기서 자연의 치유력이) 해로운 것을 제거하고 이를 통해 병든 **의지**를 만족시키기 위해 노력한다. 이것은 비유로 간주될 수 없고, 생명의 표명에 대한 참된 서술이다"(33쪽). "그러나 여기서 냉기는 병든 **의지**를 억제하거나 완화시키고 그 대신에 일반적으로 온기를 산출하는 자연적 **의지**를 일깨우기 위한 강력한 자극 수단으로 작용한다는 것을 우리는 언제나 명심해야 한다"(58쪽).

유사한 표현들이 이 책의 모든 곳에서 발견된다. 제시된 두 번째 저술에서 브란디스는 의지에 의한 설명을, 아마 그 설명이 원래는 형이상학적이라는 생각에서 더는 그렇게 전적으로 개별적 분석들과 혼합하지 않는다. 그래도 그는 그 설명을 **철저히** 고수한다. 실제로 그 설명은 어디서든 더 확고하고 명백히 표현된다. 그래서 그는 68절 이하에서 "**의식되지 않은 의지**"에 대해 언급한다. 이것은 "의식된 것과 분리될 수 없으며" 모든 생명의, 즉 식물과 동물의 최초 동인이다. 왜냐하면 이들에게서 모든 생명과정, 분비 등을 결정하는 것은 모든 기관 안에서 표현되는 요구와 혐오이기 때문이다. "모든 경련은 **의지**의 표명이 명백한 표상 능력 없이 일어날 수 있음을 증명한다"(71절). "언제나 우리는 전달되지 않은 근원적 활동과 만난다. 이 활동은 때로는 가장 고귀한 인간적 자유의지에 의해, 때로는 동물적 요구와 혐오에 의해, 그리고 때로는 더 식물적인 단순한 욕구들에 의해 규정된다. 이 활동은 자신을 표명하기 위해 개별자의 통일성에서 다른 많은 활동들을 불러일으킨다"(72절). "하나의 창조, 즉 매개되지 않은 근원적 활동은 모든 생명 표현에서 자신을 표명한다." "이 개별적 창조의 셋째 원동력은 **의지, 즉 개별자 자체의 생명이다**." "신경은 개별적 창조의 사다리이다. 신경을 매개로 형식과 혼합물은 요구와 혐오에 따라 변화한다"(96쪽). "이질적 실체의 동화는 …… 혈액을 만든다. 그것은 유기적 물질의 흡수도 배출도 아니다. …… 어디서나 현상의 유일한 원동력은 **창조하는 의지**이다. 즉 그것은 어떤 종류의 전달된 운동으로도 환원될 수 없는 생명이다"(97쪽).

내가 1835년에 이 글을 썼을 때, 나는 브란디스에게 내 작업이 알려지지 않았다는 것을 **진심으로** 믿을 만큼 충분히 순진했다. 그렇지 않았더라면 나는 여기서 그의 저술을 언급하지 않았을 것이다. 그의 저술은 증명이 아니라 이 문제에 관한 나의 학설의 반복, 사용, 제시일 뿐이었겠기 때문이다. 나는 다만 그가 나를 몰랐다는 것을 확실하게 받아들일 수 있다고 믿었다. 왜냐하면 그는 나를 어디에서도 언급하지 않았으며, 그가 만약 나를 알았더라면, 저술가의 정직성이 그가 자신의 핵심 사상 및 근본 사상을 빌린 그 사람을 숨기지 않을 것을 철저히 요구했을 것이기 때문이다. 이는 브란디스가 자신의 작품에 대한 일반적인 무시를 통해 그 사람이, 기만을 지원하는 것으로 해석될 수 있었을 부당한 경시를 받은 것을 목격했으므로 더욱더 그렇다. 게다가 나를 증거로 끌어대는 것은 브란디스 자신의 문학적 관심에 놓여 있는 것이며, 따라서 현명한 일이었을 것이다. 왜냐하면 그에 의해 제시된 근본학설은 지나치게 눈에 띄고 역설적이어서, 괴팅겐의 비평가가 이미 놀라워했으며, 그것을 어떻게 해석해야 좋을지 몰랐기 때문이다. 그리고 그러한 것을 브란디스는 증거나 귀납을 통해 근본적으로 증명하지도 않고, 자연에 대한 우리의 지식 전체와의 관계 속에서 입증하지도 않고,

그것을 주장했을 뿐이다. 그래서 나는, 그가 탁월한 의사들로 하여금 병상에서 옳은 것을 인식하고 파악하도록 가르치는 독특한 예언 능력을 통해 그 학설에 이르렀을 것이라 생각했다. 그 학설이 기존의 견해들과 매우 상반됨을 보아야 했음에도, 그는 이 근원적인 형이상학적 진리의 근거들에 대해 엄격하고 방법적인 해명을 제시할 수 없었으니 말이다. 이 동일한 진리를 훨씬 더 넓은 영역에서 제시하는, 즉 그 진리를 전체 자연에 대해 타당하게 만드는, 다시 말해 그 진리를 증거와 귀납을 통해 증명하는, 그리고 칸트의 학설과의 관련성에서, 그러니까 칸트의 학설을 단순히 끝까지 숙고하는 데서 그 진리가 도출됨을 증명하는 나의 철학을 그가 알았더라면, 그에게서는 언제까지나 주장일 뿐인 주목받지 못하는 주장과 함께 홀로 서 있지 않기 위해 증거로 끌어대고 의존할 수 있는 나의 철학이 그에게 얼마나 환영받을 일이어야 하는가. 이것이 브란디스가 나의 작품을 실제로 알지 못했음을 확실한 사실로서 받아들일 수 있다고 내가 당시 믿었던 이유들이다.

그러나 그 이후에 나는 독일 학자들과 브란디스가 속했던 코펜하겐학술원 회원을 더 잘 알게 되었다. 그리고 그가 나를 무척 잘 알고 있었다는 확증을 갖게 되었다. 그 이유를 나는 이미 1844년에 『의지와 표상으로서의 세계(Die Welt als Wille und Vorstellung)』 제2권 20장 263쪽에서 제시했으며, 그 모든 일이 불쾌하므로 그 이유를 여기서 다시 말하지는 않겠다. 다만 그 이후에 무척 믿을 만한 정보에 의해 브란디스가 내 주저(主著)를 당연히 알았으며 심지어 그것에 매료되었다는 확신을 내가 얻었다는 것을 덧붙인다. 이 사실이 그의 유작에서 발견되었기 때문이다. 나 같은 저술가가 오랫동안 겪은 부당한 불명료함이 그런 사람들로 하여금 그 저술가를 언급하지 않은 채 심지어 그의 근본 사상을 자신의 소유로 만들도록 부추긴다.

어떤 다른 의학자는 이 일을 브란디스보다 더 몰고갔다. 그는 그것을 생각에서만 적용한 것이 아니라 단어까지도 받아들였기 때문이다. 말하자면 빈대학교의 정교수이자 공식 교수인 안톤 로자스(Anton Rosas)는 1830년에 나온 자신의 『**안과학 개론**(*Handbuch der Augenheilkunde*)』 제1권에서 1816년에 출판된 내 논문 「시각과 색채에 관하여(*Über das Sehen und die Farben*)」의 14~16쪽을 그대로 베껴서 자신의 책 507절 전체를 썼다. 그곳에서 나의 것을 언급하거나, 다른 어떤 것을 통해 그가 아닌 다른 이가 여기서 말한다는 것을 표시하지 않은 채 말이다. 이미 이것으로부터 왜 그가 542절과 567절에 제시한 색채에 관한 21개 저술의 색인과 눈의 생리학에 관한 40개 저술의 색인에서 내 논문을 열거하지 않으려고 주의했는지가 충분히 설명된다. 다만 이것은, 그가 나를 명명하지 않은 채 내 논문에서 그 외에도 아주 많은 것을 자신의 것으로 만들었으므로 한층 더 권장할 만한 일이었다. 예를 들어 '사람들(man)'에 대해 주장하는 526절은 나에 대해서만 타당하다. 527절 전체는 완전히 그대로는 아니지만 내 논문의 59쪽과 60쪽에서 발췌하여 쓴 것이다. 535절에서 그가 다른 근거 없이 '명백히(offenbar)'라고 소개하는 것은, 즉 눈의 작용의 4분의 3은 노란색이고 4분의 1은 보라색이라는 것은, 내가 그것을 '밝혀내었을(offenbart)' 때까지 누구에게도 '명백하지' 않았으며 오늘날까지도 소수에게 알려진, 그리고 그보다 더 적은 이들에게 인정된 진리다. 그래서 그것이 다른 근거 없이 '명백히'라고 불릴 수 있기 위해서는 아직 많은 것들이, 무엇보다 내가 죽을 것이 요구된다. 그때까지는 이 문제에 대한 진지한 시험조차도 연기되어야 한다. 왜냐하면 이 시험에 의해서는 뉴턴의 색채이론과 나의 이론 간의 본래적 차이가 뉴턴의 것이 틀렸고 나의 것이 맞았다는 데 있다는 사실이 실제로 쉽게 **명백**해질 수 있을 것이기 때문이다. 이것은 그래도 동시대인에게는 모욕적일 뿐일 수 있으므로 사람들은 현명하게 그리고 오랜 관습에 따라 그 문제에 대한 진지한 시험을 당사자가 죽을 때까지 몇 년 더 미룬다. 로자스는 이런 정책을 알지 못했으며, 오히려 그는 코펜하겐학술원 회원인 브란디스처럼, 이 문제가 어디서도 언급되지 않으므로 그것을 합법적인 노획물로 선언할 수 있으리라고 생각했다. 우리는 북부 독일과 남부 독일의 정직성이 서로 아직 충분히 이해되지 않는 것을 본다. 나아가 로자스의 책에서 538, 539, 540절 전체의 내용은 완전히 내 책의 13절에서 얻은 것이다. 참으로 그것은 대부분 내 책에서 그대로 베껴 쓴 것이다. 그러나 한 번은 그가 그래도 내 논문을 인용해야 한다는 것을 발견한다. 말하자면 사실을 위해 하나의 증인이 요구되는 531절에서다. 심지어 내가 내 이론의 결과로 전체 색들을 표현한 분수들을 그가 도입한 방식도 우습다. 말하자면 이 분수들을 그렇게 전혀 주저함이 없이 자신의 것으로 만드는 일이 그에게는 그래도 미심쩍어 보일 수 있었을 것이다. 그래서 그는 308쪽에서 이렇게 말한다. "우리가 흰색에 대한 색들의 처음 생각된 관계를 숫자로 표현**하려면**, 그리고 흰색=1이라고 한다면, 부수적으로(쇼펜하우어가 **이미** 했듯이) 다음과 같은 비율이 결정된다. 노랑=3/4, 오렌지=1/3, 빨강=1/2, 초록=1/2, 파랑=1/3, 보라=1/4, 검정=0." 그렇다면 나는 어떻게 색의 비율이 그 이전에 나의 생리학적 색채이론 전체를 생각해내지 않고 그렇게 부수적으로 결정되는지를 알고 싶다. 오직 나의 색채이론에 이 숫자들이 관련되어 있으며, 나의 색채이론 없이 이 숫자들은 의미를 갖지 않는 이름 없는 숫자들이다. 게다가 로자스처럼 뉴턴의 색채이론을 신봉한다면, 이 숫자들은 그것과 정확히 모순되는데 어떻게 앞의 비율이 결정될 것인가. 마지막으로 수천 년 동안 인간이 사유하고 썼지만, 어떻게 오직 우리 둘, 나와 로자스 외에는 아직 어느 누구의 머리에도 바로 이 분수들이 색채에 대한 표현으로 떠오르지 않은 것인가? 왜냐하면 내가 우연히 14년 전에 "이미" 그 비율을 결정하지 않았고, 이를 통해 단지 불필요하게 로자스에 앞서 가지 않았더라도 그가 그 비율을 마찬가지로 설정했을 것인지에 대해 우리는 위에 제시된 그의 말에서 대답을 얻기 때문이다. 이 대답에서 우리는 오직 "하려면(Wollen)"이 문제라는 점을 발견하기 때문이다. 그러나 이제 바로 앞의 숫자 분수에 색채의 비밀이 놓여 있다. 색채의 본질과 상호 간의 차이에 관해 우리는 참된 설명을 전적으로 앞의 숫자 분수를 통해서만 획득한다. 그러나 나는 표절이 독일 문학을 더럽히는 가장 부정직한 행위라면 기뻐할 것이다. 여기에는 더 많은 것이 있다. 훨씬 더 깊이 영향을 미치고 더 해로운 것이 있다. 이에 대해 표절은 죽을 죄에 대해 약간의 것을 소매치기한 것과 같다. 나는 개인적인 관심을 이상으로 만드는 그 저급하고 초라한 정신을 언급하는 것이다. 여기서는 이 관심이 진리여야 하며 통찰이라는 가면을 쓰고 의도가 말한다. 양다리 걸치기와 아첨이 흔한 일이며, 위선이 분장하지 않은 채 나타난다. 저속한 설교들이 학문에 바쳐진 성지에서 울려 퍼진다. 계몽이라는 존경스러운 단어는 욕설이 되어버렸고, 이전 세기의 가장 위대한 사상가인 볼테르, 루소, 로크, 흄은 명예가 훼손된다. 이 영웅들, 인류의 자랑거리이며 은인인 이들, 지구의 양쪽 반구를 넘어 널리 퍼진 그들의 명성이 어떤 것을 통해 찬미될 수 있고 그렇게 될 원인이 있다면, 그것은 오직 반(反)계몽주의자가 나타나는 모든 곳에서 언제나 그들의 격렬한 적이 되는 것을 통해서이다. 문학적 모임과 친목은 칭찬과 비난을 나누기 위해 맺어지고, 이제 저급한 것이 찬미되고 널리 유포된다. 훌륭한 것은 비방되거나, **괴테**가 말하듯이 "**범할 수 없는 침묵에 의해 감추어**

진다. 이런 식의 종교검열 속에서 독일인들은 많은 것을 얻었다"(『일보 및 연보(*Tag-und Jahreshefte*)』, 1821). 그러나 그 모든 것이 발생한 동기와 관점은 너무 저속하므로, 나는 그것에 대해 상세히 설명하고 싶지 않다. 그래도 독자적인 신사들에 의해 문제에 대한 순수한 관심에서 집필되는 《에든버러 리뷰(*Edinburgh Review*)》와, 의도와 관점으로 충만한, 낙담한, 대부분 용병들이 돈에 대한 관심에서 만들어내는 부정직한 독일의 문학신문들은 얼마나 다른가. 전자는 시루스[3]에게서 인용해온 "죄인이 무죄판결을 받으면 재판관은 유죄판결을 받는다"라는 고귀한 좌우명을 명예롭게 지니고 있는[4] 반면에, 후자는 "패거리가 되어라. 그리고 칭찬하라. 네가 멀리 있을 때 그들이 너를 다시 칭찬하도록"[5]을 좌우명으로 삼아야 할 것이다. 21년이 지난 지금에야 나는 **괴테**가 1814년에 베르카[6]에서 내게 말한 것을 이해한다. 거기서 나는 마담 **스탈**[7]의 『독일에 관하여(*De l'Allemagne*)』를 읽고 있는 그를 발견했고, 대화하던 중 그 책에 관해 언급했다. 그 책은 독일인의 정직성에 대해 과장된 묘사를 하

---

3) 〔옮긴이〕 푸블릴리우스 시루스(Publilius Syrus): 기원전 1세기경 로마의 극작가.

4) 이 글은 1836년에 쓰였다. 이때 이후 《에딘버러 리뷰》는 퇴락하여 더 이상 이전의 그것이 아니다. 심지어 나는 사이비 성직자들이 단순한 군중을 염두에 두고 쓴 글도 거기서 읽었다.

5) 〔옮긴이〕 Horatius, *Saturae*(W. F. v. Löhneysen, 같은 책, 337쪽 참조).

6) 〔옮긴이〕 베르카(Berka): 독일 중부에 있는 도시.

7) 〔옮긴이〕 마담 드 스탈(Madame de Staël, 1766~1817): 프랑스의 소설가이며 비평가. 프랑스 낭만주의의 선구자로 간주된다.

고 있어서 외국인들을 오도할 수도 있다고 나는 말했다. 괴테는 웃었으며 "그래, 물론이다. 독일인들은 가방을 사슬로 매지 않을 것이다. 그래서 가방이 떨어져나갈 것이다"라고 말했다. 그러고 나서 심각하게 덧붙였다. "그렇지만 독일인의 부정직성을 총체적으로 알고자 한다면, 독일 문헌을 알아야 한다." 물론! 다만 독일 문헌의 모든 부정직성 중 가장 혐오스러운 것은 자칭 철학자들의, 실제로는 반계몽주의자들의 기회주의다. 기회주의(Zeitdienerei)란, 비록 내가 영어를 모조할지라도[8] 아무런 설명이 필요하지 않고 이 일은 증명될 필요도 없다. 왜냐하면 이 일을 거부할 정도로 철면피라면 그 자신이 현재의 내 **주제**를 위한 강력한 증거가 될 것이기 때문이다. **칸트**는 인간을 오직 목적으로 대하고 결코 수단으로 대하지 말라고 가르쳤다. 철학을 오직 목적으로 대하고 결코 수단으로 대하지 말라는 것을 먼저 말했어야 한다고 그는 생각하지 않았다. 기회주의는 필요한 경우에 모든 옷을 입고 변명한다. 수도복도 입고 담비의 모피도 입지만, 철학자의 외투(Tribonion)만은 입지 않는다. 이 옷을 입는 사람은 진리의 깃발에 맹세했기 때문이며, 그렇다면 진리가 작동해야 하는 곳에서 다른 것을 고려하는 것은 치욕적인 배반이기 때문이다. 그래서 소크라테스는 독약을, 브루노는 장작더미를 피할 수 없었던 것이다. 그러나 위의 기회주의자들은 빵 한 조각으

---

8) 〔옮긴이〕 'timeserver'를 모조함.

로 진리를 거스르도록 유인될 수 있다. 그들은 이미 아주 가까운 곳에 있는 후세대를 보지 못할 정도로 그렇게 근시안적인가? 이 후세대에게 철학사가 함께 하며 청동의 펜과 단단한 손으로 엄격하게 불멸의 책에 두 줄의 혹독한 저주를 쓰는 것을 그들은 보지 못할 것인가? 아니면 그들은 이것에 신경을 쓰지 않을 것인가? 물론 필요하다면 "나중에 무슨 일이 일어나든 나와 상관없다(après moi le déluge)"라고 말할 것이다. 그러나 "나중에 어떤 경멸을 받든 나와 상관없다(après moi le mépris)"라고 말하지는 않을 것이다. 따라서 나는 그들이 앞에 언급된 재판관에게 이렇게 말하리라 믿는다. "오! 친애하는 후세대와 철학사여, 우리를 심각하게 받아들인다면 그대들은 착각에 빠져 있는 것이다. 우리는 사실상 철학자들이 아니다. 절대 아니다. 우리는 단지 철학 교수들, 단지 공무원들, 단지 농담 철학자들이다. 이는 마분지로 무장한 연극의 기사들을 실제의 무술 시합에 끌고 가려는 것과 같다." 그러면 아마 그 재판관은 이해하고, 그 이름들을 지울 것이다. 그리고 그들에게 "영원한 침묵이라는 자선"을 베풀 것이다.

내가 18년 전에, 오늘날과 같이 성행하지는 않았던 기회주의와 위선을 목격함으로써 빠져든, 주제에서 벗어나는 이 문제로부터 이제 내 학설의 한 부분으로 돌아가겠다. 이것은 브란디스에 의해 입증된 부분이다. 브란디스 자신이 그 사실을 인식하지는 않았더라도 말이다. 나는 이 부분에 대해 몇 가지 설명을 제시하겠다. 그다음에 나는 생리학 측으로부터 이 부분에 제공된 몇 가지 다른 확증들을 나의 설명과 결합할 것이다.

칸트가 선험적 변증론에서 이성의 이념이라고 비판했으며, 그 결과 이론철학에서 제거된 세 전제들은 이 위대한 사람이 철학의 총체적 개혁을 불러일으켰을 때까지 자연에 대한 심오한 통찰을 언제나 방해하는 것으로 드러났다. 우리가 현재 진행하고 있는 고찰의 대상을 위해서는 소위 영혼의 이성 이념, 즉 이 형이상학적 존재의 이성 이념이 그와 같은 방해물이었다. 인식과 의욕은 이 존재의 절대적 단순성 안에서 영원히 분리될 수 없이 **하나**로 결합되고 융합되어 있었다. 이 이념이 있는 한 어떤 철학적 생리학도 성립할 수 없었다. 이 이념과 동시에 그 상관개념인 실재적이고 완전히 수동적인 물질도 신체의 요소로서, 즉 그 자체로 성립하는 존재로서, 물자체로서 반드시 설정되어야 했으므로 철학적 생리학은 더욱더 성립할 수 없었다. 따라서 지난 세기 초에 유명한 화학자이자 생리학자였던 **슈탈**[9]이, 완전히 근접했던 진리를 놓쳐야 했던 것은 이 영혼의 이성 이념 탓이었다. 이성적 영혼(anima rationalis)의 자리에 유일하게 형이상학적인 것인, 아직 인식 없는 맹목적 의지를 설정할 수

---

9) 〔옮긴이〕게오르크 에른스트 슈탈(Georg Ernst Stahl, 1659~1734): 독일의 화학자이자 의학자. 당시의 화학적 현상을 설명하는 유력한 가설이었던 플로지스톤 설의 기초를 세웠다. 영혼이 모든 생명현상의 근원이라는 물활론(Animismus)의 창시자로 알려져 있으며, 질병도 궁극적으로는 영혼의 모순적인 성향에 기인한다고 주장했다.

있었더라면 슈탈은 진리에 도달했을 것이다. 오직 이성 이념의 영향으로 인해 그는, 그 단순한 이성적인 영혼이 물체를 만들고 물체의 모든 내적인 유기적 기능들을 조종하고 완성하는 것이지만 그래도 거기서, 비록 인식이 그 존재의 근본 규정이자 실체일지라도 그 존재에 대해 모든 것을 알거나 경험할 수는 없다고 가르칠 수밖에 없었다. 이 안에 그의 학설을 전적으로 유지될 수 없게 만든 불합리한 것이 놓여 있었다. 이 학설은 할러[10]의 자극성(Irritabilität)과 감수성(Sensibilität)으로 대치되었다. 이 개념들은 완전히 경험적으로 이해되었지만, 설명이 거기서 종착점에 이르게 되는 두 개의 "숨은 성질(qualitates occultae)"이기도 하다. 심장과 내장의 움직임은 이제 자극성의 작용으로 간주되었다. 그러나 이성적 영혼은 그 명예와 품위가 손상되지 않은 채 신체의 집에서 낯선 손님으로 머무른다. 거기서 그 영혼은 최상층에 산다. "진리는 우물 속에 깊이 숨어 있다"라고 데모크리토스가 말했다. 수천 년 동안 이 말은 탄식과 함께 반복되었다. 그러나 진리가 밖으로 나오려는 즉시 사람들이 그것을 엄하게 타이르는 것은 전혀 놀라운 일이 아니다.

내 학설의 요점은 의지를 인식으로부터 완전히 분리하는 것이다. 이것은 내 학설을 이전에 있었던 모든 학설들과 대립 관계에 놓는

---

10) 〔옮긴이〕 알브레히트 폰 할러(Albrecht von Haller, 1708~1777): 스위스의 의학자. 특히 해부학자로서 막대한 업적을 남겼으며, 동물 실험을 통해 신체 부분에서의 자극성과 감수성을 규명했다. 현대 실험생리학의 선구자로 간주된다.

다. 내 이전의 모든 철학자들은 이 둘을 분리될 수 없는 것으로 간주했다. 사실상 그들은 의지를, 우리의 정신적 존재라고 여겨지는 인식에 의해 제약된 것이자 심지어 대개는 인식의 단순한 기능이라고 간주했다. 그러나 철학에서 이 분리는, 즉 그렇게 오랫동안 분리될 수 없는 것이었던 자아(Ich) 혹은 영혼을 이질적인 두 부분으로 분해하는 것은, 화학에서 물의 분해가 의미하는 바와 같다. 이 사실도 나중에야 비로소 인정되지만 말이다. 내 학설에 의하면 인간에게서 영원하고 파괴될 수 없는 것은, 따라서 인간에게서 생명의 원리를 형성하는 것은 영혼이 아니라, 화학적 표현이 허용된다면 영혼의 기(基, Radikal)이며, 이것은 **의지**다. 소위 영혼은 이미 합성된 것이다. 영혼은 의지와 지성(νους)의 결합이다. 이 지성은 이차적인 것이다. 그것은 유기체 뒤의 것(posterius)이며, 단순한 뇌기능으로서 유기체에 의해 제약된다. 반면에 의지는 처음의 것이다. 의지는 유기체 앞의 것(prius)이며, 유기체는 의지에 의해 제약된다. 왜냐하면 의지는 제일 먼저 표상(앞의 단순한 뇌기능) 안에서 자신을 그와 같은 유기적 신체로서 표현하는 존재 자체이기 때문이다. 오직 인식(혹은 뇌 기능)의 형식들을 통해서, 말하자면 오직 표상 안에서 각자의 신체는 연장된 것으로서, 부분으로 나뉜 것으로서, 유기적인 것으로서 주어져 있다. 그 신체는 표상의 밖에, 즉 자기 의식 안에 직접적으로 주어져 있지 않다. 신체의 행동들이 표상에서 묘사되는 의지의 개별적 행위들일 뿐이듯이 그 행동들의 기체(基體, Substrat),

즉 이 신체의 형태도 전체적으로는 의지의 형상이다. 따라서 외적인 행동에서와 마찬가지로 신체의 모든 유기적 기능들에서 의지가 그 동인이다. 참된 생리학은 그것의 정점에서 인간에게 있는 정신적인 것(인식)이 인간의 물리적인 것의 산물임을 증명한다. 그리고 이 증명을 **카바니스**[11]만큼 수행한 사람은 없다. 그러나 참된 형이상학은 이 물리적인 것 자체가 정신적인 것(의지)의 단순한 산물이거나 심지어 그것의 현상이라고, 사실상 물질 자체가 그 물질이 유일하게 존재하는 곳인 표상을 통해 제약된다고 가르친다. 직관과 사유는 점점 더 유기체로부터 설명된다. 그러나 의지는 결코 그렇지 않다. 오히려 그 반대로 의지로부터 유기체가 설명된다. 이것을 나는 다음 장에서 증명할 것이다. 나는 첫째로 의지를 물자체로서, 완전히 근원적인 것으로서 설정한다. 둘째로 나는 의지의 단순한 가시성을, 즉 객관화를, 예를 들어 신체를 설정한다. 셋째로 나는 인식을 이 신체 일부의 단순한 기능으로서 설정한다. 이 부분 자체는 객관화된(표상이 된) 인식 의욕이다. 의지는 자신의 목적을 위해 인식을 필요로 하기 때문이다. 그러나 이 인식 기능은 이제 다시 세계 전체를 표상으로서 제약한다. 그래서 이 기능은 신체 자체도 그것이 직

---

11) 〔옮긴이〕 피에르 장 조르주 카바니스(Pierre Jean Georges Cabanis, 1757~ 1808): 프랑스의 생리학자이며 유물론 철학자. 사유가 뇌의 작용이라고 주장했다. 위가 음식을 받아들이고 소화시키듯이, 뇌도 인상을 받아들이고 정리하며 그것의 유기적 분비물이 사유라는 것이다.

관될 수 있는 객체인 한 제약한다. 사실상 이 인식 기능은 물질을 일반적으로 제약한다. 물질은 오직 표상 안에서 존재하기 때문이다. 심사숙고한다면, 객관적 세계는 주체의 의식 안에 처해 있으므로 주체 없이는 결코 생각될 수 없을 것이기 때문이다. 따라서 인식과 물질(주체와 객체)은 오직 서로 상관적으로 있으며 **현상**을 형성한다. 그래서 나의 근본적 변혁을 통해 이 문제는 지금까지 한 번도 서지 않았던 곳에 서 있다.

의지가 밖으로 향한다면, 즉 밖으로 인식된 어떤 대상을 향하여 작용한다면, 그래서 인식이라는 매개물을 통과한다면, 누구나 여기서 활동하는 것으로서 **의지를** 인식하며, 여기서 의지는 자신의 이름을 획득한다. 그러나 의지가 외부행동에 선행하는, 외부행동의 조건인 내부의 과정에서 더 적게 활동하는 것은 아니다. 내부의 과정은 유기적 생명과 그 기체를 형성하고 유지한다. 그리고 혈액 순환, 분비, 소화도 이 의지의 작품이다. 그러나 의지는 그것이 자신이 유래한 개별자를 떠나 외부 세계로 향하는 곳에서만 인식되었으므로 그리고 외부 세계는 이제 바로 이 (*인식이라는*) 목적을 위해 직관으로 나타나므로 인식은 의지의 본질적 조건, 즉 의지의 유일한 요소로 간주되었다. 심지어 인식은 그것으로부터 의지가 성립하는 재료로 간주되었으며 이로부터 지금까지 있었던, 이유와 귀결의 가장 심각한 "뒤바꿈"이 발생했다.

무엇보다 우리는 의지(Wille)를 자의(Willkür)로부터 구분할 줄 알아야 하며, 전자가 후자 없이 성립할 수 있음을 통찰해야 한다. 이는 말할 나위 없이 나의 철학 전체가 전제하는 것이다. 자의란 인식이 의지를 밝혀주는 곳에서의 의지를, 따라서 의지를 움직이는 원인이 동기 즉 표상일 때의 의지를 말한다. 즉 객관적으로 표현한다면, 행동을 일으키는 외부의 작용이 **뇌**를 통해 매개되는 곳에서의 의지를 자의라고 한다. **동기**는 외부의 자극이라 정의될 수 있다. 이 자극의 작용으로 먼저 **뇌에 하나의 형상이** 성립한다. 이 형상을 매개로 의지는 본래의 작용인 외부의 신체 행동을 완성한다. 그러나 인류에 있어서는 이런 종류의 이전 형상들로부터 그 차이들이 배제됨으로써 폐기되어서, 더는 직관적이지 않고 단지 단어들을 통해 표현되고 고정되는 개념이 앞의 형상을 대신할 수 있다. 그에 따라 동기들의 작용은 대체로 접촉에 묶여 있지 않으므로, 동기들은 의지에 대한 작용력을 서로 측정할 수 있다. 즉 일정한 선택을 허용할 수 있다. 동물에게서 이 선택은 그의 앞에 **직관적으로** 놓여 있는 좁은 시야에 제한된다. 반면에 인간에게서 선택은 그가 **생각할 수 있는** 넓은 영역, 말하자면 개념의 영역을 활동 영역으로 갖는다. 따라서 우리는 무기적 물체에서와 같이 좁은 의미의 **원인**에 뒤따라 발생하는 운동도 아니고, 식물의 운동과 같이 단순한 **자극**에 뒤따르는 운동도 아니라, **동기**[12]에 뒤따르는 그 운동을 자의적이라고 지칭한

---

12) 좁은 의미의 원인과 자극, 동기 사이의 구분을 나는 『윤리학의 두 근본 문제들(*Die beiden Grundprobleme der Ethik*)』, 30쪽에서 상세히 제시했다.

다. 그런데 이 자의적인 운동은 **동기의 매개**인 **인식**을 전제한다. 이 매개를 통해 인과성은 여기서 그 이전의 모든 필연성을 손상시키지 않고 처음부터 끝까지 작용한다. 생리학적으로는 자극과 동기 사이의 구분이 다음과 같이 표현되기도 한다. 자극은 그것이 작용한 동일한 부분에서 나오는 반응을 **직접적으로** 불러일으키는 반면에 동기는 뇌를 통한 우회로를 만들어야 하는 자극이다. 여기서는 이 자극의 작용에서 먼저 하나의 형상이 발생하며, 이 형상이 뒤이어 발생하는 반응을 최초로 불러일으킨다. 이 반응은 이제 '자발적 행위' 그리고 '자의적'이라고 불린다. 따라서 자의적인 운동과 비자의적인 운동 사이의 구분은, 이 두 운동에서 본질적이고 일차적인 것인 의지에 관련되지 않고 의지의 표현을 불러일으키는 단지 이차적인 것에 관련된다. 말하자면 이 구분은 의지의 표현이 고유한 원인에 인도되어서 일어나는지, 혹은 자극에, 혹은 인식을 관통해가는 원인인 동기에 인도되어서 일어나는지에 관련된다. 인간의 의식은 직관적 표상뿐 아니라 추상적 개념들도 포함한다는 점에서 동물의 의식과 구분된다. 추상적 개념들은 시간적 차이와 무관하게 동시에 서로 나란히 작용하며, 이를 통해 숙고, 즉 동기들의 갈등이 가능해졌다. 이 인간의 의식에 가장 좁은 의미에서의 의지인 자의가 나타난다. 이 자의를 나는 선택결단이라고 불렀다. 그러나 이 선택결단은 오직, 어떤 충격이 더 강한 반대 충격에 의해 제압되는 것과 같이 주어진 개별적 성격을 위해 **가장 강력한** 동기가 다른 동기를 이겨내고 행동을 결정하는 데서 성립한다. 여기서 결과는 언제나 여전히 던져진 돌의 운동이 갖는 바로 그 필연성과 함께 나타난다. 이에 관해서는 모든 시대 모든 위대한 사상가들의 의견이 일치한다. 그리고 그들은 단호하다. 많은 군중들이 우리 자유의 제작물을 개별적 행위가 아니라 우리의 존재와 본질 자체에서 찾아야 한다는 위대한 진리를 결코 통찰하지 못하는 것과 같이 그렇게 확실하게 말이다. 나는 나의 현상 논문 「의지의 자유에 관하여(*Über die Freiheit des Willens*)」에서 이 진리를 상세히 설명했다. 그 설명에 따르면 잘못 생각된 "어떤 쪽으로도 영향 받지 않는 자유로운 의지 결정"은 **의지**에서 시작하는 운동을 구분하는 특징으로서 인정될 수 없다. 왜냐하면 그것은 원인 없는 결과의 가능성을 주장하는 것이기 때문이다.

따라서 우리가 의지를 자의로부터 구분하고 자의를 의지의 한 특수한 종류나 현상 방식으로 간주하기에 이르는 즉시, 우리는 의지를 인식 없는 과정에서도 관찰하는 것이 전혀 어려운 일이 아님을 알게 될 것이다. 우리 신체의 모든 운동은 단순히 식물적이고 유기적인 운동까지도 **의지**로부터 시작한다는 사실은 결코 그 운동이 자의적이라고 주장하는 것이 아니다. 그렇다면 그 운동이 동기들에 의해 유발됨을 의미할 것이기 때문이다. 그러나 동기들은 표상들이며 표상들이 있는 곳은 뇌이다. 신경을 통해 뇌와 교류하는 신체의 부분만이 뇌에 의해, 그래서 동기에 의해 운동할 수 있다. 그리고 오직 이 운동이 자의적이라고 불린다. 반면에 유기체의 내적 조직의 운동은 식물의 운동과 같이 **자극**에 의해 유도된다. 다만 동물적 유기체의 복잡성은 외부 세계에 대한 이해와 그에 대한 의지의 반응을 위해 외감(外感)을 요구하게 만들었듯이, 내적 자극에 대한 의지의 반응을 관리하기 위해 교감신경계인 "복부 신경조직(Cerebrum abdominale)"을 요구했다. 전자는 외무부에 후자는 내무부에 비유될 수 있다. 그러나 의지는 어디에나 항상 있는 독재자로 남아 있다.

할러 이후에 일어난 생리학의 발전은 의식에 동반되는 외부행동(functiones animales)뿐 아니라 완전히 무의식적으로 일어나는 생명과정(functiones vitales et naturales)도 일반적으로 **신경계**의 지배를 받는다는 것을 의심할 여지없이 확실한 사실로 만들었다. 그리고 의식과 관련하여 그 둘의 차이는 단지, 전자는 뇌에서 나오는 신경에 의해 조종되지만 후자는 주로 외부로 향한 신경계의 중심과 직접적으로 소통하지는 않는 반면 종속된 작은 중추인 신경절(Nervenknoten), 즉 신경절(Ganglien) 및 그 관계들과 소통하는 신경에 의해 조종된다는 점에 기인한다. 이 신경절은 마치 총독과 같이 신경계의 여러 영역들 앞에 서서, 뇌가 외부의 동기에 의해 외적 행동을 관리하듯이 내부의 자극에 의해 내적 과정을 관리한다. 따라서 뇌가 표상들을 얻고 그에 대해 결정하듯이 이 신경절은 내부의 인상을 받아들이고 그에 대해 적절하게 반응한다. 다만 신경절에서는 모든 것이 좁은 작용 범위에 제한되어 있다. 여기에서 각 조직의 "독자적 생명"이 기인한다. 이 생명과 관련하여 이미 **헬몬트**[13)의 는, 모든 기관은 마치 자신의 독자적 자아를 갖는 것 같다고 말했다. 이것으로부터 곤충과 파충류, 그리고 다른 낮은 단계의 동물들에게서 절단된 부분들의 생명이 지속되는 사실도 설명된다. 이들의 뇌는 개별적 부분들의 신경절보다 큰 우위를 차지하지 않는다. 마찬가지로 이것으로부터 몇몇 파충류는 뇌를 제거한 후 몇 주일, 혹은 몇 개월까지도 더 산다는 사실이 설명된다. 이제 우리가 가장 확실한 경험으로부터, 의식에 동반되고 신경계의 중심에 의해 조종되는 행동에서 본래적인 동인은 우리에게 가장 직접적인 의식에서 그리고 외부 세계와는 완전히 다른 방식으로 알려진 **의지**라는 것을 안다면, 바로 그 신경계에서 나오지만 그것에 종속된 중추의 지배를 받는, 생명과정을 지속적으로 유지시키는 행동들도 마찬가지로 의지의 표현임을 받아들이지 않을 수 없다. 이것은 특히, 앞의 행동들과 달리 이 행동들은 의식을 동반하지 않는 원인이 우리에게 완전히 알려졌기 때문이다. 말하자면 의식은 뇌에 위치하므로 그 신경이 뇌와 연결되는 그런 부분에 제한되어 있기 때문이다.

---

13) 〔옮긴이〕 얀 밥티스타 판 헬몬트(Jan Baptista van Helmont, 1580~1644): 벨기에의 의사이며 화학자. 기체가 공기와 다른 물질이라는 사실을 처음으로 알아냈고, 가스라는 용어를 만들어낸 기체화학의 창시자이다. 소화 작용 같은 신체의 과정도 화학적 반응의 도움을 받는다고 주장했다. 신비주의자이며 연금술사인 파라셀수스를 신봉하는 동시에 실험에 기초한 새로운 과학을 받아들임으로써 연금술이 화학으로 전환되는 기반을 마련했다. 아르케(archeus)를 생명의 근원으로 받아들였다.

또한 여기서조차 신경이 제거된다면 의식은 사라지기 때문이다. 이를 통해 의식과 무의식의 차이가, 그리고 이와 함께 신체의 운동에서 자의적인 것과 비자의적인 것의 차이가 완전히 설명되었다. 그리고 완전히 상이한, 운동의 두 원천을 받아들일 아무런 이유도 남아 있지 않게 된다. 이것은 특히 "필연성 없이는 원리들이 증가되지 말아야 하기(principia praeter necessitatem non sunt multiplicanda)" 때문이다. 이 모든 것은 매우 명백하다. 그래서 선입견 없이 숙고한다면, 신체의 행동을 근본적으로 상이한 두 가지 원천에서 도출함으로써 신체를 두 주인의 하인으로 삼으려는 것은 이 관점에서 볼때 완전히 불합리하다. 그것은 팔, 다리, 눈, 입술, 목, 혀와 간, 안면 근육과 복근의 운동은 의지의 것으로 돌리는 반면에 심장, 혈관의 운동, 내장의 연동운동, 장융모(腸絨毛, Darmzotten)와 선(腺, Drüse)의 흡입, 그리고 분비를 돕는 모든 운동을 완전히 다른, 우리에게 알려지지 않은 영원히 신비로운 원리에서 출발하게 하는 것이다. 이 원리를 우리는 활력(Vitalität), 아르케우스(Archäus), 원기(spiritus animales), 생명력(Lebenskraft), 형성력(Bildungstrieb)으로 표현한다.[14] 이 표현들은 모두 x를 말할 뿐이다.

---

14) 특히 분비에서는 각각의 목적에 유용한 특정의 선택을, 결과적으로 그 선택을 수행하는 기관의 **자의**를 인지하지 않을 수 없다. 이 기관은 심지어 특정의 불분명한 감각에 의해서까지 지원받아야 하며, 이 기관을 통해 각 분비기관은 같은 혈액으로부터 오직 그 기관에 적합한 분비를 끌어낼 뿐 다른 어떤 것도 끌어내지 않는다. 말하자면 유입되는 혈액으로부터 간은 오직 쓸개즙을 흡입

탁월한 **트레비라누스**[15]가 『유기적 생명의 현상과 법칙(*Die Erscheinungen und Gesetze des organischen Lebens*)』, 제1권, 178~185쪽에서 섬모충류, 식물성 동물과 같은 최하위 단계의 동물들에게서 어떤 운동이 자의적이고 어떤 운동이, 그가 명명하듯이 자동적인 혹은 물리적인, 즉 단지 생체적인 운동인지를 찾아내려고 노력하는 것을 보는 일은 진기하고 교훈적이다. 여기서 그에게는 근원적으로 다른, 운동의 두 원천을 다루는 것이라는 전제가 근본에 놓여 있다. 사실은 그 한 원천도 다른 원천과 같이 의지에서 나오며, 모든 차이는 그 운동이 동기에 의해 유발되었는가 혹은 자극에 의해 유발되었는가의 문제에 놓여 있다. 즉 운동이 뇌에 의해 매개되었는지 여부에 그 차이가 놓여 있다. 그렇다면 자극은 다시 단순히 내적인 자극이거나 외적인 자극일 수 있다. 트레비라누스는 갑각류나 심지어 어류와 같이 더 높은 단계의 몇몇 동물에게서 자의적인 운동과 생체적인 운동이, 예를 들어 장소 변경의 운동과 호흡 작용이 완전히 하나로 일치하는 것을 발견한다. 이는 그두 운동의 본질과 근원의 동일성에 대한 명백한 증거다. 트레비라

하고 나머지 혈액은 계속해서 보낸다. 마찬가지로 침샘과 췌장은 오직 침을, 신장은 오직 소변을, 고환은 오직 정액을 흡입하는 등등이다. 그래서 분비기관은, 같은 목초지에서 풀을 뜯으며 각자 **자신의** 입맛에 맞는 풀만 뜯어내는 다양한 가축들과 비교될 수 있다.

15) 〔옮긴이〕 고트프리트 라인홀트 트레비라누스(Gottfried Reinhold Treviranus, 1776~1837): 독일의 의사이며 생물학자. '생물학'이라는 개념을 처음으로 도입하였으며, 진화론적 사유의 기초를 마련했다.

누스는 188쪽에서 이렇게 말한다. "말미잘, 불가사리, 성게, 해삼 (*Echinodermata pedata Cuv*) 과(科, Familie)에서는 체액의 운동이 동물의 의지에 의존한다는 것과 이 운동이 장소 이동의 수단이라는 것이 명백하다." 288쪽에는 다음과 같이 되어 있다. "포유동물의 식도는 그 상부의 끝에 인두(咽頭, Schlundkopf)를 갖는다. 이 인두는 자의적인 근육과 부합하여 형성된 근육에 의해 의지의 지배를 받지 않고도 확장되고 축소된다." 우리는 여기서 의지로부터 나오는 운동과, 추정된 바와 같이 의지와 상관없는 운동의 경계가 뒤섞여 있음을 알게 된다. 293쪽에는 이렇게 쓰여 있다. "그래서 반추동물의 위(胃)에서는 완전히 자의적으로 보이는 운동이 일어난다. 그러나 이 운동이 단지 반추 과정과 지속적인 관계에 놓여 있는 것은 아니다. 인간과 많은 동물들의 단순한 위도 소화시킬 수 있는 것만을 아래쪽의 구멍으로 통과시키고 소화시킬 수 없는 것은 구토하여 다시 내뱉는다."

또한 자극에 의한(비자의적인) 운동이 동기에 의한(자의적인) 운동과 마찬가지로 의지로부터 나온다는 사실에 대해 특별한 증거들이 더 있다. 예를 들면 동공의 수축과 같이 동일한 운동이 때로는 자극에, 때로는 동기에 뒤따르는 경우가 그에 해당한다. 이 수축은 빛의 증가에서는 자극에 뒤따르며, 매우 가까이 있는 작은 대상을 우리가 자세히 관찰하려고 노력할 때마다 동기에 뒤따른다. 왜냐하면 동공의 수축은 매우 가까운 거리에서의 명백한 목격을 실현시키는데, 우리는 바늘로 뚫은 카드의 구멍을 통해 봄으로써 이 목격을 더 증가시킬 수 있기 때문이다. 반대로 우리는 먼 곳을 볼 때 동공을 확대시킨다. 그래도 같은 기관의 같은 운동이 근본적으로 다른 원천에서 교대로 일어나지는 않는다. 베버는 하나의 동일한 대상을 보는 한쪽 눈의 동공을 다른 쪽 눈이 감겨 있을 동안 순전한 자의에 의해, 대상이 때로는 분명하게 때로는 불분명하게 보일 정도로 확대시키고 수축시키는 능력을 그 스스로 발견했다고 전한다.[16] 또한 뮐러[17]도 『인체 생리학 개론』 764쪽에서 의지가 동공에 영향을 끼친다는 사실을 증명하려고 시도한다.

나아가 의식 없이 수행되는 생체 기능과 생식 기능들이 의지를 가장 내면의 동력 장치로 갖는다는 통찰은 다음의 고찰에 의해서도 입증된다. 즉 자의적 운동으로 인정된 신체 부분의 운동조차 그 부분의 내부에서 일어나는, 그 운동에 선행하는 변화들이 축적된 최종 결과일 뿐이라는 것이다. 이 변화들은 신체기관들의 기능과 마찬가지로, 의식되지는 않지만 가장 먼저 의지에 의해 실행되며 신체 부분의 운동을 단지 결과적으로 갖는, 그럼에도 생리학자들

---

16) E. H. Weber, "additamenta ad E. H. Weberi tractatum de motu iridis" (Lipsiae, 1823).

17) 〔옮긴이〕 Johannes Peter Müller(1801~1858): 독일의 생리학자이며 비교 해부학자로서, 19세기의 위대한 자연 철학자 중 한 사람이다. 1833년에서 1840년 사이에 출간된 그의 『인체 생리학 개론(Handbuch der Physiologie des Menschen)』은 생리학 연구의 전환점을 제공한 획기적인 저서로 간주된다.

이 가설을 통해 그 변화를 발견하려고 시도할 정도로 우리의 의식에 생소한 것임이 분명하다. 그 가설은 다음과 같은 것이다. 즉 건(腱, Sehne)[18]과 근섬유(筋纖維, Muskelfaser)는 근육의 세포 조직에서 그 안에 포함된 혈액 증기의 침전에 의해서 혈청이 생기는 변화를 통해 합쳐지지만 이 변화는 신경의 작용을 통해 일어나고, 그래서 의지에 의해 일어난다는 것이다. 여기서도 의지로부터 가장 먼저 시작하는 변화는 의식되지 않으며 멀리 떨어져 있는, 변화의 결과만이 의식된다. 그리고 이것조차도 원래는 오직 뇌의 공간적 직관에 의해 의식된다. 이 직관 안에서 그 결과는 신체 전체와 함께 나타난다. 그러나 상승하는 이 인과 대열에서 마지막 구성원이 **의지**라는 사실에 생리학자들은 결코 그들의 실험적인 연구와 가설의 방법으로는 도달하지 못할 것이다. 이 사실은 완전히 다른 곳에서 그들에게 알려졌다. 그 수수께끼의 해답은 연구의 외부에서 연구자 스스로가 동시에 연구 대상이며 이를 통해 내부 과정의 비밀을 경험한다는 운 좋은 상황에 의해 그들에게 속삭여졌다. 그렇지 않았더라면 연구자의 설명은 다른 모든 현상에 대한 설명이 그렇듯이 탐구될 수 없는 힘 앞에서 멈춰 서야 했을 것이다. 그리고 반대로 우리가 모든 자연현상에 대해 우리 자신의 유기체에 대해 갖는 것과 동일한 내적 관계를 가졌더라면, 모든 자연현상에 대한 설명과 각 물

---

18) 〔옮긴이〕 힘줄이라고도 한다.

체의 모든 성질에 대한 설명은 결국 바로 그렇게 그 안에서 표명되는 하나의 의지로 돌아갈 것이다. 왜냐하면 (*자연현상에 대한 설명과 우리 자신의 유기체에 대한 설명의*) 차이는 사물이 아니라 오직 사물에 대한 우리의 관계에 놓여 있기 때문이다. 물리적인 것에 대한 설명이 끝에 도달한 어느 곳에서나 그 설명은 형이상학적인 것과 만난다. 그리고 이 형이상학적인 것이 직접적 인식에 열려 있는 곳 어디서나 여기서와 같이 의지가 도출된다. 뇌로부터 오지 않고, 동기에 따르지 않고, 자의적으로 움직이지 않는, 유기체의 부분들이 의지에 의해 살아 있고 지배된다는 사실은 또한 그 부분들이, 의지가 비정상적으로 격렬하게 운동할 때에도 언제나 교감한다는 것을 입증한다. 기쁘거나 두려울 때 심장박동이 빨라지는 것, 부끄러울 때 얼굴이 빨개지는 것, 놀라거나 분노를 감출 때 얼굴이 창백해지는 것, 슬플 때 우는 것, 관능적인 것을 상상할 때 발기하는 것, 아주 무서울 때 호흡이 힘들어지는 것과 장의 활동이 빨라지는 것, 맛있는 음식을 볼 때 입에 침이 생기는 것, 불쾌한 것을 보았을 때 구역질이 나는 것, 화가 났을 때 혈액순환이 격렬히 빨라지고 이에 더해 쓸개의 성질이 변하는 것, 격분했을 때 침의 성질이 변하는 것을 우리는 본다. 이 마지막 경우에는 매우 화난 개가 물면, 그 개가 광견병에 걸려 있지 않거나 그 이후에 걸리지 않으면서도 광견병을 옮길 수 있을 정도이다. 고양이에게도 그리고 화난 수탉에게까지 같은 것이 주장된다. 나아가 지속적인 슬픔은 유기체를 깊은 곳까지 파괴한다. 그리고 경악뿐 아니라 갑작스러운 기쁨도 치명적으로 작용한다. 반면에 단순히 인식과 관련되고 의지와 관계없는 내적 과정과 변화는, 그것이 아무리 크고 중요하다고 해도 유기체의 움직임에 영향을 미치지 않는다. 지나치게 힘들고 오래 지속되는 지성의 활동이 뇌를 지치게 하여, 서서히 고갈시키고 결국 유기체를 파괴할 때까지는 말이다. 이것은 인식이 이차적 성질이며, 유기적 기능의 일부분이자 생명의 한 산물일 뿐임을 또다시 입증한다. 인식은 우리 존재의 내적 핵심을 구성하지 않는다. 인식은 물자체가 아니고, 의지와 같이 형이상학적이지도 비물체적이지도 영원하지도 않다. 의지는 지치지 않고, 늙지 않고, 배우지 않고, 연습에 의해 완성되는 것이 아니고, 유년기에 있으면서 노인이며, 언제나 하나이고 동일한 것이며, 모든 것에서 그 특성이 변화하지 않는다. 의지는 본질적인 것인 만큼 또한 변함없는 것이어서 우리에게 있듯이 동물에게도 있다. 왜냐하면 의지는 지성과 달리 유기 조직의 완전함에 의존하지 않고, 본질적인 것을 고려한다면 모든 동물에게서 동일한 것이며, 우리에게 매우 친밀하게 알려진 것이기 때문이다. 이에 따르면 동물은 기쁨, 슬픔, 공포, 분노, 사랑, 증오, 동경, 질투 등 인간의 모든 성향을 갖는다. 인간과 동물의 큰 차이는 단지 지성의 완전함 정도에 기인한다. 그러나 이 문제는 주제에서 너무 멀리 벗어나는 것이다. 따라서 이에 관해서는 『의지와 표상으로서의 세계』 제 2권, 19장, 2절을 참조하기 바란다.

유기체의 내부 움직임에서 근원적인 원동력은 바로 신체의 외적 행동들을 이끄는 의지이며, 단지 여기서 의지가 외부로 향한 인식의 매개를 요구한다는 이유에서 의지는 의식을 통한 이 과정에서 자신의 정체를 의지로서 드러낸다. 이 사실을 위해 제시된 명백한 이유들에 따르면, 브란디스 외에도 몇몇 생리학자들이 단순히 경험적인 연구 방법으로 이 진리를 다소 분명히 인식했다는 것은 놀라운 일이 아니다. **메켈**[19]은 『생리학 논총(*Archiv für die Physiologie*)』(제5권, 195~198)에서 자율적 생명, 배아의 발생, 음식물의 동화 작용, 식물의 생명은 아마 원래 의지의 표현으로 간주될 수 있다는, 사실상 자석의 성향조차 의지의 표현으로 보인다는 결론에 완전히 경험적이고 전혀 선입견 없이 도달한다. "모든 생명운동에서 어떤 특정한 자유로운 의지를 추정하는 것이 아마 정당화될 것이다", "식물은 자유의지에 따라 빛을 향해 간다" 등등을 그는 말한다. 이 논총은 1819년에 나왔다. 이때는 나의 작품이 나온 직후여서 그것이 메켈에게 영향을 주었는지, 혹은 그에게 알려지기라도 했는지는 확실하지 않다. 따라서 나는 이 진술들도 나의 학설을 위한 선입견 없는 경험적인 입증에 포함시킨다. **부르다흐**[20]도 자신의 거대한 『생

---

19) 〔옮긴이〕 요한 프리드리히 메켈(Johann Friedrich Meckel, 1781~1833): 독일의 해부학자. 기형학의 창시자로 간주된다. 배아의 기형적 형성 과정에 관한 연구를 통해 배아가 이미 완성된 신체를 함축한다는 당시의 일반적 견해를 논박했다.

20) 〔옮긴이〕 카를 프리드리히 부르다흐(Karl Friedrich Burdach, 1776~1847):

리학』[21] 제1권, 259절, 388쪽에서 완전히 경험적으로 "자기애는 모든 사물에 구분되지 않고 귀속되는 힘"이라는 결과에 도달한다. 그는 이것을 우선 동물에게서, 그다음에 식물에게서 그리고 최종적으로 생명 없는 물체에서 증명한다. 자기애란 자신의 존재를 유지하려는 의지, 생명에의 의지 이외의 다른 무엇이겠는가? 내 학설을 더 결정적으로 입증하는 같은 책의 한 구절을 나는 '비교해부학' 장에서 제시하겠다. 생명의 원리인 의지에 관한 학설이 약학의 광범위한 영역에서도 확장되기 시작하고 그 학문의 젊은 대변자들에게서 받아들여지는 것을, 나는 **지그리츠**(Sigriz) 박사가 1835년 8월에 뮌헨에서 자신의 박사학위 취득을 위해 변론한 논제에서 특별한 즐거움과 함께 목격한다. 그 논제는 이렇게 시작한다. 1. 성장하는 유기체의 형식을 결정하는 것은 혈액이다. 2. 유기적 성장은 내적 생명의 활동과 **의지**에 의해 결정된다.

마지막으로 내 학설의 이 부분에 대한 매우 독특하고 예기치 않은 또 하나의 증명이 언급되어야 할 것이다. 이 증명은 최근에 **콜브룩**[22]이 고대 인도철학으로부터 전달한 것이다. 『아시아 사

독일의 생리학자이자 해부학자. 신경해부학의 권위자로서 뇌 연구를 통해 중추 신경체계의 해부학적 구조를 발견했다.

21) 〔옮긴이〕 *Die Physiologie als Erfahrungswissenschaft*(Leipzig, 6 Bde., 1826~1840).

22) 〔옮긴이〕 헨리 토머스 콜브룩(Henry Thomas Colebrooke, 1765~1837): 영국 최초의 산스크리트 학자.

회의 영국에 대한 보고서(*Transactions of Asiatic Society of Great-Britain*)』(1824) 제1권 중 힌두교의 철학적 학파에 대해 서술한 110쪽에서 그는 다음을 니야가(Nyaga)[23] 학파의 학설로서 제시한다[24] "의지(volition, Yanta), 의지의 노력 혹은 의지의 표현은 만족을 주는 행위를 위한 자기 결정이다. 소망은 계기이고, 지각은 동기이다. 우리는 지각될 수 있는 의지의 노력을 두 종류로 구분한다. 하나는 편안함을 추구하는 소망에서 나오고, 다른 하나는 불쾌함을 피하는 혐오에서 나온다. 또 다른 종류는 감각과 지각에서 벗어나지만 자의적 행위와의 유추로부터 추론된다. 이 의지의 노력은 비가시적 생명력을 원인으로 갖는 동물적 기능들을 포함한다." "동물적 기능들"은 여기서 분명히 생리학적 의미가 아니라 통속적 의미로 이해되어야 할 것이다. 따라서 여기서는 이론의 여지없이 유기적 생명이 의지로부터 도출된다. 유사한 것을 **콜브룩**이 베다 경전에 관한 보고문(《아시아 연구(*Asiatic Researches*)》, 제8권, 426쪽)에서 제시한다. 그것은 다음과 같다. "**아수(Asu)[25]는 무의식적 의지다.** 이것은 호흡 등등이 그렇듯이 생명을 유지시키는 데 필수적인 행동을 불러온다."

---

23) 〔옮긴이〕 니야야(Nyāya) 학파의 오기인 듯하다. 니야야 학파는 3~4세기에 발생한 인도 육파(六派) 철학의 한 분파다.

24) 통용되는 언어로 된 책에서 인용하는 모든 구절을 나는 그 원문에 따라 인용하지만, 나의 번역이 어떤 의혹에 놓일 수 있을 때에만 그 원문을 첨부한다.

25) 〔옮긴이〕 생명을 의미한다.

그 밖에 내가 생명력을 의지로 소급하는 것은 고대에서 생명력의 기능을 재생력, 자극성, 감수성으로 구분하는 것과 전혀 대립적이지 않다. 고대의 구분은 깊이 이해된 구분으로 남아 있으며 흥미로운 고찰의 계기를 제공한다.

세포조직에서 객관화되는 **재생력**은 식물의 주된 특성이며 인간에게 있어서 식물적인 요소이다. 이것이 인간에게서 압도적으로 우세하면, 우리는 무기력, 느림, 게으름, 둔감을 추정한다(보이오티아인). 비록 이 추정이 언제나 완전히 입증되는 것은 아니지만 말이다. 근섬유에서 객관화되는 **자극성**은 동물의 주된 특성이며 인간에게 있어서 동물적인 요소이다. 이것이 인간에게서 압도적으로 우세하면, 흔히 민첩함, 강함, 용감함이, 따라서 육체적인 노동과 전쟁을 위한 유용성이 발견된다(스파르타 인). 거의 모든 온혈동물과 심지어 곤충도 자극성에서는 인간을 훨씬 능가한다. 동물은 자신의 존재를 자극성에서 가장 생생하게 의식한다. 따라서 동물은 자극성을 표현하는 것에서 희열을 느낀다. 인간에게서도 이 희열의 흔적이 춤으로 나타난다. 신경에서 객관화되는 **감수성**은 인간의 주된 특성이며 인간에게서 본래적으로 인간적인 요소이다. 어떤 동물도 이 점에서 인간과 조금이라도 비교될 수 없다. 감수성이 우월하게 지배적이면 천재가 산출된다(아테네 인). 그래서 천재는 높은 단계의 **인간**이다. 이로부터 몇몇 천재들이 다른 사람들을 그들의 한결같은 용모와 일반적인 평범한 인상과 함께 인간으로 인정하지 않으려고 한다. 왜냐하면 천재들은 이런 사람들에게서 자신들과 같은 사람을 찾지 못했고, 그들 자신의 특성이 보통의 것이라고 생각하는 자연적인 오류에 빠졌기 때문이다. 이러한 의미에서 디오게네스는 인간을 애써서 찾았던 것이다. 천재적인 코헬레트[26]는 "1,000명 가운데서 나는 **한** 명의 인간을 찾았다. 그러나 그중에서 여성은 단 한 명도 찾지 못했다"라고 말한다. 그리고 그라시안[27]은 아마도 지금까지 나온 것 중 가장 광대하고 가장 아름다운 우화소설인 『비평(*Das Kritikon*)』에서 이렇게 말한다. "그러나 가장 놀라운 것은 그들이 나라 전체에서, 거주자들이 많은 도시에서조차 어떤 인간도 만나지 못했다는 것이다. 거주자들은 모두 사자, 호랑이, 표범, 늑대, 여우, 원숭이, 소, 당나귀, 돼지들이었고, 인간은 단 한 명도 없었다. 나중에 비로소 그들은 소수의 인간들이 자신을 숨기고 세상사를 보지 않으려고, 원래는 야수들의 거주지여야 했을 황야로 물러났음을 알게 되었다." 사실상 모든 천재에게 특유한, 고독을 추구하는 성향은 같은 이유에서 기인한다. 다른 사람들과의 차이가 천재들을 고독으로 몰아넣을 뿐 아니라 그들의 내적인 풍요로움이 그들에게 고독을 마련해준다. 왜냐하면 다이아몬드와 같이 인간도 굉장히 큰 것만이 단독으로 쓸모 있기 때문이다. 평범한 것들은 모

---

26) 〔옮긴이〕 코헬레트(Koheleth): 『구약성서』의 「집회서」에 나오는 설교자로서 솔로몬 왕을 의미.

27) 〔옮긴이〕 발타사르 그라시안(Baltasar Gracian, 1601~1658): 스페인의 작가.

여 있어야 하고 집단을 이루어 활동해야 한다.

세 가지 생리학적 근본 힘과 힌두교의 세 가지 구나(Guna) 혹은 세 가지 근본 성질도 일치한다. 우둔함과 어리석음의 성질을 의미하는 **타마스구나**(Tamasguna)는 재생력에 대응한다. 열정의 성질을 의미하는 **라자스구나**(Rajasguna)는 자극성에 대응하고, 지혜로움과 덕의 성질을 의미하는 **사트바구나**(Sattwaguna)는 감수성에 대응한다. 그러나 덧붙인다면 타마스구나는 동물의 운명이고, 라자스구나는 인간의 운명, 사트바구나는 신의 운명이다. 그래서 이는 생리학적이기보다는 신화적 의미로 언급된 것이다.

이 장에서 고찰된 주제는 『의지와 표상으로서의 세계』 제2권 20장에서도 다루어진다. 그 제목은 "동물적 유기체에서의 의지의 객관화"이다. 따라서 이것을 여기에 제시된 내용의 보충으로서 참조하기 바란다. 『여록과 보유(*Parergis*)』에서는 제2권의 94절이 여기에 속한다.

여기서 또 주의할 것은, 색채에 관한 내 저술의 14, 15쪽에서 인용된 구절은 초판에 해당한다는 점이다. 곧 제2판이 나와서 그 쪽수가 달라질 것이다.

비교해부학

칸트의 물자체 혹은 모든 현상의 최종 실체는 의지라는 나의 명제로부터 나는 유기체의 모든 내적인 무의식적 기능에서도 의지가 원동력(Agens)이라는 사실뿐 아니라 이 유기적 신체 자체는 표상에서 나타나는 의지, 즉 공간의 인식형식에서 직관되는 의지 자체일 뿐이라는 사실도 도출했다. 그에 따라 나는, 개별적인 모든 순간적 의지작용이 신체의 외적 직관에서 신체의 행동으로서 직접적이고 예외 없이 즉시 표현되듯이, 동물이 노력하는 모든 것의 본질인 동물의 의욕 전체도 온 신체 자체에, 즉 동물 유기체의 성질에 자신의 정확한 모상을 가져야 한다고 말했다. 또한 나는 동물이 갖는 의지 일반의 목적과 그 목적에 도달하기 위해 동물의 조직이 제공하는 수단은 정확히 일치해야 한다고 말했다. 혹은 간단히 말하자면, 동물이 갖는 의욕의 전체 성질은 그 신체의 형태와 성질에 대해서, 하나의 의지작용이 그 작용을 수행하는 하나의 신체작용에 대해 갖는 것과 같은 관계에 서 있어야 한다는 것이다. 이것은 최근에 사려 깊은 동물해부학자들과 생리학자들도 나의 학설과 무관하게 그들 자신의 관점에서 사실이라고 인정했고, 따라서 후천적으로 확증한 것이다. 이 문제에 관한 그들의 진술은 여기서도 자연이 나의 학설의 진리성을 위해 증언하게 한다.

판더(Pander)와 **알통**(d'Alton)의 탁월한 삽화집인 『육식동물의 골격에 관하여(*Über die Skelette der Raubtiere*)』(1822)의 7쪽에는 다음과 같이 쓰여 있다. "골격 형성에서 특징적인 것이 동물의 **특성**에서 유래하는 것처럼 이 특성은 동물의 **성향과 욕망**으로부터 발전한다. …… 동물의 이 **성향과 욕망**, 즉 동물의 모든 조직에서 그렇게 **생생하게 표명된**, 그리고 그에 대해 조직이 단지 매개자로서 나타나는 이것은 특별한 근원력으로부터 설명될 수는 없다. 왜냐하면 내적 근거는 자연의 일반적인 생명으로부터만 도출되기 때문이다." 이 마지막 전환을 통해 저자는 원래, 그가 모든 자연 탐구자들과 마찬가지로 거기에 서서 머물러야 하는 지점에 도달했다는 사실을 말한다. 그는 형이상학적인 것에 직면하기 때문이다. 그러나 이 지점에서 최종적으로 인식 가능한 것, 즉 그것을 넘어서는 연구를 자연이 금지하는 것은 **성향과 욕망**, 즉 의지였음을 저자는 의미한다. "동물은 그렇다. 왜냐하면 동물이 그렇게 의지하므로"가 그의 최종 결론에 대한 간략한 표현일 것이다.

학식 있고 사려 깊은 **부르다흐**가 배아 형성의 최종 근거를 다루는 방대한 『생리학』 제2권, 474장에서 나의 진리를 위해 증언한 것도 마찬가지로 명백하다. 아쉽게도 나는, 다른 곳에서는 그렇게 탁월한 사람이 바로 여기서, 약한 순간에 그리고 하늘이 아는 과정과 이유로 미혹되어서 몇몇 구절을 완전히 무가치하고 강압적으로 강요된 그 사이비 철학으로부터 가져온다는 사실을 밝히지 않을 수 없다. 그 구절은, 근원적인 것(그것은 바로 최종적이고 가장 제약된 것이다)이 그래도 "아무런 표상도" 아니라는 (따라서 나무로 된 쇠라는) "생각"에 관한 것이다. 다만 곧 이어서 그리고 그 자신의 더 나은 자아의 반복되는 영향에 의해 그는 710쪽에서 순수한 진리를 표명한다. "뇌는 망막 쪽으로 꺾여 있다. 왜냐하면 배아의 중심부가 세계의 활동에 대한 인상들을 자신 안에 받아들이기를 **의지하기** 때문이다. 장관(腸管, Darmkanal)의 점막은 간으로 발전한다. 유기적 신체가 기초적인 세계 질료와 교류하기를 **의지하기** 때문이다. 혈관계로부터 생식기들이 싹튼다. 개별자는 오직 유(類, Gattung)에서 살고, 자신 안에서 시작한 생명을 배가하기를 **의지하기** 때문이다." 나의 학설에 완전히 적합한, **부르다흐**의 이 주장은 원시 「마하바라타」[1]의 한 구절을 연상시킨다. 이 구절을 우리는 이 관점에서 보면 실제로 동일한 진리에 대한 신비적인 표현으로 간주할 수밖에 없다. 이

---

1) 〔옮긴이〕「마하바라타(Mahabbarata)」: 인도 고대 바라타 왕조의 대서사시.

구절은 프란츠 보프(Franz Bopp)의 『인드라의 하늘로 가는 아르주나[2]의 여행, 마하바라타의 다른 삽화들과 함께(*Ardschunas Reise zu Indras Himmel, nebst andern Episoden des Mahabharata*)』(1824)에 있는 「순다와 우파순다의 삽화」 제3편에 있다. 거기서 브라마는 가장 아름다운 여자인 틸로타마(Tilottama)를 만들었다. 그녀는 신들의 회합을 피한다. 시바는 그녀를 직관하려는 욕망을 갖는다. 틸로타마가 연속적으로 그 모임의 주변을 배회할 때 그녀의 위치에 따라. 따라서 네 방위에 따라 네 가지 얼굴이 그에게 생겨난다. 시바를 다섯 개의 머리를 가진 판쉬 묵티 시바(Pansch Mukhti Schiwa)로 묘사하는 것은 아마 이것과 관련이 있을 것이다. 같은 방식으로 같은 경우에 인드라에게 신체 전체에[3] 무수한 눈이 생겨난다. 사실상 모든 기관은 하나의 보편적인 동경, 즉 단 한 번 만들어진 의지 표명, 즉 개별자가 아니라 종(種, Spezies)의 고정된 하나의 동경, 하나의 의지작용을 표현하는 것으로 간주되어야 한다. 모든 동물 형상은 상황에 의해 불러 일으켜진, 생명에의 의지의 한 동경이다. 예를 들어 다른 동물들과 싸우지 않고 땅을 밟지 않고 나무에서 살

---

2) 〔옮긴이〕 아르주나(Ardschuna): 「마하바라타」에 나오는 영웅 중 한 명.

3) **맛치야 푸라나**(Matsya Purana)는 **브라마**(Brahma)의 네 얼굴을 같은 방식으로 생겨나게 했다. 말하자면 그가 자신의 딸인 **사타루파**(Satarupa)를 사랑하여 그녀를 응시했지만, 그녀는 옆으로 물러서서 그 시선을 피했으며, 이제 그는 수줍어서 그녀의 움직임을 뒤쫓지 않으려고 하자, 이제 그에게 하나의 얼굴이 그녀가 있었던 방향으로 자랐으며, 그녀가 같은 행위를 또 한 번 하자 그는 네 개의 얼굴을 갖게 되었다(《아시아 연구》, 제6권, 473쪽).

려는 동경, 나무의 가지에 매달리려는 동경, 나뭇잎을 먹고 살아가려는 동경이 의지를 사로잡았다. 이 동경은 무한한 시간 내내 나무늘보의 형상(플라톤적 이념)으로 묘사된다. 나무늘보는 기어오르는 것만 계산하고 있으므로 거의 걸을 수 없다. 나무늘보는 땅에서는 속수무책이고 나무에서는 민첩하며, 추적자가 알아보지 못하도록 이끼 긴 큰 가지처럼 보인다. 그러나 우리는 이제 그 문제를 어느 정도 더 단조롭고 더 조직적으로 고찰하겠다.

모든 동물이 자신의 생활방식에 대해, 즉 자신의 보존을 위한 외적 수단에 대해 갖는, 상세한 것에까지 이르는 눈에 띄는 적합성과 동물 조직의 과도한 완벽성은 목적론적 고찰의 충분한 재료다. 인간의 정신은 목적론적 고찰을 오래전부터 기꺼이 의무로 받아들였고, 그다음에 생명 없는 자연에까지 확장해서 이 고찰은 자연신학적 증명의 논거가 되었다. 동물 유기체의 모든 부분에서 예외 없는 합목적성, 즉 명백한 의도성은, 여기에 우연적이고 계획 없이 작용하는 자연력들이 아니라 하나의 의지가 작용하고 있다는 사실을 진심으로 부인할 수 없도록 명백히 통고한다. 그런데 경험적 지식과 관점에 따르면 의지작용은 인식으로부터 도출된 작용 이외의 것으로 생각될 수 없었다. 왜냐하면 나에 이르기까지 사람들은, 이미 앞 절에서 설명했듯이 의지와 인식을 절대로 분리될 수 없는 것으로 여겼기 때문이다. 실로 그들은 의지를 정신적인 모든 것의 토대라고 오인된 인식의 단순한 과정으로 간주했다. 그들에 따르면 의지가 작용하는 곳에서는 반드시 인식이 의지를 인도했으며, 따라서 동물유기체에서도 그랬다. 그러나 그런 것으로서 본질적으로 외부로 향해 있는 인식이라는 매개는 당연히, 인식을 통해 작용하는 의지가 오직 외부로 작용할 수 있게 한다. 말하자면 인식은 의지가 오직 **하나의** 존재에서 **다른** 존재에 작용할 수 있게 한다. 따라서 우리는 그것의 명명백백한 흔적이 발견된 의지를 그 흔적이 발견된 곳에서 찾지 않고, 그 의지를 외부로 옮겨놓고 동물을 그 자신과 생소한, 인식에 의해 이끌어지는 의지의 산물로 만들었다. 이 인식은 그러면 매우 명백한 인식, 즉 철저히 숙고된 목적 개념이어야 했으며, 이 개념은 동물의 존재에 선행하고 의지와 함께 그 의지의 산물인 그 동물의 외부에 두어져야 했다. 이에 따르면 그 동물은 현실에서나 그 자체로서보다 먼저 표상 안에 존재했을 것이다. 이것은 자연신학적 증명이 근거하는 사유 과정의 토대다. 그러나 이 증명은 존재론적 증명과 같은, 스콜라철학의 단순한 궤변이 아니다. 또한 이 증명은 우주론적 증명이 자신의 현존을 위해 덕을 입은 인과법칙에서 그런 적수를 갖는 것처럼, 지치지 않는 자연적인 적수를 자신 안에 갖고 있지도 않다. 오히려 이 증명은 사실상 지식인에게, '천둥 번개에 대한 논리적(keraunologisch) 증명[4]'이 대중에게 갖는

---

4) 이 명칭으로 나는 칸트가 제시한 세 가지 증명에 네 번째 두려움(terrore)의 증명을 첨가하고자 한다. 이것은 "신에 대한 믿음의 근원은 오직 두려움이었다"라는 페트로니우스의 말이 설명하는 것이며, 흄의 비길 데 없는 『종교의 자연

것과 같은 의미를 갖는다.[5] 그리고 그 증명은 매우 크고 강력하게 그럴듯해서, 유능하고 동시에 편견 없는 두뇌들조차 그 안에 깊이 연루되어 있었다. 예를 들어 모든 종류의 다른 의심들을 한 후에 언제나 그 증명으로 돌아오는 볼테르는 그 증명을 넘어갈 어떤 가능성도 예상하지 않는다. 사실상 그는 그 증명의 증거를 수학적 증거와 거의 동일시한다. 또한 심지어 **프리스틀리**는 그 증명을 논박될 수 없는 것이라고 선언한다(『물질과 정신에 관한 논의(*Disquisitions Relating to Matter and Spirit*)』, 제16부, 188쪽). 오직 **흄**의 사려 깊음과 명민함이 여기서도 설득력을 가졌다. 칸트의 이 진정한 선구자는 매우 읽을 가치가 있는 자신의 『자연종교에 관한 대화(*Dialog Concerng Natural Realigion*)』(제7부 그리고 다른 구절)에서, 어째서 자연의 작품과 의도에 따라 만드는 예술의 작품 사이에는 그래도 엄밀히 말하자면 아무런 유사성이 없는지에 대해 주의를 환기시킨다. 그럴수록 이제 여기서 칸트의 업적은 『판단력비판』에서뿐 아니라 『순수이성비판』에서도 더 찬란하게 빛난다. 여기서 그는 다른 두 증명에 대해서와 같이 이 매우 미심쩍은 증명에 대해서도 "증명의 핵심"을 절단해버렸다. 자연신학적 증명에 대한 칸트의 이 반박

사』가 그에 대한 비판으로서 간주될 수 있는 증명이다. 그런 의미에서 이해된다면, 신학자 슐라이어마허에 의해 시도된 증명도 의존의 감정에서 진리가 될 것이다. 그것을 설정한 사람이 생각한 바로 그것은 아닐지라도 말이다.

5) 이미 소크라테스가 이 증명을 크세노폰(Xenophon)에게서(『소크라테스 회상(*Memorabilia*)』, I, 4) 상세히 개진한다.

은 내 주저 제1권의 597쪽에 매우 짧게 요약되어 있다. 칸트는 이 반박을 통해 매우 큰 공로를 세웠다. 왜냐하면 자연에 대한, 그리고 사물의 본질에 대한 올바른 통찰을 가장 방해하는 것은 그것들이 현명한 계산에 따라 만들어진 것이라는 해석이기 때문이다. 따라서 브리지워터(Bridgewater)의 어떤 공작이 그런 기초적 오류들을 고착시키고 지속시키려는 목적으로 매우 큰 상을 내걸었다면, 우리는 진리 이외의 다른 보수를 받지 않고 흄과 칸트를 모범으로 삼아서 대담하게 그 오류들을 파괴하는 데 종사하려고 한다. 진리는 존경할 만하다. 진리에 상반되는 것은 그렇지 않다. 칸트는 그렇지만 여기서도 부정적인 것에 국한되었다. 그러나 부정적인 것은 참으로 긍정적인 것을 통해 보완될 때 비로소 완벽하게 작용한다. 그런 것만이 완전한 만족을 제공하며, '빛이 자신과 어둠을 밝히듯이 진리는 자신과 오류의 척도다'라는 스피노자의 명언에 맞게 이미 저절로 그 오류를 배제한다. 따라서 우리는 우선 "세계는 인식의 도움을 받지 않고, 그래서 또한 외부로부터가 아니라 내부로부터 만들어진다"라고 말한다. 그다음에 우리는 세계의 '핵심'을 입증하려고 애쓴다. 자연에 질서와 무늬를 넣은 것은 지성이어야 한다는 자연신학적 사상은, 단순한 오성에 의해 그렇게 쉽게 받아들여진다 해도 완전히 잘못된 것이다. 왜냐하면 지성은 우리에게 동물적 자연에서만 알려져 있으며, 그래서 전적으로 세계의 이차적이고 종속적인 원리로서, 즉 가장 늦은 근원의 산물로서 알려져 있기 때문이다. 따라서 지성은 결코 세계 현존의 조건이었을 수 없으며 지성계 (mundus intellegibilis)가 감성계(mundus sensibilis)에 선행할 수도 없다. 지성계는 감성계로부터만 재료를 획득하기 때문이다. "지성이 자연을 산출한 것이 아니라 자연이 지성을 산출했다." 그러나 물론 의지가 모든 것을 실현하고 그 각각에서 자신을 직접적으로 표명 하는 것으로서, 이를 통해 그 모든 것을 자신의 현상이라고 지칭하면서 도처에서 근원적인 것으로서 나타난다. 바로 그로 인해 목적 론적인 모든 사실은 그 사실들이 발견되는 존재 자체의 의지로부터 해명된다.

더욱이 자연신학적 증명은 이미, 거미줄, 벌집, 흰개미집 등등 동물의 예술적 충동의 작품이 전적으로, 마치 그것들이 어떤 목적 개념, 광범위한 예견, 이성적 숙고의 결과로 발생한 것처럼 되어 있지만 명백히 맹목적인 충동의 작품, 즉 인식에 의해 유도되지 않은 의지의 작품이라는 경험적 관찰에 의해 약화된다. 여기서 도출되는 것은, 귀결에서 이유를 추론하는 것이 대체로 그렇듯이 그런 성질에서 그와 같은 발생 방식을 추론하는 것은 확실하지 않다는 사실이다. 예술적 충동에 대한 상세한 고찰은 내 주저의 제2권 27장이 제공한 다. 이 제27장은 목적론에 관한 그 앞 장과 함께 우리가 이 장에서 다루고 있는 전체 고찰의 보충으로 사용될 수 있다.

이제 우리는 위에서 언급된, 자신의 생활방식과 자신의 존재를 보존하기 위한 수단에 대한 모든 동물 조직체의 적합성에 약간 더 접근해보자. 그러면 우선, 생활방식이 조직체에 따르는지, 조직체가 생활방식에 따르는지라는 물음이 일어날 것이다. 일견 전자가 더 옳은 것 같다. 왜냐하면 시간적으로 조직체가 생활방식에 선행하기 때문이다. 그리고 우리는 동물이 자신의 구조가 가장 잘 들어맞는 생활방식을 이용하며, 자신의 현존하는 기관을 가장 잘 사용한다고, 즉 새가 날개를 갖고 있으므로 날고 황소가 뿔을 갖고 있으므로 들이받는 것이며, 그 반대가 아니라고 생각한다. (언제나 어떤 생각에 대한 신중함의 표시인) 루크레티우스도 이렇게 생각한다.

어떤 것도 우리가 그것을 사용하기 위해 물체에서 발생하지 않으며,
오히려 발생하는 것이, 우리가 그것을 사용하는 사실의 원인이기 때문이다.[6]

다만 이 가정에서는, 어떻게 어떤 동물 유기체의 완전히 다른 부분들이 총체적으로 자신의 생활방식에 완전히 일치하는지, 어떻게 어떤 기관도 다른 기관을 방해하지 않고, 오히려 각 기관은 다른 기관을 지원하는지, 또한 그 동물이 실제로 하는 것은 오직 핵심 기관이 결정할 것인데도 어떻게 아무것도 사용되지 않은 채 있지

---

6) 〔옮긴이〕 Lukretius(B.C. 99~B.C. 55), 『사물의 본성에 관하여(*De rerum natura*)』, IV, 825~843.

않으며, 어떤 하위 기관도 다른 생활방식에 더 유용하지 않을 것인 지라는 물음들은 설명되지 않은 채 남아 있다. 오히려 동물의 모든 부분은 다른 모든 부분뿐 아니라 자신의 생활방식에도 정확히 일 치한다. 예를 들어 발톱은 매번 노련하게 노획물을 움켜쥔다. 이빨 은 그것을 갈기갈기 찢고 부수는 데 쓰이며, 장관(腸管)은 그것을 소화시킬 수 있다. 그리고 운동 관절은 노획물이 있는 곳으로 노련 하게 다다른다. 어떤 기관도 사용되지 않은 채 남아 있지 않다. 예 를 들어 개미귀신은 흰개미집을 열어젖히기 위해 앞발에 긴 발톱을 갖고 있을 뿐 아니라 그 안으로 밀고 들어가기 위해 작은 입과 긴 원통 모양의 콧수염을 갖고 있다. 그리고 그것은 끈적끈적한 점액 으로 뒤덮인 긴 실 모양의 혀를 갖고 있다. 이 혀를 흰개미의 둥지 에 깊이 쑤셔 넣어 그 위에 흰개미들을 붙여서 되돌아오게 한다. 반 면에 개마귀신에게 이빨은 없다. 이빨이 필요하지 않기 때문이다. 개미귀신의 형태가 흰개미에 대해, 의지작용이 동기에 대해서와 같 은 관계에 있음을 누가 간파하지 못하겠는가? 거기서 개미귀신의 강력한 팔과 굵고 강한 긴 발톱은 치아가 전혀 없는 것과 유례 없 는 모순에 처하여, 지구가 아직 변천하고 있다면 그때 생겨난 이성 적 본질의 종에게 화석이 된 개미귀신은, 그 종이 흰개미를 모른다 면 풀 수 없는 수수께끼일 것이다. 새의 목은 보통 네발짐승의 목 과 마찬가지로 땅에서부터 먹이에 닿을 수 있도록 다리만큼 길다. 그러나 물새의 목은 가끔 훨씬 더 길다. 이 새들은 헤엄치면서 먹이를 물 표면 아래에서 들어 올리기 때문이다.[7] 붉은 뇌조는 물에 빠지거나 젖지 않고 물 위를 걸어서 건널 수 있기 위해 매우 긴 다리를 갖고 있으며, 그에 따라 목과 부리가 매우 길다. 부리는 그 새가 파충류를 분쇄해야 하는지 혹은 물고기나 벌레를 분쇄해야 하는지에 따라 강하거나 약하다. 이 목적에 내장도 언제나 상응한다. 이에 반해 붉은 뇌조는 육식조의 발톱을 갖지도 않고 오리의 물갈퀴를 갖지도 않는다. '자연의 절약 법칙'은 어떤 여분의 기관도 허용하지 않기 때문이다. 바로 이 법칙은, 다른 한편으로 어떤 동물에게도 지금까지 자신의 생활방식이 요구하는 기관이 부족하지 않았고, 모든 기관은 가장 다양한 기관들조차 조화를 이루며 전적으로 특별히 규정된 생활방식을, 그 동물의 노획물이 있는 영역을, 추적을, 승리를, 그 노획물을 분쇄하고 소화시키는 것을 계산하고 있다는 사실도 모두 합쳐져서, 동물이 자신의 생계를 위해 영위하려는 생활방식이 그 동물의 구조를 결정한 것이었으며 그 반대가 아니라는 사실을 증명한다. 그리고 이 법칙은, 그 상황이 바로, 생활방식과 그 외적 조건에 대한 인식이 구조에 선행하고 그에 맞게 모든 동물이 형체를 얻기 전에 자신의 도구를 선택하는 식으로 되었

---

7) 나는 부리가 머리와 꼬리를 포함한 새 전체만큼 긴 **벌새**(Kolibri)를 보았다. 이 벌새는 자신의 먹이를, 그것이 깊은 꽃받침일 뿐일지라도 어떤 깊은 곳으로부터 들어 올려야 한다는 점은 전적으로 확실하다(G. Cuvier, *Leçons d'anatomie comparée*, IV-1, 374쪽). 왜냐하면 필요가 없었다면 그 벌새가 그와 같은 부리를 소모하여 그 어려움을 떠맡지 않았을 것이기 때문이다.

다는 사실을 증명한다. 이는 마치 사냥꾼이 사냥 전에 자신의 모든 도구, 즉 산탄총, 산탄, 화약, 사냥 포대, 사냥칼, 의류를 그가 죽이려는 사냥감에 적합하게 고르는 것과 다르지 않다. 그는 엽총을 갖고 있으므로 야생 암퇘지를 쏘는 것이 아니라, 야생 암퇘지를 잡으러 나섰으므로 새총이 아니라 엽총을 갖고 있는 것이다. 그리고 황소는 바로 그것이 뿔을 가졌으므로 들이받는 것이 아니라 들이받으려고 하므로 뿔을 갖고 있다. 이제 그러나, 그 증명을 보충하기 위해 다음의 사실이 부가된다. 즉 많은 동물에게서 그것들이 아직 성장하는 동안에는 의지의 지향이 그 지향에 필요한 신체 부분이 있기도 전에 표현되며, 따라서 그 신체 부분의 사용이 그 현존에 선행한다는 사실이다. 그래서 어린 숫염소, 숫양, 송아지는 아직 뿔을 갖기도 전에 맨머리로 들이받는다. 어린 수퇘지는 자신의 행위가 의도하는 결과에 상응할 어금니가 아직 나지 않았는데도 자신을 둘러싼 측면을 들이받는다. 반면에 그 어린 수퇘지는 자신이 이미 입에 갖고 있고 그것으로 실제로 씹을 수 있는 더 작은 이빨들을 쓰지 않는다. 따라서 그 수퇘지의 방어 방식은 존재하는 무기에 따르는 것이 아니라 그 반대다. 이것을 이미 갈레노스[8])가 『동

---

8) 〔옮긴이〕 갈레노스(Galenos, 129?~199?): 고대 그리스와 로마의 의사이자 해부학자. 중세와 르네상스 시대까지 의학에 막대한 영향을 끼쳤다. 400권에 이르는 저서는 17세기에 이르기까지 의학의 기본 교재로 사용되었다. 자연현상은 특정한 목적에 따른다는 생각을 피력하였으며, 인간을 신체와 영혼의 통일체로 보았다.

물 신체 부분의 사용에 관하여(*De usu partium animalium*)』 제1권 1장에서 파악했으며, 그 이전에 루크레티우스도(『사물의 본성에 관하여』, 제5권, 1032~1039) 간파했다. 우리는 이것을 통해, 의지가 부가되는 것, 인식으로부터 발생하는 것, 그가 발견하는 바로 그 도구를 사용하는 것, 다른 어떤 것이 아니라 바로 그 부분들이 있으므로 그것을 사용하는 그런 것이 아니라는 사실과 오히려 최초의 근원적인 것은 이런 방식으로 살고 그런 식으로 싸우려는 열망이라는 사실에 대한 완벽한 확실성을 획득한다. 이 열망은 사용에서뿐 아니라 무기의 현존에 이미 표현되며, 그 사용이 가끔 이 현존에 선행할 정도로, 그리고 이를 통해 그 열망이 있으므로 무기가 생기는 것이지 그 반대가 아니며, 대체로 모든 부분에 대해 그렇다는 것을 가리킬 정도로 표현된다. 아리스토텔레스는 이미 침으로 무장한 곤충들에 대해 언급함으로써 이 점을 표명했다. "그것들이 투지(鬪志)를 가지므로 무기를 갖는다"(『동물의 부분에 관하여(*de partibus animalium*)』, 제4권, 6장). 나아가 그는 (12장에서) 대체로 "자연은 그것의 활동을 위해 기관들을 만들지만 기관들로 인해 활동을 만들어내지는 않는다"라고 말한다. 그 결과는, 모든 동물의 구조는 그 의지에 따른다는 것이다.

이 진리는 사려 깊은 동물학자와 동물해부학자에게 명백하게 떠오른다. 그래서 그의 정신이 동시에 더 심오한 철학을 통해 정화되지 않는다면 그는 그 진리로 인해 희귀한 오류에 빠지게 될 수 있다. 그런데 이 일은 불멸의 일류 동물학자인 **라마르크**[9]에게서 실제로 일어났다. 그는 "척추동물"과 "무척추동물"이라는, 동물에 대한 심오한 이해에 따른 구분을 발견함으로써 불멸의 공적을 세웠다. 말하자면 『동물 철학(*Philosophie zoologique*)』 제1권 7장과 『무척추동물의 자연사(*Histoire naturelle des animaux sans vertèbres*)』 제1권 서문 180~212쪽에서 그는 모든 류(類), 모든 동물종의 형태, 고유한 무기, 외부로 작용하는 기관은 결코 이 종들의 원천에서부터 이미 있었던 것이 아니고, 동물들의 위치와 환경의 성질을 불러일으킨 동물들의 의지 지향에 따라 자신의 고유한 반복적 노력과 그것에서 나오는 습관을 통해 **시간의 과정에서** 서서히, 그리고 계승되는 세대를 통해 비로소 **발생했다는** 사실을 심각하게 주장하고 상세히 설명하려고 애쓴다. 그래서 그는 이렇게 말한다. 물새와 포유류는 헤엄치면서 발가락을 따로따로 뻗음으로써 서서히 물갈퀴를 획득했고, 붉은 뇌조는 물 위를 걸어서 건넘으로써 긴 다리와 긴 목을 얻었다. 뿔 달린 가축은 쓸모 있는 치아 없이 머리로만 싸웠고 이 투지가 서서히 뿔을 만들었으므로 비로소 서서히 뿔을 얻었다. 달팽이는 처음에는 다른 연체동물과 같이 더듬이를 갖고 있

---

9) 〔옮긴이〕 장 바티스트 드 라마르크(Jean-Baptiste de Lamarck, 1744~1829): 프랑스의 동물학자이며 식물학자. 기관의 발달이나 소멸은 그것의 사용에 의존하며 이렇게 해서 획득된 형질이 후대에까지 전해진다는 용불용설(用不用說)을 주장했다.

지 않았지만 그 앞에 놓인 대상을 만져야 하는 필요성에서 그와 같은 것이 서서히 발생했다. 모든 고양이과 동물은 노획물을 갈기갈기 찢어야 하는 필요성에서 시간이 지나면서 비로소 발톱을 획득했고, 이 발톱을 걸을 때 보호하는 동시에 그로 인해 방해받지 않아야 하는 필요성에서 발톱 집과 민첩성을 획득했다. 기린은 건조한 풀 없는 아프리카에서 높은 나무의 잎을 얻기 위해 앞다리와 목을 길게 뻗어서 20피트 높이의 놀라운 키를 획득했다. 그리고 그렇게 라마르크는 많은 동물종을 동일한 원리에 따라 발생하게 하여 검토한다. 여기서 그는 사실상, 동물종이 그러한 노력으로 인하여 무수한 세대의 과정에서 자신의 보존에 필수적인 기관을 서서히 산출하기 이전에 그 기관이 없어서 그동안 죽고 멸종했어야 한다는, 눈에 띄는 반론을 주목하지 않았다. 받아들여진 하나의 가설은 그렇게 통찰력을 상실하게 만든다. 그러나 여기서의 이 가설은 자연에 대한 매우 정확하고 심오한 이해를 통해 성립한 천재적인 오류다. 이 오류는 그 안에 놓인 부조리에도 불구하고 라마르크에게 여전히 명예로운 일이다. 그 안에 있는 참된 것은 자연 탐구자인 그에게 귀속된다. 그는 동물의 의지가 근원적인 것이며 그 조직체를 결정한 것이라는 사실을 정확히 보았다. 반면에 틀린 것은 프랑스에서 형이상학의 낙후된 상황에 짐이 되었다. 프랑스에서는 원래 여전히 **로크**와 그의 나약한 추종자 **콩디야크**가 대세를 이루었고, 그래서 물체가 사물 자체이고 시간과 공간이 사물 자체의 성질이어서, 그곳에는 아직 시간과 공간 그리고 그 안에 나타나는 모든 것의 관념성에 대한 그렇게 매우 중요한 위대한 학설이 들어가지 않았다. 따라서 **라마르크**는 존재에 대한 해석을 시간 안에서, 즉 계열(Suzession)을 통해서 생각할 수밖에 없었다. 독일에서 유래한 칸트의 깊은 영향은 프랑스 인들의 부조리한 극단적 원자론과 영국인들의 감동적인 자연신학적 고찰을 그렇게 했듯이 이런 종류의 오류들을 영원히 추방했다. 위대한 정신의 영향은, 허풍선이와 사기꾼을 추종하기 위해 그 정신을 떠날 수 있었던 국가에서조차 유익하고 영속적이다. 그러나 **라마르크**는 동물의 의지가 사물 자체로서 시간 밖에 놓이고 그런 의미에서 동물 자체보다 더 근원적일 수 있다는 생각에 결코 이를 수 없었다. 따라서 그는 결정적인 기관 없이, 또한 결정적인 지향도 없이 지각으로만 무장된 동물을 가장 먼저 설정한다. 이 지각이 그 동물에게 살아야 하는 상황을 가르쳐 준다. 그리고 이 인식으로부터 그 동물의 지향, 즉 그 동물의 의지가 발생하고, 이 의지로부터 최종적으로 그 동물의 기관이나 특정한 체현(體現, Korporisation)이, 게다가 세대의 도움으로 그래서 무한한 시간 안에서 발생한다. 라마르크가 이 생각을 끝까지 전개시킬 용기를 가졌더라면, 그는 어떤 형상도 기관도 갖지 않아야 할, 그리고 이제 기후와 지역적 상황 및 그에 대한 인식에 따라 모기에서 코끼리에 이르는 모든 종류의 무수한 동물 형태로 변화했을 어떤 원초동물을 가정했어야 할 것이다. 사실상 이 원초동물이 **생명**

에의 의지다. 그러나 그런 것으로서 이 의지는 형이상학적인 것이지 물리적인 것이 아니다. 분명히 모든 동물종은 자신의 고유한 의지를 통해, 그러나 시간 속에 있는 물리적인 것으로서가 아니라 시간 밖에 있는 형이상학적인 것으로서, 그리고 그것이 살려고 하는 상황에 따라 자신의 형태와 조직을 결정했다. 의지는 인식으로부터 도출되지 않는다. 그리고 이 인식은 의지가 단순히 우연적이고 이차적인 것으로서, 심지어 제3의 것으로서 나타나기 전에 동물과 함께 있었던 것이 아니다. 오히려 의지가 최초의 것이고 본질 자체다. 의지의 현상(인식하는 지성과 그 형식인 공간과 시간에 있는 단순한 표상)은 이 특별한 상황에서 살려는 의지를 표현하는 모든 기관들로 무장된 동물이다. 이 기관에는 지성 즉 인식 자체도 속한다. 그리고 이 지성은 나머지 것들과 같이 모든 동물의 생활방식에 정확히 들어맞는다. 반면에 **라마르크**는 인식으로부터 비로소 의지가 형성되도록 했다.

동물의 무수한 형태를 고찰해보라. 그 모든 형태가 철두철미 그 동물이 의욕하는 것에 대한 모사일 뿐임을, 그 동물의 특성을 만드는 의지 지향의 가시적인 표현일 뿐임을 보라. 형태의 다양성은 특성들의 이 다양성에 대한 그림일 뿐이다. 싸움과 약탈에 주의를 기울이는 맹수들은 무서운 이빨과 발톱 그리고 강한 근육을 갖고 있다. 맹수들의 시력은, 특히 독수리나 콘도르 같이 현기증 나는 높이에서 자신의 노획물을 정찰해야 할 때 먼 곳까지 이른다. 싸움에서가 아니라 도피에서 이익을 얻으려는 의지를 갖는 겁 많은 동물들은 무기 대신 가볍고 빠른 다리와 예민한 청각을 갖고 나타난다. 그들 중 가장 겁 많은 토끼에게서 청각은 심지어 외부의 귀가 눈에 띄게 늘어날 것을 요구했다. 내부는 외부에 상응한다. 육식동물은 짧은 내장을, 초식동물은 더 긴 동화과정을 위해 긴 내장을 갖는다. 강한 호흡과 빠른 혈액순환은 적합한 기관을 통해 표현되어, 더 큰 근력과 자극성의 필연적 조건으로서 제공되며, 어디에서도 모순은 가능하지 않다. 의지의 모든 특별한 노력은 형태의 특별한 변이 속에서 나타난다. 따라서 **노획물이 있는 곳이 추적자의 형태를 결정했다.** 노획물이 접근하기 어려운 활동 영역, 먼 은신처, 밤이거나 어두운 곳에 들어가 있다면, 추적자는 그곳에 맞는 형태를 갖게 된다. 그리고 거기서 생명에의 의지가 자신의 목적에 도달하기 위해 그 안에 나타나지 않았을 것이라는 사실만큼 기이한 일은 없을 것이다. 전나무 열매의 표피에서 정충(精蟲)을 끄집어내기 위해 솔잣새(*Loxia curvirostra*)는 비정상적 형태의 먹이 섭취 기관[10]을 갖고 있다. 습지에서 파충류를 찾기 위해 붉은 뇌조는 너무 긴 다리, 너무 긴 목, 너무 긴 부리를 갖는 가장 놀라운 형태로 나타난다. 흰개미를 파내기 위해 네 발의 긴 개미귀신은 짧은 다리와 강한 발톱, 그리고 실 모양의 끈적끈적한 혀를 지닌, 길고 좁고 치아 없는 주둥이를 갖고 나타난다. 펠리컨은 상당히 많은 물고기를 담기 위해 부

---

10) 〔옮긴이〕부리가 서로 엇갈려 있다.

리 아래에 기괴한 주머니를 갖고 물고기를 잡으러 간다. 부엉이는 밤에 자는 것들을 기습하려고 어둠 속에서 보기 위해 굉장히 큰 동공을 가지며, 날 때 나는 소리가 자는 것들을 깨우지 않도록 매우 부드러운 깃털을 갖고 날아간다. 큰 메기, 전기뱀장어, 전기메기는 노획물에 도달할 수 있기 전에 그것을 마비시키기 위해, 또한 **자신들의** 추적자에 대해 방어하기 위해 완벽한 전기기구까지 갖고 있다. 왜냐하면 생명 있는 것이 숨 쉬는 곳에는 그것을 삼키기[11] 위해 다른 것이 동시에 왔기 때문이다. 그리고 모든 것은 예측되고 계산되었듯이, 심지어 가장 상세한 것에 이르기까지, 언제나 다른 것을 제거하려고 한다. 예를 들어 곤충 중에서 맵시벌은 나중에 자신의 알이 먹잇감을 갖도록 특정한 나비 유충이나 그에 유사한 애벌레의 몸에 침으로 구멍을 뚫고 알을 낳는다. 자유롭게 기어 돌아다니는 애벌레에 의존하는 맵시벌은 1/8인치쯤 되는 매우 짧은 침을 갖고 있다. 반면에 애벌레를 고목 깊숙이 숨겨두는 벌에 의존하는 맵시벌은 고목 안에 닿기 위해 2인치 길이의 침을 갖는다. 전나무 열

---

11) 이 진리의 느낌 안에서 리처드 오웬(Richard Owen)은 그가 그 많은, 그리고 일부는 코뿔소 크기의 매우 큰, 오스트레일리아의 유대류(有袋類) 화석을 면밀히 검사했을 때, 큰 육식동물도 동시에 있어야 한다는 정확한 결론을 1842년에 이미 내렸다. 이 결론은 나중에 그가 1846년에, 그 동물도 유대류이므로, 주머니를 가진 사자라는 의미로 틸라콜레오(*Thylacoleo*)라고 이름 붙인 사자 크기의 한 육식동물의 해골 화석 일부를 획득함으로써 입증되었다(1860년 5월 19일 자 《타임스(*Times*)》에 실린 기사 「원시존재론(*Palaeontology*)」에 실린 오웬의 광산업 국영학교 강의를 참조할 것).

매에 사는 애벌레에 알을 낳는 맵시벌도 거의 마찬가지로 긴 침을 갖는다. 이로써 그 맵시벌들은 애벌레에까지 파고들어서 찌른 후 그 상처에 알을 둔다. 그 알에서 나온 것이 나중에 이 애벌레를 갉아먹는다(커비와 스펜스, 『곤충학 입문(*Introduction to Entomology*)』, 제1권, 355쪽). 마찬가지로 추적당하는 것에게서도 그 적을 피하려는 의지가 방어적인 장치에서 명백히 표현된다. 고슴도치와 호저(豪豬)는 빳빳한 창을 공중에 내민다. 아르마딜로, 천산갑(穿山甲), 거북이는 이빨도 부리도 발톱도 접근할 수 없도록 머리에서 발까지 털로 뒤덮여서 나타난다. 마찬가지로 작은 것들 중에는 가재의 모든 종이 그렇다. 다른 것들은 물리적 저항을 통해 방어하지 않고 추적자를 속임으로써 방어한다. 그래서 오징어는 위기의 순간에 자신의 주변에 퍼뜨릴 먹구름을 만드는 재료를 지니고 있다. 나무늘보는 자신을 이끼 긴 큰 가지로, 청개구리는 자신을 나뭇잎으로 보이게 하는 것처럼 무수한 곤충들이 자신들을 그 거주지로 보이게 한다. 흑인의 머릿니는 까맣다.[12] 백인의 벼룩도 까맣지만, 그것은 유례 없이 강력한 장치인 자신의 폭넓고 불규칙적인 뛰기를 믿는다. 그러나 이 모든 준비들에서 예견되는 것을 우리는 예술적 충동에 나타나는 것으로부터 이해할 수 있다. 어린 거미와 거미귀신은 자신들이 처음으로 덫을 놓은 노획물을 아직 알지 못한다. 그리고 방어하는 쪽

---

12) J. F.Blumenbach, *De generis humani varietatie nativa*, 50쪽.

에서도 마찬가지다. **피에르 앙드레 라트라일**(Pierré Andre Latreille)에 따르면, 누에나방은 전갈파리를 침으로 죽인다. 누에나방을 먹지도 않고 그것으로부터 공격받지도 않지만 그것이 나중에 자신의 둥지에 알을 낳아서 자신의 알이 크는 것을 방해하기 때문이다. 그러나 누에나방은 이 사실을 알지 못한다. 이와 같은 예견에서 시간의 관념성이 다시 입증된다. 이것은 대체로 물자체로서의 의지가 언급되는 즉시 언제나 나타난다. 여기서 다루어진 관점에서는 다른 많은 관점에서와 같이 동물의 예술적 충동과 생리학적 기능들이 설명을 위해 서로 도움이 된다. 이 둘에서 의지는 인식 없이 작용하기 때문이다.

　의지가 공격이나 방어를 위해 각 기관과 무기를 갖듯이 모든 동물 형상에서 의지는 개별자와 종을 보존하는 수단으로서 **지성**을 갖고 있다. 바로 그래서 고대인들은 지성을 ηγεμονικον, 즉 안내자이며 지도자라고 불렀다. 그에 따라 지성은 오직 의지를 위해 정해졌고 일반적으로 의지에 정확히 들어맞는다. 육식동물은 지성을 초식동물보다 훨씬 더 많이 필요로 했으며 분명히 더 많이 갖고 있다. 코끼리는 예외이며 말도 어느 정도는 그렇다. 그러나 코끼리의 경탄할 만한 오성은 필요한 것이었다. 코끼리는 200년의 수명을 갖고 매우 적게 번식하므로 개별자가 더 오래 확실히 보존되려고 애써야 했기 때문이다. 이는 가장 탐욕스럽고 힘세고 날쌘 육식동물들이 북적대는 땅에서 특히 그랬다. 말도 반추동물보다 더 긴 수명을 갖고 더 적게 번식한다. 게다가 말은 뿔, 어금니, 긴 코도 없이,

발굽 이외의 아무런 무기도 갖추지 않아서, 추적자를 피하기 위해 더 많은 지성과 더 큰 신속함을 필요로 했다. 원숭이의 탁월한 오성은 필요한 것이었다. 한편으로는 중간 크기의 원숭이조차 50년에 이르는 수명을 가지면서 적게 번식하기 때문이다. 말하자면 원숭이는 한 번에 한 마리만 낳기 때문이다. 그러나 무엇보다 원숭이가 **손**을 갖기 때문에 오성이 요구되었다. 손을 적당히 사용하는 오성이 손보다 앞서 있어야 하며, 원숭이는 돌, 막대기 같은 외부의 무기로 방어할 때뿐만 아니라 훔친 열매를 손에서 손으로 보내기, 보초 세우기 등등 여러 인공적인 수단이 필요하며 일반적으로 집단적·인공적 약탈 체계가 필요한 영양 공급을 위해서도 손을 사용하는 것에 의존하기 때문이다. 여기에 이 오성은 주로 근력이 아직 발달하지 않은 어린 원숭이에 해당한다는 사실이 덧붙여진다. 예를 들어 퐁고나 오랑우탄은 어릴 때 상대적으로 우세한 뇌와 매우 더 큰 지성을 갖는다. 성숙했을 때 그것들의 근력은 크게 발달해서 그에 맞게 극도로 쇠퇴한 지성을 대체한다. 이는 모든 원숭이에게 적용된다. 지성은 여기서 당분간 미래의 근력을 위해 대리로 일하는 것으로 나타난다. 이 과정에 대한 상세한 설명을 우리는 피에르 플루랭스(Pierre Flourens)의 「동물의 본능과 지성에 대한 프레데릭 퀴비에의 관찰에 대한 분석(*Résumé des observations de Fr. Cuvier Sur l'in stinct et l'intelligence des animaux*)」(1841)에서 발견한다. 이것으로부터 나는 여기에 속하는 모든 구절을 내 주저 제2권 31장의 마지막에서 이미 알렸다. 오직 이 이유에서 나는 그것을 여기에 반복하지 않는다. 일반적으로 포유류에서 지성은, 설치류 동물에서 반추동물로, 그다음에 후피류(厚皮類) 동물로, 그 위에 육식동물과 마지막으로 원숭이에 이르기까지 단계적으로 증대한다. 그리고 외적 관찰의 이 결과에 상응하여 해부학은 뇌의 단계적 발달을 그 동일한 질서로 입증한다(플루랭스와 퀴비에에 따라).[13] 파충류 중에서는 뱀이 길들여지기도 하므로 가장 영리하다. 왜냐하면 뱀은 육식 동물이며, 다른 동물보다 서서히 번식하기 때문이다. 특히 독뱀이 그렇다. 물리적인 무기에 관련해서 그렇게 하듯이 우리는 여기서도 대체로, 의지를 앞서는 것으로 간주하며 의지의 무기인 지성을 뒤따르는 것으로 간주한다. 육식동물이 사냥하고 여우가 훔치는 것은 그것들이 오성을 더 많이 갖기 때문이 아니다. 그 동물들은 사냥과

---

13) 덧붙여 말하자면, 가장 낮은 단계가 설치류 동물에 주어진 것은 후천적이기보다는 선천적인 고려에 더 기인하는 것으로 보인다. 설치류 동물은 말하자면 뇌 주름을 갖지 않거나 극히 약한 뇌 주름만을 갖기 때문이다. 그에 따라 이 뇌 주름에 너무 많은 비중이 주어졌을 것이다. 양과 송아지는 깊숙한 뇌 주름을 많이 갖고 있다. 그들의 오성은 어떠한가? 반면에 비버는 자신의 예술적 충동을 심지어 지성을 통해 지원한다. 집토끼조차 상당한 지성을 보여준다. 이에 관해 자세한 것은 샤를-조르주 리로이(Charles-Georges Leroy)의 아름다운 책『동물의 지성에 관한 철학적 서간(Lettres philosophiques sur l'intelligence des animaux)』의 세 번째 편지 49쪽에 있다. 그러나 심지어 쥐도 완전히 비범한 지성의 증거들을 제시한다. 이에 대한 기묘한 예가 Quarterly Review, Nr. 201(1857, 1월/3월)에서 "Rats"라는 제목으로 작성된 특이한 기사에서 발견된다. 또한 새들 중에서 육식동물은 가장 영리한 것들이다. 따라서 많은 새들이, 무엇보다도 매는 높은 수준으로 길들여진다.

절도로 살기를 의욕했기 때문에 더 강한 이빨과 발톱을 가지듯 오성도 더 많이 갖는다. 심지어 여우는 자신에게 근력과 이빨의 강력함이 부족한 것을 곧바로 오성의 뛰어난 섬세함으로 대체했다. 모리셔스 섬에 사는 새 도도(Dudu, Dronte, Didus ineptus)는 우리의 원칙에 대한 특별한 설명을 제공한다. 그 종은 알려졌듯이 멸종했고, 특이한 라틴어 이름이 보여주듯이 극도로 멍청했으며, 바로 이로부터 그 멸종이 설명된다. 자연이 그것의 '절약 법칙'을 따르면서 여기서 한 번 너무 멀리 갔고, 이를 통해 어느 정도는 간혹 개별자에게서 그렇게 하듯이 여기서는 종에게서 실패작을 공개한 것으로 보인다. 그러면 이 종은 그런 실패작으로서는 존속될 수 없었다. 이 기회에 누군가, 자연이 곤충에게도 최소한 초의 불꽃으로 돌진하지 않기 위해 필요한 만큼의 오성을 나누어주었어야 하지 않느냐고 묻는다면, 그 답변은 이렇다. 물론 그럴 것이다. 다만 인간이 초를 만들고 불을 붙이리라는 것을 자연은 알지 못한다. "자연은 어떤 것도 헛되이 하지 않는다."[14] 따라서 오직 비자연적 환경에 대해 곤충의 오성은 충분하지 않은 것이다.[15]

물론 지성은 대체로 가장 먼저 뇌신경계에 의존한다. 그리고 뇌

---

14) 〔옮긴이〕 "natura nihil agit frustra": Aristoteles, *De incessu animalium*, II, 704b15(W. F. v. Löhneysen, 같은 책, 372쪽 참조).

15) 흑인이 우선적으로 그리고 대체로 노예 상태에 빠져 있는 사실은 분명히, 그들이 다른 인종보다 지성에서 뒤처진 결과이다. 그러나 이것이 그 사실을 정당화하지는 않는다.

신경계는 나머지 유기체와 필연적 관계에 있다. 따라서 냉혈동물은 온혈동물보다 훨씬 뒤에, 무척추동물은 척추동물보다 훨씬 뒤에 선다. 그러나 유기체는 그야말로 가시적으로 된 의지일 뿐이다. 절대적으로 최초의 것인 의지로 언제나 모든 것이 되돌아간다. 의지의 필요와 목적이 모든 현상에서 수단을 위한 척도를 주며, 이 수단들은 서로 일치해야 한다. 식물은 통각을 갖지 않는다. 식물은 운동력을 갖지 않기 때문이다. 운동력을 통해 유익한 것을 추구하고 해로운 것을 피할 수 없다면 식물이 무엇을 위해 통각을 사용할 것인가? 반대로 운동력은 식물에게 쓰일 수 없었다. 식물은 운동력을 조종할 통각을 갖지 않았기 때문이다. 따라서 식물에는 감수성과 자극성이라는 분리될 수 없는 이원성이 아직 나타나지 않는다. 오히려 이것들은 식물의 토대인 재생력에 숨어 있다. 식물에서는 재생력 안에서만 의지가 객관화된다. 해바라기와 모든 식물은 빛을 열망한다. 그러나 빛을 향한 식물의 움직임은 빛에 대한 지각으로부터 아직 분리되어 있지 않다. 이 둘은 식물의 성장과 동시에 발생한다. 인간에게서 다른 동물들을 매우 능가하는 오성은 부가되는 이성(비직관적 표상 능력, 즉 개념 능력인 반성과 사유능력)에 의해 지원된다. 그렇지만 그 지원은 오직, 한편으로는 동물의 욕구를 훨씬 넘어서고 무한히 증가하는 인간의 욕구에 비례하며, 다른 한편으로는 자연적 무기와 자연적 엄호의 전적인 결여와 크기가 같은 원숭이의 근력보다 훨씬 뒤지는, 비교적 약한 인간의 근력에 비례한다.

동시에 그 지원은 도피에서 인간의 무능함에 비례한다. 인간은 달리기에서 모든 네 발의 포유동물보다 뒤지기 때문이다. 마지막으로 그 지원은 또한 인간의 느린 번식, 긴 유아기, 긴 수명에 비례한다. 이것들이 개별자의 확실한 보존을 요구한 것이다. 이 모든 큰 요구들은 지적 능력을 통해 충족되어야 했다. 그래서 이 능력이 인간에게서 그렇게 뛰어난 것이다. 그러나 우리는 대체로 지성을 이차적인 것, 종속적인 것, 단지 의지의 목적에 봉사하도록 규정된 것으로 본다. 이 규정에 충실히 따라서 지성은 일반적으로 언제나 의지에 대한 예속 상태로 남는다. 그럼에도 어떻게 지성이 개별적인 경우에서 지적인 삶의 비정상적 우세를 통해 의지로부터 벗어나는지, 이것을 통해 천재에 이르기까지 상승하는 순수한 객관적 인식이 나타나는지를 나는 내 주저의 제3권 '미학' 편에서 상세히 보여주었으며, 나중에 『여록과 보유』 제2권 50~57절과 206절에서 설명했다.

이제 우리가 모든 동물의 의지와 조직 사이의 정확한 일치에 관한 이 모든 고찰과, 이 관점에 따라 잘 정리된 골해부학 진열장을 검토한다면, 참으로 우리가 환경의 척도에 따라 자신의 형태를 바꾸고 뼈의 숫자와 그 배열로부터 그 뼈를 늘이고 줄이고 강화시키고 약화시키는 일을 통해 형태들의 다양성을 이루어내는 하나의 동일한 존재를(위에 언급한 라마르크의 원초동물을, 더 맞게는 생명에의 의지를) 본 것으로 여겨질 것이다. 뼈의 숫자와 배열은 생틸레르[16]가 **해부학적 요소**라고 명명한 것으로서(『동물 철학의 원리(*principes de* *philosophie zoologique)*』(1830)], 그가 철저히 입증하듯이, 척추동물의 모든 단계에서 본질적으로는 변화하지 않는 것으로 남는다. 그것은 지속적인 크기, 전적으로 미리 주어진 것, 규명할 수 없는 필연성을 통해 변경될 수 없이 확정된 것으로, 그 불변성을 나는 모든 물리적·화학적 변화들에 놓여 있는 물질의 지속성과 비교하려고 한다. 이 주제로 나는 곧 돌아올 것이다. 그러나 이 불변성과 함께 크기, 형태, 사용 목적과 관련하여 이 동일한 뼈의 최대 가변성, 유연성, 적응성이 성립한다. 그리고 우리는 이것들이 근원적 힘과 자유와 함께 **의지**를 통해 외부 상황이 의지에게 내세우는 목적들의 척도에 따라 규정된 것을 본다. 이로부터 의지는 매번 자신의 필요가 요구하는 것을 만든다. 의지가 원숭이로서 나무에서 이리저리 기어오르려고 한다면, 의지는 곧바로 네 손으로 가지를 잡고 척골(尺骨)을 요골(橈骨)과 함께 매우 길게 뻗는다. 동시에 의지는 미골(尾骨)을 1엘레[17] 길이의, 감아 잡는 꼬리로 연장하여 작은 나뭇가지에 매달리고 한 가지에서 다른 가지로 흔들어 옮겨 다닌다. 반면에 그 같은 팔뼈는, 의지가 악어로서 진흙탕에서 기어 다니거나 바다표범으로서 헤엄치거나 두더지로서 땅을 파려고 한다면 식별

---

16) 〔옮긴이〕 에티엔 제프루아 생틸레르(Étienne Geoffroy Saint-Hilaire, 1772~1844): 프랑스의 동물학자. 라마르크의 진화론을 옹호했다. 모든 생물체가 하나의 근본 형태에서 유래한다고 주장했다.

17) 〔옮긴이〕 1엘레=66cm.

할 수 없을 정도까지 짧아진다. 두더지의 경우 의지는 나머지 모든 뼈 대신 손바닥뼈와 손가락 마디를 엄청나게 큰 삽발로 확대한다. 그러나 의지가 박쥐로서 공중을 누비고 다니려고 한다면, 거기서는 상박골(上拍骨), 요골, 척골이 엄청나게 길어질 뿐 아니라 보통 매우 작고 부수적인 손목 관절, 손목 관절 사이, 손가락 마디가, 비막(飛膜)을 그 사이에서 펼치기 위해, 마치 성 안토니우스의 환각에 있는 것처럼 동물의 신체를 넘어서는 거대한 길이로 늘어난다. 의지가 아프리카의 높은 나무의 꽃부리를 갉아먹을 수 있기 위해 기린으로서 유례없이 높은 앞다리로 일어섰다면, 수적으로 변화할 수 없는 일곱 개의 목뼈가, 두더지에게서는 식별할 수 없을 정도까지 밀어붙여져 있지만, 이제 대체로 그렇듯이 기린에게서도 그에 맞게 늘어나 목의 길이가 앞발의 길이와 같아서 머리가 물에까지 내려가 닿을 수 있다. 그러나 의지가 코끼리로서 나타난다면, 이제 긴 목은 대단히 크고 무거운, 게다가 한 발 길이의 이빨로 인해 무거운 짐을 진 머리의 무게를 지탱할 수 없다. 그래서 목이 예외적으로 짧으며 응급조치로서 먹이와 물을 높은 곳에서 끌어당기고 나무의 꽃부리에도 올라가 닿는 긴 코가 땅에까지 떨어진다. 이 모든 변화들에서 우리는, 그 변화와 일치하여 동시에 지성의 저장소인 두개골도 생계를 얻는 방식의 어려움이 지성을 요구하는 정도에 따라 늘어나고 발달하고 둥글게 휘는 것을 본다. 그리고 오성의 다양한 단계는 숙련된 눈에게 두개골의 휜 정도에서 명백하게 밝혀진다.

그러면 위에서 확정된 것이며 불변하는 것이라고 한 **해부학적 요소**는 그 요소를 전제하고서야 시작하는 목적론적 설명 안에 들어가지 않는 한 하나의 수수께끼다. 왜냐하면 많은 경우에 의도된 기관은 뼈의 수와 구조가 다르다 해도 그 목적에 적합한 것으로 될 수 있었을 것이기 때문이다. 예를 들어 우리는 인간의 두개골이 왜 여덟 개의 뼈에서 조립되었는지를, 말하자면 정문(頂門, Fontanelle)을 매개로 출생 시에 그 뼈들을 밀어서 가까이 붙일 수 있기 위해서라는 것을 잘 이해한다. 그러나 알을 부수고 나오는 어린 닭이 왜 동일한 수의 두개골 뼈를 가져야 하는지를 우리는 이해하지 못한다. 따라서 우리는, 이 해부학적 요소가 한편으로는 생명에의 의지일반의 통일성과 동일성에, 다른 한편으로는 동물의 원형들이 다른 원형에서 불러일으켜졌으며(『여록과 보유』, 제2권, 91절), 따라서 종족 전체의 기본 유형이 보존되었다는 사실에 기인한다는 점을 받아들여야 한다. 이 해부학적 요소는 아리스토텔레스가 "필연적 자연성질"로서 이해하는 그것이다. 그리고 그 요소 형태의 변화 가능성을 아리스토텔레스는 각각의 목적에 따라 "목적에 맞는 자연성질"이라고 부르며(아리스토텔레스, 『동물의 부분에 관하여』, 제3권, 2장), 이로부터 뿔 달린 가축에게서 위 앞니의 재료가 뿔에 사용되었다는 사실을 설명한다. 이 설명은 매우 정확하다. 왜냐하면 낙타와 사향노루처럼 뿔 없는 반추동물만이 뿔 있는 것들에서는 없는 위 앞니를 갖기 때문이다.

여기 골격에서 설명된, 동물의 목적과 외적 생활 관계들에 대한 그 구조의 정확한 적합성뿐 아니라 동물의 내부 작용에 있는 경탄할 만한 합목적성과 조화는 다른 어떤 설명이나 전제를 통해서보다, 동물의 신체는 표상으로서 직관된, 따라서 뇌에 있는 공간, 시간, 인과성의 형식에서 직관된 **자신의 의지 자체**일 뿐이라는, 그래서 의지의 단순한 가시성, 객체성일 뿐이라는, 내가 이미 다른 곳에서 확인한 진리를 통해서 불분명할지라도 가장 잘 이해될 것이다. 왜냐하면 이 가정 아래에서는 신체에 종속되었거나 신체 안에 있는 모든 것이 최종 목적을 위해, 즉 그 동물의 생명을 위해 공모해야 하기 때문이다. 따라서 신체 안에서는 어떤 불필요한 것, 과도한 것, 결여된 것, 목적에 모순되는 것, 불충분한 것, 그 방식이 불완전한 것도 발견될 수 없고, 필요한 모든 것은 그 필요한 만큼 정확히 그곳에 있어야 하지만 더 이상은 아니다. 여기서는 장인, 작품, 재료가 하나이며 같은 것이기 때문이다. 따라서 모든 유기체는 극도로 완벽한 걸작이다. 여기서는 의지가 먼저 의도를 갖고 목적을 인식하고 그다음에 수단을 목적에 맞추고 물질을 극복하는 것이 아니라, 의지의 의욕이 직접적으로 목적이고 또한 직접적으로 성취다. 그래서 먼저 억제되어야 할 이질적인 어떤 수단도 요구되지 않는다. 여기서는 의욕, 행위, 성취가 하나이며 동일한 것이다. 따라서 유기체는 기적으로서 거기에 서 있으며 인식의 등잔 불빛에서 꾸며진 인간의 작품과 비교될 수 없다.[18]

자연의 작품에 있는 무한한 완전성과 합목적성에 대한 우리의 경
탄은 근본적으로 우리가 그것을 우리의 작품과 같은 의미로 고찰
하는 것에 기인한다. 우리의 작품에서 무엇보다도 작품에의 의지와
작품은 서로 다르다. 게다가 이 둘 사이에도 다른 두 가지가 더 있
다. 첫째, 그 자체로 받아들였을 때 의지에 대해 이질적인, 표상이라
는 매개가 있다. 의지는 작품에서 실현되기 이전에 이 매개를 통해
들어가야 한다. 둘째, 여기서 작용하는 의지에 이질적인 재료가 있
다. 이 재료에 대해 그것과 이질적인 형식이 강요되어야 한다. 이 형
식에 재료는 저항한다. 재료는 이미 다른 의지에, 즉 자신의 자연성
질에, 자신의 본질적 형식에, 자신 안에서 표현되는 (플라톤적) 이념

---

18) 따라서 각각의 동물 형태를 바라보는 것은 우리에게 하나의 전체성, 통일성,
완전성과 엄격히 수행된 모든 부분의 조화를 제공한다. 이 조화는, 가장 진기
한 동물 형태를 보는 것에서조차 그것에 몰두하는 이에게 결국 그 형태가 유
일하게 올바른 것이자 참으로 유일하게 가능한 것이며 바로 이것 이외의 다
른 어떤 생명 형태도 있을 수 없는 것처럼 여겨질 정도로 완전히 **하나의** 근본
사상에 기인한다. "자연적"이라는 표현은, 우리가 이로써 저절로 이해되고 다
른 방식으로 있을 수 없는 어떤 것을 지시한다면 가장 심오한 이유에서 여기
에 기인한다. **괴테**도 베니스에서 바다달팽이와 꽃게를 보고 "생명 있는 것은
얼마나 귀중하고 훌륭한가! 그것의 상태는 얼마나 절도 있고 참되고 실재적
인가!'라고 외칠 정도로 자극되었을 때, 이 통일성에 사로잡혀 있었다(*Leben*,
제4권, 223쪽). 그러므로 어떤 예술가도 몇 해 동안 줄곧 그 형태를 연구대상
으로 삼고 그 의미를 깊이 생각하지 않았다면, 이 형태를 제대로 모방할 수
없다. 게다가 그렇다면 그 예술가의 작품은 마치 접착시킨 것처럼 보일 것이
다. 그 작품은 모든 부분을 갖겠지만 그 부분들을 결합하고 일치시킬 끈, 사
물의 정신, 이념, 즉 이 종으로서 표현되는 근원적인 의지작용의 객체성을 결
여할 것이다.

에 속해 있기 때문이다. 따라서 재료는 먼저 정복되어야 한다. 그리고 재료는, 예술적 형식이 무척 깊이 침투해 있을지라도 내부에서 언제나 또 저항할 것이다. 자연의 작품은 완전히 다르다. 그것은 인간의 작품과 같이 의지의 간접적인 표명이 아니라 직접적인 표명이다. 여기서 의지는 자신의 근원성 안에서, 따라서 인식 없이 작용한다. 의지와 작품은 그것들을 중개하는 어떤 표상에 의해서도 분리되어 있지 않다. 그 둘은 하나다. 그리고 재료조차 이들과 하나다. 물질은 의지의 단순한 가시성이기 때문이다. 따라서 우리는 여기서 물질에 형식이 완전히 스며든 것을 발견한다. 심지어 이들은 같은 근원을 갖고 서로를 위해서만 그곳에 있으며, 그런 한에서 하나다. 우리가 그 둘을 예술작품에서와 같이 여기서도 분리하는 것은 하나의 단순한 추상화(Abstraktion)이다. 우리가 자연산물의 재료라고 생각하는, 형식 없고 성질 없는 순수한 절대 물질은 단지 하나의 사유물(ens rationis)이며 어떤 경험에도 있을 수 없다. 반면에 예술작품의 재료는 경험적인, 그래서 이미 형식을 가진 물질이다. 형식과 물질의 동일성은 자연산물의 특성이며 그 둘의 차이성은 예술작품[19]의 특성이다. 자연산물에서 물질은 형식의 단순한 가

---

19) **브루노**가 진술한 것은 위대한 진리다. "예술은 이질적인 재료를 다루고 자연은 자신을 다룬다. 예술은 물질의 외부에 마주 서 있고 자연은 물질 안에 있다." 이것을 그는 『원인·원리·일자(*Della causa principio et uno*)』(1584), 대화 3, 252쪽 이하에서 훨씬 더 상세히 다룬다. 255쪽에서 그는 **본질적 형식**을 **영혼**과 동일한 것인, 모든 자연산물의 형식으로서 설명한다.

시성이므로, 우리는 또한 형식이 물질의 단순한 소산으로서 나타나는 것을, 즉 물질의 내부로부터 결정화 속에서, 식물적·동물적 "자연발생" 속에서 갑자기 튀어나오는 것을 경험적으로 목격한다. 이 자연발생은 기생 동식물에게서도 의심될 수 없다.[20] 이 이유로부터 또한 추측되는 것은, 어떤 곳에서도, 어떤 행성이나 위성에서도 물질이 **끝없는** 정지 상태에 빠져 있지 않고 물질에 내재하는 힘(즉 의지, 물질은 의지의 단순한 가시성)은 시작된 휴식을 언제나 다시 끝내고, 기계적·물리적·화학적·유기적 힘으로서 그 놀이를 새로이 시작하기 위해 언제나 다시 잠에서 깨어난다는 것이다. 그 힘은 언제나 오직 계기를 기다리기 때문이다.

그러나 우리가 자연의 작용을 이해하려고 한다면, 그것을 우리의 작품과 비교함으로써 시도하지는 말아야 한다. 모든 동물 형태의 참된 본질은 표상 밖에 놓인, 따라서 또한 표상의 형식인 공간과 시간 밖에 놓인 의지작용이다. 바로 그렇기 때문에 의지작용은 연속과 병존을 알지 못하고 불가분의 통일성을 갖는다. 그러나 이제 우리 뇌의 직관이 의지작용의 형태를 파악하고 해부용 칼이 그 의지작용의 내부조차 분해하면, 근원적으로 그리고 그 자체로는 인식과 인식법칙에 이질적인 것이 인식되지만, 이제 그것은 인식 안에서 인식형식과 인식법칙에 따라서도 표현되어야 한다. 의지

---

20) "재료는 형식을 추구한다"라는 스콜라철학의 명언도 이것을 증명한다.

작용의, 즉 이 진정한 형이상학적 존재의 근원적 통일성과 불가분성은 이제 부분들의 병존과 기능들의 연속으로 분산되어 나타나지만, 그럼에도 이것들은 상호 간의 수단과 목적으로서 서로 돕고 지지하기 위해, 서로의 긴밀한 관계를 통해 결합된 것으로서 표현된다. 이것을 그렇게 통찰하는 오성은 부분들의 질서와 기능들의 조합이 깊이 숙고된 것에 경탄한다. 오성은 (자신의 인식형식이 최초로 초래한) 다수성으로부터 되찾아진 근원적 통일성을 발견한 그 방식을 당연히 또한 이 동물 형태가 발생한 방식이라고 여겼기 때문이다. 이는 합목적성이 오성에 의해 비로소 자연에 보내진다는 칸트의 위대한 학설의 의미다. 그에 따라 오성은 자신이 처음으로 만든 기적을 놀라 바라본다.[21] 이것은 마치 오성이, (그런 고상한 문제를 사소한 비유를 통해 설명해도 된다면) 9의 모든 곱셈 결과가 개별 숫자의 덧셈을 통해 다시 9를 주거나 그 숫자가 9를 더하는 수에 달하는 것에 대해, 비록 자신이 십진법에서 기적을 준비했으면서도 놀라는 것과 같다. 자연신학적 논증은 오성 안에 있는 세계의 현존을 그 실재 현존에 선행하게 한다. 그리고 그 논증은, 세계가 합목적적이어야 한다면, 세계는 그것이 있기 전에 표상으로서 존재해야 한다고 말한다. 그러나 나는 칸트의 의미에서 다음과 같이 말한다. 세계가 표상이라면 그것은 합목적적인 것으로서 표현되어야 한다.

---

21) 『의지와 표상으로서의 세계』, 제2권, 330쪽 참조.

그리고 이 합목적적인 것은 최초로 우리의 지성에 나타난다.

나의 학설로부터 당연히, 모든 존재가 자신의 작품이라는 사실이 도출된다. 자연, 즉 결코 속일 수 없고 천재처럼 순진한 자연은 자신을 꾸밈없이 표명한다. 모든 존재는 자신과 정확히 같은 다른 어떤 것에 생명의 불을 점화할 뿐이며, 그다음에 그것의 재료는 밖에서, 형식과 운동은 자신으로부터 조달하여 우리 눈앞에서 자신을 만들어내기 때문이다. 이것을 우리는 성장과 발전이라고 부른다. 그래서 경험적으로도 모든 존재는 그 자신의 작품으로서 우리 앞에 서 있다. 그러나 우리는 자연의 언어를 이해하지 못한다. 그것은 너무 간단하기 때문이다.

식물생리학

식물에서의 의지현상에 관해 내가 제시하려는 증명은 주로 프랑스 인들로부터 유래한다. 프랑스는 경험적 경향을 가지며, 직접적으로 주어진 것을 한 발 넘어서는 것을 좋아하지 않는 나라다. 게다가 통신원인 **퀴비에**[1]는 순수 경험적인 것을 완강하게 고집함으로써 자신과 **생틸레르** 사이의 그 유명한 불화를 유발했다. 따라서 우리가 여기서 이전에 제시된 독일의 증거들에서와 같은 그런 단호한 언어에 직면하지 않고 모든 승인이 조심스러운 신중함과 함께

---

1) 〔옮긴이〕 조르주 퀴비에(Georges Cuvier, 1769~1832): 프랑스의 동물학자. 고생물학의 창시자이며 비교해부학을 하나의 연구 분과로 만들었다. 다양한 생명체를 비교 분석한 결과 몇 가지 화석만으로 동물의 전체 모습을 재구성해 내는 데 성공했다. 라마르크의 진화론에 반대하였으며, 생명체는 근본적으로 다른 여러 형태에서 유래한다고 주장함으로써 자연 전체가 하나의 형태에 기인한다고 주장하는 생틸레르와 논쟁을 벌였다.

이루어지는 사실을 보는 것이 놀라운 일은 아니다.

퀴비에는 자신의 『자연과학 발달사(*Histoire des progrès des sciences naturelles*)』 제1권(1826) 245쪽에서 다음과 같이 말한다. "식물은 저절로 발생하는 것으로 보이는 어떤 운동을 갖는다. 이 운동은 특정한 상황에서 나타나며 때때로 동물의 움직임과 매우 유사해서, 이로 인해 특히 동물 **내부**의 움직임에서 유사한 어떤 것을 보려는 이들은 식물에 일종의 감각과 **의지**를 부여하려고 시도한다. 그래서 나무 꼭대기는 빛을 향할 때를 제외하면 언제나 수직 방향으로 나아간다. 식물의 뿌리는 좋은 토양과 수분을 향해 가며, 이것들을 발견하기 위해 곧은 길에서 벗어난다. 그러나 우리가 또한 무기적 물체가 갖는 단순한 관성의 힘과 상이한, 자극될 수 있는 내적 성향을 받아들이지 않는다면, 이 다양한 방향들이 외부 원인의 영향으로부터 설명될 수는 없다. …… **오귀스탱 피람 드 캉돌**(Augustin Pyrame De Candolle)은 식물에 일종의 습관이 있으며, 그 습관은 인공적인 조명에 의해 어느 정도 시간이 지난 후에야 없어진다는 것을 드러내는 주목할 만한 시도를 했다. 지하에 등불을 계속 켜둔 채 식물을 두면, 그 식물은 그래도 처음 며칠 동안은 밤이 되면 오므리고 아침이면 펴는 것을 중지하지 않았다. 그리고 식물이 받아들이고 버릴 수 있는 또 다른 습관이 있다. 습한 날씨에 오므리는 꽃들은 그 날씨가 너무 오래 지속될 때는 결국 편다. **르네 루이셰 데퐁테이누**(René Louiche Desfontaines)가 미모사를 차에

신고 운전했을 때, 그 식물이 처음에는 진동에 의해 움츠러들었지만 결국 완전한 정지 상태에서처럼 다시 펴졌다. 여기서도 빛, 수분 등등은 그와 같은 일을 행함으로써 스스로 중지하거나 변할 수 있는 내적 성향에 따라서만 작용한다. 그리고 식물의 생명력은 동물의 생명력이 그렇듯이 지치고 고갈된다. 벵골의 방패 무늬 클로버는 아무런 계기도 없이 낮과 밤에 자신의 잎으로 만드는 운동을 통해 진기하게 나타난다. 식물 영역에서 어떤 현상이 착각을 일으키고 동물의 자유로운 운동을 연상시킬 수 있다면, 그것은 분명히 이것이다. 브루소네(Broussonet), 실베스트르(Silvestre), 셀(Cels), 할레(Halle)가 그것을 상세히 묘사했고, 식물의 행위는 오직 식물의 좋은 상태에 의존한다는 것을 보여줬다."

같은 책의 제3권(1828) 166쪽에서 **퀴비에**는 이렇게 말한다. "**뒤트로셰**[2)는 그 자신이 한 시도들의 결과로서 생리학적 고찰을 부가한다. 이 시도들은 그의 견해에 따르면 식물의 운동이 **자발적**이라는 사실을, 즉 외부의 동인을 직접적으로 수용하는 내적 원리에 의존한다는 사실을 증명한다. 그럼에도 그는 식물에 감수성을 부여하기를 주저하므로 이 단어 대신에 잎맥운동(Nervimotilität)을 설정한다." 내가 여기서 언급해야 하는 것은, 우리가 **자발성** 개념을 통해 생각하는 것이 자세히 살펴보면 언제나 의지표명과 같은 결과가

---

2) 〔옮긴이〕 앙리 뒤트로셰(Henri Dutrochet, 1776~1847): 프랑스의 식물학자. 삼투현상을 연구했으며, 분할에 의한 세포 증식을 최초로 관찰했다.

된다는 사실이다. 따라서 자발성은 의지표명의 동의어에 지나지 않을 것이다. 여기서 유일한 차이는, 자발성 개념은 외적 직관에서, 의지표명 개념은 우리 자신의 의식에서 만들어졌다는 점이다. 식물에게도 있는 이 자발성의 충동의 힘에 대해 우리에게 하나의 숙고할 만한, 첼튼엄[3] 조사관의 사례가 전해진다. 이 사례는 1841년 6월 2일 자 《타임스》에 다시 실렸다. "지난 목요일에 사람들이 가장 많이 붐비는 거리에서 서너 개의 큰 버섯이 완전히 새로운 영웅적 행위를 수행했다. 그 버섯들은 가시적 세계로 돌파하려는 진지한 열망에서 큰 도로 포석을 실제로 들어올렸다."

퀴비에는 『과학아카데미 기록(*Mémoires de l'académie des sciences*)』 제5권(Paris, 1826) 171쪽에서 다음과 같이 말한다. "수세기 전부터 식물학자들은, 왜 싹이 트는 곡식 낟알은 어떤 상태에서든지 언제나 뿌리를 아래로, 줄기를 위로 보내는지를 연구해왔다. 그들은 수분, 공기, 빛이 그 원인이라고 여긴다. 그러나 이 원인들 중 어떤 것도 그 현상을 설명하지 않는다. **뒤트로셰**는 낟알들을 젖은 흙으로 채워진 용기의 바닥에 뚫린 구멍에 넣고 방의 발코니에 걸어두었다. 이제 사람들은 줄기가 아래로 자랄 것이라고 생각할 것이다. 하지만 전혀 그렇지 않았다. 뿌리는 공중으로 떨어져 내려왔으며 줄기는 젖은 흙을 통과하여 그 위 표면을 뚫을 수 있을 때

---

3) 〔옮긴이〕 첼튼엄(Cheltenham): 영국 서부의 도시.

까지 길어졌다. 뒤트로셰에 따르면, 식물은 그 방향을 내부 원리에 의해 받아들이며 결코 그 식물이 향하는 물체의 유혹에 의해 받아들이지 않는다. 완전히 움직일 수 있게 나무마개에 꽂은 바늘의 뾰족한 끝에 우리는 겨우살이 낟알을 부착시켜서 배아에게로 가져갔다. 바늘 가까이에는 작은 널빤지를 두었다. 낟알은 곧 뿌리를 널빤지로 향해 내렸고, 바늘이 전혀 움직이지 않은 채 5일 만에 뿌리는 널빤지에 도달했다. 뿌리를 어두운 곳에 내린 양파 줄기와 파 줄기는, 밝은 곳에서보다는 느리지만 위로 자란다. 물에 뿌리를 내렸을 때조차 그 줄기들은 위로 자란다. 이는 공기도 습기도 그 줄기들이 자라는 방향을 부여하지 않는다는 사실을 충분히 증명한다." 그러나 슐츠[4]는 1839년에 과학학회 수상작 『식물의 순환에 관하여(*Sur la circulation dans les plantes*)』에서, 자신이 씨앗을 어두운 상자에서 그 아래에 구멍을 내어 싹 트게 했으며, 상자 아래에 설치한 거울로 햇빛을 반사시킴으로써 식물을 반대 방향으로, 즉 꽃부리는 아래로 뿌리는 위로 자라게 했다고 말한다.

『자연과학사전(*Dictionnaire des Sciences Naturelles*)』의 「동물」 항목에는 이렇게 되어 있다. "동물들이 음식물을 구하는 데서 욕망을 명시하고 음식물을 고르는 데서 구분 능력을 명시한다면, 식물의 뿌리는 땅이 가장 즙이 많은 쪽으로 방향을 선택하는 것을, 심지어

---

4) 〔옮긴이〕 카를 하인리히 슐츠(Carl Heinrich Schultz, 1805~1867): 독일의 의사이자 식물학자.

바위에서도 영양분을 갖고 있을 수 있는 가장 작은 틈을 찾는 것을 우리는 본다. 식물의 잎과 가지는 공기와 빛을 가장 많이 발견하는 쪽으로 주의 깊게 향한다. 가지 하나를 잎의 위 표면이 아래로 가도록 구부리면, 잎들은 제 기능을 실행하기에 가장 유리한 위치로(즉 매끄러운 면이 위로) 돌아가기 위해 줄기까지 비튼다. 이 일이 의식 없이 일어난다는 것을 우리는 확실히 아는가?

프란츠 마이엔(Franz Meyen)은 『식물생리학의 새로운 체계』(1839) 제3권에서 우리가 현재 고찰하는 주제에 대해 「식물의 움직임과 감각」이라는 매우 상세한 장을 할애했다. 그는 585쪽에서 다음과 같이 말한다. "우리는 깊고 어두운 지하에서 여름 무렵 감자에 줄기가 나는 것을 가끔 본다. 이 줄기는 언제나 빛이 지하에 떨어지는 틈새 쪽으로 향하며 직접적으로 빛을 받는 곳에 닿을 때까지 길게 자란다. 그와 같은 상황에서 20피트 길이의 감자 줄기가 관찰되었다. 그렇지 않다면 이 식물은, 가장 유리한 상황에서조차 줄기가 3~4피트도 자라지 않는다. 이처럼 어둠 속에서 자라는 감자 줄기가 최종적으로 빛 구멍에 도달하기 위해 선택하는 길을 정확히 고찰하는 것은 흥미롭다. 그 줄기는 가장 짧은 길로 빛에 접근하려고 시도한다. 그러나 줄기는 도움 없이 공중을 가로질러 자랄 만큼 충분히 단단하지 않기 때문에 땅에 떨어져서 가장 가까운 벽까지 기어간다. 그다음에 그 줄기는 위로 올라간다." 이 식물학자도 자신이 발견한 사실을 통해 576쪽에서 이렇게 진술한다. "우리가 파래와 낮은 단계의 다른 식물들의 자유로운 운동을 고찰한 다면, 이 피조물들에 일종의 **의지**를 인정하는 일밖에 남아 있지 않 다."

　덩굴식물은 식물에서의 의지표명에 대한 명백한 하나의 증거를 제시한다. 덩굴식물은 매달릴 버팀목이 주변에 없으면 그것을 찾으 면서 언제나 가장 그늘진 장소로 향하여 자란다. 어디에 놓인 것 이든 덩굴식물은 어둡게 색칠된 종이 한 장으로도 향한다. 반면 에 덩굴식물은 유리를 피한다. 유리는 반짝이기 때문이다. 이에 관 해 토머스 앤드루 나이트(Thomas Andrew Knight)는 《철학회보 (*Philosophical Transactions*)》(1812)에서 매우 인위적인, 특히 잎이 다섯 장인 담쟁이덩굴을 대상으로 하는 실험을 제시한다. 이 책은 『브리태니커 백과사전』 제52권 「과학과 예술」 항목에 번역되어 있 다. 비록 그가 나름대로 그 문제를 기계적으로 설명하려고 애쓰며, 그것이 의지표명이라는 점을 인정하지 않으려 하지만 말이다. 나 는 그의 판단이 아니라 그의 실험을 증거로 끌어대는 것이다. 우리 는 버팀목 없는 몇 개의 덩굴식물을 나무줄기 둘레에 심어서, 그 덩 굴식물이 모두 구심력을 갖고 나무줄기를 휘감아 오르는지 살펴봐 야 할 것이다. 이 주제에 관해 **뒤트로셰**가 1843년 11월 6일 과학학 술원에서 「식물의 운동에 관하여,[5]라는 논문을 발표했다. 이 논문

---

5) "sur les mouvements révolutifs spontanés chez les végétaux."

은 매우 장황함에도 불구하고 상당히 읽을 가치가 있으며, 《비평》[6] 1843년 11월 호에 게재되었다. 그 결과는, 녹색 완두콩, 야생 담쟁이덩굴, 오이에게서 덩굴을 갖는 잎자루는 공기 중에서 매우 느린 순환운동을 묘사한다는 것이다. 이 운동은 기온에 따라 한 시간에서 세 시간에 하나의 타원을 완성한다. 그리고 이 타원을 수단으로 하여 그 식물들은 닥치는 대로 단단한 물체를 찾는다. 그런 것을 만나면 덩굴은 그 둘레를 감고, 식물이 혼자 설 수 없으면, 그 식물을 지탱한다. 덩굴은, 훨씬 더 느리기는 하지만 마치 상체로 공중에 원을 그리는 애벌레가 잎을 찾는 것과 같이 그렇게 한다. 또한 **뒤트로셰**는 다른 식물 운동에 관해 위의 논문에서 몇 가지를 말한다. 예를 들어 뉴 홀란드에 있는 기둥 식물은 화관 가운데에 하나의 기둥을 갖는다. 이 기둥은 꽃가루주머니와 씨방을 떠받치고 주기적으로 안으로 구부러지고 다시 똑바로 선다. 이와 관계 있는 것은, **트레비라누스**가 『유기적 생명의 현상과 법칙(*Die Erscheinungen und Gesetze des organischen Lebens*)』 제1권 173쪽에서 제시하는 것이다. "물매화(*Parnassia palustris*)와 루(*Ruta graveolens*)에서 화사(花絲)는 하나씩 차례대로 기울이고, 손가락 범의귀속(*Saxifraga tridactylites*)에서는 암술머리 쪽으로 짝을 지어 기울이고 같은 방식으로 다시 똑바로 선다." 그러나 위의 주제에 관해 바로 전에 같

---

6) *compte rendu des séances de l'académie des sciences.*

은 곳에는 이렇게 쓰여 있다. "자유로운 것으로 보이는 식물의 운동 중에서 가장 일반적인 것은, 가지와 잎의 윗면이 빛과 습한 온기 쪽으로 끌리는 것과 덩굴손식물이 버팀목 주위를 감는 것이다. 특히 덩굴손식물의 현상에서는 동물의 움직임과 유사한 어떤 것이 표명된다. 더욱이 덩굴손식물은 제멋대로 방치되어 자라면서 가지의 뾰족한 끝으로 원을 그리고, 이런 식의 성장을 통해 가까운 곳에 있는 대상에 도달한다. 그러나 식물이 성장을 자신이 도달하는 대상의 형태에 맞추도록 유발하는 것은 단순히 기계적인 원인이 아니다. 새삼(*Cuscuta*)은 모든 종류의 버팀목 주위를 감지는 않는다. 그것은 동물의 신체와 죽은 식물체, 금속과 무기적 물질의 주위가 아니라 살아 있는 식물의 주위만을, 게다가 모든 종류의 식물, 예를 들어 이끼와 같은 식물이 아니라, 그것으로부터 자신의 융모(絨毛)를 통해 적합한 양분을 흡수할 수 있는 식물의 주위만을 감는다. 그리고 이 융모에 의해 식물은 어느 정도 떨어진 곳에서도 끌어당겨진다."[7] 특히 《농부 잡지(*Farmer's Magazine*)》에서 소개되었

---

7) **브란디스**는 『생명과 편극성(*Über Leben und Polarität*)』 88쪽에서 이렇게 말한다. "바위식물의 뿌리는 바위의 가장 미세한 틈에서 양분을 공급하는 부식토를 찾는다. 식물의 뿌리는 밀집한 무더기에서 양분을 공급하는 뼈를 휘감는다. 나는 어떤 뿌리가 땅에서 넓게 자라는 것을 낡은 구두창이 방해하는 모습을 봤다. 그 구두창이 그 전에 꿰매어졌던 곳에 구멍이 있어서 그 뿌리는 수많은 실로 나누어졌다. 그러나 이 실들은 그 방해물을 넘어서자마자 다시 하나의 뿌리로 합쳐졌다." 87쪽에서 그는 다음과 같이 말한다. "가톨릭 교구의 관찰이 입증된다면, (식물에 대해) 이 목표(열매 맺기)에 이르기 위한 중간 관계조차 인

고 1848년 7월 13일 자 《타임스》에 「식물 본능」이라는 제목으로 다시 실린 다음의 특별한 관찰은 핵심에 놓여 있다. "어린 호리병 박 줄기나 큰 완두 줄기의 한 측면으로부터 6인치 이내의 거리에 물을 부은 접시를 두면, 밤이 지나는 동안 줄기는 이 접시에 접근 하고 아침에는 그 잎이 물에 빠져 있는 것이 발견될 것이다. 이 시 도를 우리는 그 식물의 열매가 자라기 시작할 때까지 밤마다 계속 할 수 있다. 어린 메꽃으로부터 6인치 이내의 거리에 막대기가 세워 져 있다면, 이 꽃은 그 위치가 매일 바뀐다고 해도 그 막대기를 발 견할 것이다. 메꽃이 막대기 둘레를 상당히 멀리 감아 올라갔을 때 우리가 그것을 풀어서 막대기 둘레에 반대 방향으로 감는다면, 메 꽃은 원래 위치로 돌아가거나 그 위치를 쫓으면서 죽는다. 그럼에 도 이 두 식물이 감을 수 있을 막대기 없이 서로 가까이에서 자란 다면, 둘 중 하나는 나선의 방향을 바꿀 것이며 두 식물은 서로의 둘레를 감을 것이다. **뒤아멜**(Henri Louis Duhamel)은 젖은 흙으로 채워진 실린더에 이탈리아 콩 몇 개를 놓아두었다. 잠시 후에 콩들 은 싹트기 시작했고 어린 줄기를 자연스럽게 빛을 향해 위쪽으로, 어린 뿌리를 아래쪽 바닥으로 보냈다. 며칠 후에 실린더는 부피의 4분의 1이 감아졌고, 이것은 실린더가 완전히 돌아 감아질 때까지

지될 것이다. 말하자면 **니겔라**(Nigella)의 꽃가루주머니는 꽃가루를 벌의 등에 보내기 위해 아래로 구부러진다. 그다음에는 암술이 꽃가루를 벌의 등으로부터 받아들이기 위해 같은 방식으로 구부린다.

반복되고 또 반복되었다. 이제 콩이 땅에서 뽑혔다. 거기서 어린 줄기와 어린 뿌리 둘 다 돌아 감을 때 실린더에 적응하기 위해, 즉 하나는 수직으로 올라가기 위해 다른 하나는 아래쪽으로 가기 위해 구부러진 것이 발견된다. 이를 통해 이 둘은 완벽한 나선을 만들었다. 그러나 뿌리의 자연적인 열망이 아래쪽으로 향하지만, 아래의 바닥이 건조하고 습기 있는 어떤 물체가 더 높은 곳에 있다면 뿌리는 그래도 이 물체에 도달하기 위해 위쪽으로 올라간다.

프로립(Froriep)의 《단신(*Notizen*)》 제832호(1833)에는 식물의 이동성에 관한 짧은 논문이 실렸다. 좋은 토양 가까운 곳의 나쁜 토양에 있는 많은 식물들은 가지 하나를 좋은 토양에 떨어뜨린다. 나중에 원래 식물은 시들지만 가지는 잘 자라서 이제 자신이 그 식물이 된다. 이 과정을 매개로 어떤 식물은 벽에서 아래로 기어 내려온다.

같은 잡지의 제981호(1835)에는 옥스퍼드의 찰스 도베니(Charles Daubeny) 교수의 보고(《에든버러 신철학》, 1835. 4월/7월)에 대한 번역이 있다. 도베니 교수는 새롭고 매우 신중한 시도를 통해 식물의 뿌리가 적어도 어느 특정한 단계에 이르기까지 자신의 표면에 제공된 흙의 성분 중에서 하나를 선택하는 능력을 갖는다는 사실을 분명히 했다.[8]

---

8) 여기에 결국 또한 프랑스 학자 **자크 바비네**(Jacques Babinet)가 행성의 계절에 관한 논문에서 제시한 완전히 다른 종류의 분석이 속한다. 이 분석은 1856

마지막으로 나는, 플라톤이 이미 식물에 욕망(ἐπιθυμίας)을, 따라

<hr />

년 1월 15일 《르뷔 데 되 몽드(Revue des deux Mondes)》에서 발견되었다. 나는 이에 대해 여기서 가장 중요한 내용을 독일어로 번역하겠다. 그 분석의 의도는 원래 야생열매가 그에 적합한 기후에서만 자란다고 알려진 사실을 가장 가까운 원인으로 소급하는 것이다. "곡식이 반드시 겨울에 죽어야 하는 것이 아니고 다년생식물이라면, 그것은 빨리 여물지 않을 것이며, 따라서 수확물이 없을 것이다. 겨울이 곡식을 죽이지 않는, 아프리카, 아시아, 아메리카의 더운 나라들에서는 식물이 우리에게서 잔디가 그렇듯이 계속 산다. 식물은 새싹에 의해 커지며 언제나 초록으로 머무르고 이삭도 씨앗도 만들지 않는다. 이에 반해 추운 기후에서 식물의 유기체는 추운 계절에 멸종하지 않으려면 씨앗 상태로 가야 한다는 필연성을 이해될 수 없는 기적에 의해 미리 감지한 것 같다. 열대지방에서는, 예를 들어 자메이카에서와 같이 '건조한 계절', 즉 모든 식물이 바싹 마르는 시기가 있는 지역에서는 유사한 방식으로 곡식을 생산한다. 여기서 식물은 동일한 유기적 예감으로부터 자신들이 바싹 말라야 하는 계절이 임박했을 때 번식하기 위해 씨로 여물기 때문이다." 저자에 의해 '이해될 수 없는 기적'이라고 기술된 사실에서 우리는 식물의 의지가 증가한 힘 속에서 표명된 것을 인식한다. 여기서 의지는 종의 의지로서 나타나며 많은 동물들의 본능에서와 유사한 방식으로 미래에 대한 어떤 인식에 의해서도 유도되지 않은 채 미래를 위한 준비를 하기 때문이다. 여기서 우리는 따뜻한 기후에 사는 식물은 추운 기후에서만 식물들로 하여금 필요하게 했던 번거로운 과정에서 면제된 것을 본다. 완전히 동일한 것을 유사한 경우에 동물들이, 특히 벌들이 행한다. 벌들에 대해 리로이는 자신의 탁월한 책『동물의 지성에 관한 철학적 서간』(세 번째 편지, 231쪽)에서 남아메리카로 보내진 벌들이 첫해에는 고향에서 한 것처럼 꿀을 모았고 벌집을 지었지만, 그곳에서는 식물이 일 년 내내 언제나 핀다는 것을 점차 알게 되었을 때 그 일을 중지했다고 보고한다. 곡식의 번식 방법에서 앞에 언급한 변화와 유사한 사실을 동물 세계에서는 **진딧물**의 경우가 제공한다. 진딧물은 비정상적 번식으로 오래전부터 유명하다. 알려졌듯이 진딧물은 10~12세대 동안 수정하지 않는다. 더욱이 진딧물은 변종을 통해 번식한다. 그런 식으로 여름 내내 진행된다. 그러나 가을에는 수컷이 나타난다. 짝짓기가 일어나고 종 전체를 위한 월동 장소인 알을 낳는다. 진딧물은 이런 형태로만 겨울을 날 수 있기 때문이다.

서 의지를 부여한 것을(『티마이오스』, 403쪽, 비폰타니 편) 지나치지 않겠다. 그렇지만 이 주제에 관한 고대의 학설을 나는 이미 이 장의 보충으로서 대체로 사용될 수 있는 장인, 내 주저 제2권 23장에서 논했다.

이제 경험적으로 한 번은 알려진 의지를 식물에 인정하는 일을 착수하는 데서 여기에 언급된 작가들에게 있는 것으로 보이는 저항과 보류는, 그들도 의식이 의지의 요구이며 조건이라는 오래된 생각에 사로잡혀 있는 사실에서 기인한다. 그러나 식물은 분명히 의식을 갖지 않는다. 의지가 처음의 것이며, 따라서 이차적인 것으로 거기서 의식이 비로소 나타나는 인식에 예속되지 않는다는 사실이 그들에게 납득될 수 없었던 것이다. 식물은 인식이나 표상에 대해서는 유사물과 대용물을 가질 뿐이다. 그러나 의지를 식물은 실제로 그리고 완전히 직접적으로 스스로 갖는다. 왜냐하면 모든 것이 그렇듯이 의지는 사물 자체로서 그 현상의 실체이기 때문이다. 우리는 실재론적으로 처리하고 그에 따라 객관적인 것에서 출발하여 다음과 같이 말할 수도 있다. 식물의 본성과 동물의 유기체에서 살고 행하는 것은, 그것이 존재의 사다리에서 서서히 상승하여 인식의 빛이 직접적으로 그 위에 떨어질 정도에 이른다면, 이제 발생한 의식에서 의지로 나타나며 여기서 직접적으로 인식되므로 다른 어디서보다 더 잘 인식된다. 따라서 이 인식은 깊은 곳에 있는 모든 것을 파악할 열쇠를 제공해야 한다. 그 인식 안에서 사물 자체는 단지 가장 직접적인 지각의 형식 이외의 다른 형식에 의해서 더 이상 은폐되어 있지 않기 때문이다. 자신의 의욕에 대한 이 직접적인 지각이 우리가 내감(內感)이라고 명명한 그것이다. 원래 의지는 지각을 갖지 않는 것이며, 무기적 영역과 식물의 영역에 머무른다. 태양이 있어도 그 빛을 반사할 물체가 없다면 세계는 어두울 것이듯이 혹은 현(絃)의 진동이 소리가 되기 위해서는 공기나 어떤 공명판이라도 있어야 하듯이 의지는 인식이 있음으로써 비로소 자신을 의식한다. 인식은 마치 의지의 공명판과 같으며 이 공명판을 통해 발생하는 음조는 의식과 같다. 이와 같이 의지가 자기 자신에 대해 의식하는 것을 우리는 소위 내감의 공으로 돌린다. 내감이 우리의 최초이자 직접적인 인식이기 때문이다. 이 내감의 객관일 수 있는 것은 자신의 의지가 하는 다양한 활동뿐이다. 왜냐하면 표상하는 과정이 그 자체로 다시 지각될 수는 없고, 기껏해야 오직 이성적 반성안에서, 즉 표상의 이 두 번째 능력 안에서, 따라서 추상적으로 다시 한 번 의식될 수 있기 때문이다. 따라서 참으로 간단한 표상(직관)은 추상적 개념으로 하는 인식인 본래적 사유에 대해 의욕 자체가 이 의욕에 대한 깨달음인 의식에 대해 처한 것과 같은 관계에 있다. 따라서 자신에 대한 분명하고 명백한 의식은 이질적 현존에 대한 의식과 마찬가지로 이성(개념의 능력)과 함께 비로소 나타난다. 이성은, 단지 직관적인 표상 능력이 동물을 식물 위로 고양시키는 것처럼 인간을 동물 위로 높이 고양시킨다. 이제 우리는 식물이 표상을 갖지 않는 것을 '의식 없음(bewuβtlos)'이라고 명명하고 비존재(Nicht-seiende)와 그다지 다르지 않다고 생각한다. 표상을 갖지 않는 것은 원래 자신의 현존을 타자의 의식에서만 그 의식의 표상으로서 갖기 때문이다. 그럼에도 이 타자의 의식에는 현존의 본질인 의지가 아니라 부수적인 것만이 필요하다. 그러나 우리에게는 이 부수적인 것이 없다면 사물 자체의 존재인 본질이 무(Nichts)로 바뀌는 것으로 나타난다. 의식 없는 현존을 우리는 비존재로부터 직접적으로 명백히 구분할 줄 모른다. 비록 깊은 잠은 그것에 대한 본래적 경험을 우리에게 줄지라도 말이다.

앞 장으로부터 동물에게서 인식 능력은 다른 모든 기관과 같이 오직 보존을 목적으로 나타난다는 것, 따라서 각 동물 종의 욕구에 대해 정확하고 무수한 단계를 허용하는 관계에 서 있다는 점을 상기한다면, 식물이 동물보다 훨씬 적은 욕구를 가지므로 결국 아무런 인식도 필요로 하지 않는다는 사실을 이해할 수 있을 것이다. 바로 이 때문에 인식은, 내가 자주 말했듯이 동물성의 본질적 경계를 표시하는 참된 특성이다. 동기에 따르는 운동은 인식에 의해 제약되어 있기 때문이다. 동물성이 멈추는 곳에서는 본래적 인식이 사라진다. 이 인식의 본질은 우리에게 자신의 경험으로부터 잘 알려져 있다. 그리고 이 지점에서부터 무엇이 존재의 운동에 미치는 외부 세계의 영향을 매개하는지를 이해할 수 있게 하는 것은 오직 유추에 의해 가능하다. 이에 반해 우리가 모든 존재의 토대이자 핵심이라고 인식한 의지는 언제 어디서나 하나이고 동일한 것이다. 식물 세계의 더 낮은 단계에서는, 동물 유기체에서 식물적 생명의 단계에서도 그렇듯이 이제 **자극**이, 그리고 최종적으로 무기적인 것에서는 물리적 작용 일반이, 어디에나 있는 이 의지의 개별적 표명의 규정 수단으로서 그리고 외부 세계와 그러한 존재의 변화들 사이의 매개로서 인식의 자리를 대신한다. 그리고 그 고찰이 여기서와 같이 위로부터 아래로 내려간다면 자극과 물리적 작용은 인식의 대용물로서, 따라서 인식과 단지 유사한 것으로서 나타난다. 우리는 식물이 빛과 태양을 실제로 지각한다고 말할 수 없다. 우리는 다만 식물이 빛과 태양의 현존이나 부재를 다양하게 감지하는 것을, 식물이 그것들로 기울고 향하는 것을 본다. 그리고 물론 이 운동이 대개, 달의 자전이 달의 운행과 동시에 발생하듯이 식물의 성장 운동과 동시에 발생한다 해도 그 운동은 달의 자전이 존재하는 것과 마찬가지로 존재한다. 또한 그 성장의 방향은 빛에 의해, 어떤 행위가 동기에 의해 규정되고 조절되듯이 바로 그렇게 규정되고 계획대로 조절된다. 마찬가지로 덩굴을 뻗어 기어오르는 식물, 어떤 것에 매달리는 식물도 발견된 버팀목에 의해, 즉 그 버팀목의 위치와 형태에 의해 조절된다. 따라서 비록 의식과 지성이라는 사치를 요구하는 욕구는 아닐지라도 식물은 대체로 욕구를 가지므로, 의지로 하여금 자신에게 제공되는 만족을 찾아내지는 못할지라도 적어도 붙잡을 수 있게 하기 위해서는 어떤 유사한 것이 의식과 지성을 대체해야 한다. 그러면 이것은 **자극**에 대한 수용성이다. 이 수용성이 인식과 다른 점을 나는 다음과 같이 진술하겠다. 인식에서 표상으로 나타나는 동기와 그 결과로 일어나는 의지작용은 **서로 명백히 분리되어 있다.** 더욱이 그 차이는 지성이 완벽할수록 더 명백하다. 반면에 자극에 대한 단순한 수용성에서 자극의 감각은 그것을 통해 생겨난 의욕과 이제 구분될 수 없고 이들은 하나로 융합된다. 결국 무기적 자연에서는 인식과의 유사성이 부인될 수 없는, 자극에 대한 수용성도 멈춘다. 그러나 다양한 방식의 영향에 대한 각 물체의 다양한 방식의 반응은 지속된다. 이 반응은 이제 위로부터 아래로 내려가는 우리의 고찰 과정을 위해 여기서도 여전히 인식의 대체물로서 나타난다. 물체가 다양하게 반응한다면 그 영향도 다양해야 하며, 아무리 희미해도 인식과 먼 유사성이라도 갖는 다양한 자극을 물체 안에 불러일으켜야 한다. 따라서 예를 들어 갇혀 있던 물이 마침내 갈라진 틈을 발견하여 격렬하게 그곳으로 밀고 나아가면서 탐내어 사용할 때 그 물이 물론 그 틈을 인식하는 것은 아니다. 이는 산(酸, Säure)이 그것으로 하여금 금속과 결합하지 않게 하는 첨가된 알칼리를 지각하지 않는 것과 마찬가지다. 혹은 종이 부스러기가 그것이 향하는, 문질러 다듬어진 호박(琥珀, Bernstein)을 지각하지 않는 것과 마찬가지다. 그럼에도 우리는, 이 모든 물체에서 그런 갑작스러운 변화를 불러오는 것이, 예상하지 않은 동기가 나났을 때 우리 안에서 일어나는 것과 그래도 어떤 유사성을 틀림없이 갖는다는 점을 인정해야 한다. 이전에는 이런 종류의 고찰이 나에게, 모든 사물에서의 **의지**를 입증하는 데 도움이 되었다. 그러나 이제 나는, 우리가 인식을 일상적으로 하듯이 내부로부터가 아니라 인식 자체의 밖에 놓인 입장에서 이방인이 되어 실재론적으로 고찰한다면, 따라서 인식을 위한 주관적 관점을 보충하기 위해 가장 중요한[9] 객관적 관점을 얻는다면 **인식**이 어떤 영역에 속하는 것으로 표현되는지를 보여주기 위해 그 고찰을 행한다. 인식은 그렇다면 **동기의 매개물**로서, 즉 인식하는 존재에 부여된 인과성의 매개물로서, 따라서 내부의 변화를 반드시 가져오는 외부의 변화를 수용하는 것으로서, 이 두 변화를 매개하는 것으로서 우리에게 나타난다. 이 좁은 선 위에 이제 **표상으로서의 세계**가, 즉 공간과 시간에 넓게 퍼진 물체 세계 전체가 떠 있다. **그런 것으로서** 물체 세계는 뇌 밖의 어디에도 있을 수 없다. 지속하는 동안에만 같은 방식으로 있는 꿈이 그럴 수 없는 것처럼 말이다. 동물과 인간에게서 인식이 동기의 매개로서 수행하는 그 동일한 것을 식물에게서는 자극의 수용성이, 무기적 물체에서는 모든 종류의 원인에 대한 수용성이 수행하며, 엄밀하게 생각하면 이 모든 것은 정도에 따라서만 다르다. 왜냐하면 동물에게서 동물의 욕구에 따라 외부 인상에 대한 수용성이 증가하여, 이 수용성을 위해 신경체계와 뇌가 발달해야 했다는

---

9) 『의지와 표상으로서의 세계』, 제2권, 22장, 「지성의 객관적 관점」 참조.

사실의 전적으로 유일한 결과로서 이 뇌의 기능인 의식과 그 의식 안에서 객관적인 세계가 발생하며, 이 객관적 세계의 형식들(시간, 공간, 인과성)은 뇌의 기능이 완성되는 방식이기 때문이다. 따라서 우리는 인식이 원래 전적으로 주관적인 것을 고려하는 것을, 오직 의지에 봉사하도록 정해진 것을, 따라서 완전히 부수적이고 종속적인 방식으로, 실로 마치 자극 대신 동물성의 단계에서 필연적으로 된 단순한 동기 작용의 조건으로서 단지 '우연적으로' 나타나는 것을 발견한다. 이 때 나타나는, 공간과 시간 안에 있는 세계의 형상은 설계도일 뿐이다. 그 설계도에서 동기는 목적으로 나타난다. 또한 그 형상은 직관된 객관 상호 간의 공간적·인과적 관계를 제약하지만, 그럼에도 동기와 의지작용 간의 매개일 뿐이다. 그러면 그런 방식에 의해 우연적으로 지성에서, 즉 동물적 존재의 뇌 기능에서 그 기능의 목적을 위한 수단이 동물에게 나타나고, 그렇게 해서 그처럼 덧없는 것들에게 그들 행성에서의 길을 밝혀줌으로써 발생하는 세계의 이 형상을, 말하자면 이 단순한 뇌 현상을 사물(사물 자체)의 참된 마지막 본질이라고, 그리고 그 부분들의 연결을 절대적 세계질서(사물 자체의 관계들)라고 간주하고 그 모든 것이 또한 뇌로부터 독립적으로 있다고 가정하는 것은 어떤 비약일 것인가! 이 가정은 여기서 우리에게 극도로 경솔하고 주제넘어 보인다. 그리고 바로 이 가정을 근거이자 토대로 삼아 칸트 이전의 모든 독단주의 체계가 세워졌다. 그 가정은 그들의 모든 존재론, 우주론, 신학의 암묵적인 전제이기 때문이다. 마찬가지로 그 가정은, 이들이 증거로 끌어대는 모든 영원한 진리의 전제이기도 하다. 그러나 이 비약은 언제나 암묵적이고 무의식적으로 만들어졌다. 이 비약을 우리로 하여금 깨닫게 한 것이 바로 칸트가 이룬 불후의 업적이다.

현재의 실재론적 고찰 방법을 통해 우리는 여기서 예기치 않게 **칸트**의 위대한 발견을 위한 **객관적 관점**을 얻는다. 그리고 우리는 칸트의 선험적·비판적 고찰이 출발한 경험적·생리학적 고찰의 길에 이른다. 이 고찰은 말하자면 자신의 관점으로서 **주관적인 것**을 받아들이며 의식을 주어진 것으로서 간주한다. 그러나 의식 자체로부터 그리고 선천적으로 주어진 의식의 법칙성으로부터 이 고찰은, 의식에서 나오는 것은 단순한 현상 이외의 것일 수 없다는 결론에 도달한다. 반면에 우리는 **객관적인 것**을, 즉 자연 존재를 전적으로 주어진 것으로서 받아들이는 우리의 실재론적·외적 입장으로부터 지성이 그 목적과 근원에 따르면 무엇인지, 그리고 지성이 현상의 어떤 등급에 속하는지를 본다. 이로부터 우리는 (선천적인 한) 지성이 단순한 현상에 제한되어야 하며, 지성 안에서 표현되는 것은 언제나 특히 주관적으로 제약된 것일 뿐이라는 사실을, 따라서 마찬가지로 **주관적으로** 제약된 그 부분들의 결합의 질서와 함께 현상으로서의 세계일 수 있을 뿐, 결코 사물에 대한 사물 자체에 따른 그리고 사물이 그 자체로 연결되어 있을 것에 따른 인식이 아니라는 사실을 인식한다. 우리는 말하자면 자연의 연관성 안에서 인식 능력을, 그것의 진술이 바로 그렇기 때문에 아무런 절대적 타당성도 가질 수 없는 제약된 것으로서 발견했다. 우리의 입장과 본질적으로 이질적인 『순수이성비판』을 연구한 후 그것을 이해한 이에게는 그래도 여전히, 자연이 지성을 의도적으로 요술 거울로 정했고 우리와 숨바꼭질을 하는 것으로 여겨진다. 그러나 우리는 이제 우리의 실재론적·객관적 방법으로, 즉 주어진 것으로서의 객관적 세계로부터 칸트가 관념론적·주관적 방법으로, 즉 지성 자체에 대한 고찰, 즉 그것이 어떻게 의식을 구성하는지에 대한 고찰을 통해 획득한 것과 같은 결론에 도달했다. 이 결론에서 우리에게 밝혀지는 것은, 표상으로서의 세계가 외부 원인(동기)과 인식하는(동물적인) 존재에게 불러일으켜진 작용(의지작용) 사이의 좁은 선 위에 떠 있다는 사실이다. 이 인식하는 존재에게서 외부 원인과 작용의 명백한 분리가 비로소 시작된다. "그렇게 하나의 사물이 다른 사물에 빛을 가져온다." 칸트에 의해 얻어진 위대한 결과는 완전히 대립적인 두 길에 도달함으로써 비로소 그 완전한 명백성을 획득한다. 그리고 그 결론의 모든 의미는 그것이 그렇게 두 측면에서 비추어져 나타남으로써 분명해진다. 우리의 객관적 입장은 실재론적인 것이다. 그리고 이 입장은, 자연물을 주어진 것으로서 받아들이면서 그 자연물의 객관적 실존이 지성을 전제하며, 지성 안에서 그 자연물은 우선 지성의 표상으로서 있다는 사실을 도외시하므로 제약된 것이다. 그러나 **칸트**의 주관적·관념론적 입장도 마찬가지로 제약되어 있다. 이 입장은 지성에서 출발하기 때문이다. 지성 자체는 그러나 자연을 전제하는 것이며, 자연이 동물적 존재에 이르기까지 발달한 결과로서 비로소 나타날 수 있는 것이다. 우리의 이 실재론적·객관적 입장에 충실하게 우리는 **칸트**의 학설을 이렇게 표현할 수도 있다. 즉 **로크**가 사물 자체를 인식하기 위해 현상하는 사물로부터 2차 성질이라는 이름으로 감관 기능의 부분을 제거하고 난 후에 **칸트**는 무한히 큰 통찰력으로 뇌 기능의 훨씬 더 많은 부분을 제거했다. 바로 **로크**의 1차 성질들을 다루는 부분이다. 그러나 나는 여기서, 우리가 주어진 객관적인 것으로부터 실재론적으로 출발한다면, 지성이 자연과의 관련성에서 차지하는 위치를 입증함으로써, 왜 그 모든 것이 그런 사정에 처해야 하는가라는 것을 더 보여줬을 뿐이다. 거기서 우리는 유일하게 완전히 직접적으로 의식되는 의지를, 즉 형이상학의 이 참된 입지(που στω)를 근원적 실재인 받침점으로서 받아들인다. 이 실재에 대해 다른 모든 것은 현상일 뿐이다. 다음의 설명은 나의 입증을 보완하는 데 도움이 될 것이다.

인식이 출발하는 곳에서 표상으로 나타나는 동기와 그에 따르는 의지작용은 지성이 완벽할수록, 따라서 우리가 존재의 단계에서 더 높이 올라갔을수록 **서로 더 분명히 분리되어 있음**을 나는 위에서 언급했다. 이 점은 더 자세한 설명을 요구한다. 단순한 자극이 의지작용을 일으켜서 아직 아무런 표상도 일어나지 않는 곳에서, 말하자면 식물에게서 인상의 수용은 인상에 의해 정해지는 것과 전혀 분리되지 않았다. 가장 낮은 동물적인 지성에서, 즉 방사형 동물, 해파리, 연체동물 등등에서 그 차이가 조금 있을 뿐이다. 여기서는 아직 배고픔의 느낌, 그 느낌을 통해 유발되는 경계, 노획물을 지각하고 그것에 덤벼드는 것이 의식의 모든 내용을 형성한다. 그러나 이것은 그럼에도 불구하고 표상으로서의 세계가 최초로 밝아오는 것일 뿐, 그 세계의 배경, 즉 매번 작용하는 동기 밖의 모든 것은 여기서 여전히 완전한 암흑 상태에 머문다. 그에 따라 감관도 매우 불완전하고 불충분하다. 감관은 직관을 위한 매우 적은 자료만을 배아 상태의 오성에 제공할 수 있기 때문이다. 그러나 언제나 감수성이 있는 곳에서는, 감각된 결과를 외부 원인에 관련시키는 능력인 오성이 이미 수반된다. 이 능력이 없다면 감수성은 불필요하고 목적 없는 고통의 원천일 뿐일 것이다. 동물들의 단계에서 더 위로 올라가면 점점 더 많고 더 완벽한 감관이 나타나며 다섯 개의 감관이 모두 있게 될 때까지 이른다. 이들 감관은 약간의 무척추동물에게서 나타나지만, 일반적으로 척추동물에게서 비로소 나타난다. 이 감관에 비례하여 뇌와 그 기능인 오성이 발전한다. 그러면 객체는 더 명백하고 완벽하게, 심지어 이미 다른 객체들과 연관되어 있는 것으로 나타난다. 왜냐하면 의지의 직무를 위해서는 객체들의 관계도 이미 파악되어야 하기 때문이다. 이를 통해 표상의 세계는 약간의 크기와 주변 영역을 획득한다. 그러나 이해는 여전히 의지의 직무를 위해 요구되는 데까지만 미친다. 지각과 지각된 것에 의해 청원되는 것은 완전히 구별되지는 않는다. 객체는 그것이 동기인 한에서만 파악된다. 심지어 좀 더 영리한 동물은 객체들에서 자신과 관계있는 것만을, 즉 자신의 의지에 관련되거나 어쩌면 미래에 관련될 수도 있는 것만을 본다. 마지막 경우의 예를 들면, 고양이는 장소에 대한 정확한 지식을 습득하려고 애쓰며, 여우는 미래의 노획물을 숨길 곳을 탐지하려고 애쓴다. 그러나 다른 모든 것에 대해 동물들은 둔감하다. 아마 아직 어떤 동물도 별이 있는 하늘을 주시하지 않았을 것이다. 나의 개는 우연히 처음으로 해를 바라보았을 때 크게 놀라서 펄쩍 뛰었다. 가장 영리하고 또 훈련을 통해 교육된 동물들에게서 주변에 대한, 관심 없는 이해의 최초의 약한 흔적이 가끔 나타난다. 개들은 이미 사물을 뚫어지게 바라보기까지 한다. 창가에 앉아 지나가는 모든 것을 주의 깊게 쳐다보는 개들을 우리는 자주 본다. 원숭이는 마치 주변에 관해 숙고하려고 애쓰는 것처럼 가끔 주위를 둘러본다. 인간에게서 비로소 동기와 행위 및 표상과 의지가 완전히 명백하게 분리된다. 그러나 이 분리가 의지에 대한 지성의 예속 상태를 즉시 지양하지는 않는다. 그래도 일상인은 사물들에서 그 자신과 직접적이거나 간접적으로 어떤 관계를 갖는 것(그에게 관심있는 것)만을 참으로 명백하게 이해한다. 나머지 다른 것에서 그의 지성은 엄청나게 게으르다. 따라서 그 나머지는 배후에 머무르며 완전하고 환한 명백성을 갖고 의식에 나타나지 않는다. 현상에 대한 철학적 경탄과 예술적 감동은 그가 무엇을 하든지 그에게 영원히 이질적인 것으로 남는다. 엄밀히 말하자면 일상인에게는 모든 것이 저절로 이해되는 것으로 보인다. 지성을 의지와 의지의 직무로부터 완전히 분해하고 분리하는 것은 내가 내 책의 미학 부분에서 상세히 보여주었듯이 천재의 특권이다. 천재는 객관성이다. 사물이 직관 안에서(이 기초적이고 내용이 풍부한 인식에서) 나타날 때 갖는 순수한 객관성과 명백성은 실제로 매 순간 의지가 동일한 사물에서 받아들이는 몫과 반대의 관계에 서 있다. 그리고 의지 없는 인식은 모든 미학적 이해의 조건이며 실로 그 본질이다. 왜 일상적인 화가는 그 모든 노력에도 불구하고 풍경을 그렇게 나쁘게 묘사하는가? 그가 그것을 더 아름답게 보지 않기 때문이다. 왜 그는 풍경을 더 아름답게 보지 않는가? 그의 지성이 의지로부터 충분히 분리되지 않았기 때문이다. 이 분리의 정도는 인간들 사이에서 큰 지적 차이를 만든다. 인식은 의지로부터 더 많이 벗어날수록 더 순수하며, 결국 더 객관적이고 정확하기 때문이다. 자라난 땅의 뒷맛을 갖지 않은 열매가 가장 좋은 열매인 것처럼 말이다.

중요할 뿐 아니라 흥미로운 이 관계는 존재의 모든 단계에 대한 회고를 통해 더 큰 명백성으로 끌어올릴 가치가 충분히 있다. 또한 우리는 절대적으로 주관적인 것이 지성에서 객관성의 최고 단계로 점차 이행되는 과정을 생각해낼 만하다. 절대적으로 주관적인 것은 무기적 자연이다. 즉 여기서는 아직 외부 세계에 대한 의식의 어떤 흔적도 없다. 돌, 통나무, 빙산은, 서로 차곡차곡 포개어 떨어지고 서로 마주 부딪치고 마찰하더라도 상대방과 외부 세계에 대해 아무런 의식도 갖지 않는다. 그러나 그것들도 이미 외부로부터의 영향을 경험한다. 이 영향에 따라 그 위치와 움직임이 변화한다. 따라서 우리는 이 영향을 의식으로 가는 최초의 걸음이라고 간주할 수 있다. 그러면 비록 식물이 아직 외부 세계에 대한 의식을 갖지 않고, 그 내부에 있는, 의식과 단순히 유사한 것은 둔한 자기 만족으로 생각되어야 할지라도, 우리는 식물이 그래도 모두 빛을 찾는 것을 본다. 식물들 중 많은 것은 매일 꽃이나 잎을 해에게로 돌린다. 게다가 덩굴식물은 자신을 접촉하지 않는 버팀목을 향해 간다. 그리고 마침내 몇몇 종은 일종의 자극성까지도 표현한다. 따라서 식물을 직접적으로 접촉하지도 않는 식물의 주변과 식물의 운동 사이에는 이론의 여지 없이 이미 결합 혹은 관계가 있다. 따라서 우리는 이 관계를 지각의 희미한 유사물이라고 간주해야 한다. 동물성과 함께 처음으로 명백한 지각이, 즉 다른 사물에 대한 의식이 그 의식을 통해 비로소 발생하는 명백한 자기의식에 대한 대립으로서 나타난다. 바로 여기에서 식물의 본성과 대조적으로 동물의 특성이 성립한다. 가장 낮은 동물 등급에서 외부 세계에 대한 이 의식은 매우 제한되어 있고 둔하다. 그 의식은 지성이 늘어나는 정도에 따라 더 명백해지고 확장된다. 지성 자체는 다시 동물의 욕구의 정도에 따른다. 그리고 그렇게 동물 계열의 그 모든 긴 등급이 인간에까지 이른다. 인간에게서 외부 세계에 대한 의식은 정점에 도달하며 그에 따라 세계는 어떤 곳에서보다 더 명백하고 더 완벽하게 나타난다. 그러나 여기에서조차 의식의 명확성은 아직 무수한 단계를, 말하자면 가장 우둔한 바보에서 천재에 이르는 단계를 갖는다. 보통의 두뇌들에서조차 외부 사물에 대한 객관적 지각은 여전히 현저한 주관적 모습을 갖는다. 인식은 아직 의지의 목적을 위해서만 존재한다는 특성을 예외 없이 지니고 있다. 두뇌가 뛰어날수록 의지는 점점 더 없어지며 객체는 점점 더 주체로부터 분리된다. 이를 통해 외부 세계는 점점 더 순수하게 객관적으로 표현되어, 마침내 천재에게서는 완벽한 객관성에 도달한다. 이 객관성에 의해 개별적 사물들로부터 그 플라톤적 이념들이 나타난다. 왜냐하면 그 이념들을 파악하는 존재는 인식의 순수한 주체로 고양되기 때문이다. 그러면 직관이 모든 인식의 기초이므로, 직관의 성질에서의 근본 차이로부터 모든 사유와 통찰은 영향을 받을 것이다. 이로부터 일상적 두뇌와 뛰어난 두뇌의 이해방식 전체에서 차이가 발생하며, 이 차이를 우리는 모든 경우에서 인지한다. 따라서 단지 의지의 목적을 위해 인식하는 일상적 두뇌들의, 동물의 두뇌에 가까운 둔한 엄숙함도 우월한 두뇌의 의식을 쾌활하게 만드는, 잉여의 인식으로 하는 지속적인 놀이와 대립적으로 발생한다. 여기에 제시된 큰 등급의 두 극단에 대한 고려로부터 독일어에서 (사람에 적용되어) '멍청이(Klotz)', 영어에서 '멍텅구리(blockhead)'라는 과장된 표현이 기인하는 것 같다.

그러나 인간에게서 비로소 일어나는, 의지로부터 지성의 명백한 분리, 그리고 결과적으로 행위로부터 동기의 분리가 다른 측면에서 초래하는 것은 개별적 행위들에서의 자유에 대한 기만적인 가상이다. 무기물에서의 원인이나 식물에서의 자극이 작용을 불러일으키는 곳에서는 인과적 결합의 단순성으로 인해 자유의 가상이 조금도 없다. 그러나 지금까지 원인이나 자극이었던 것이 동기로서 나타나고, 따라서 이제 제2의 세계인 표상의 세계가 성립하며, 원인과 결과가 서로 다른 영역에 놓여 있는 동물적 생명에서는 이미 이 둘 간의 인과관계가, 그리고 그와 함께 필연성이 더 이상 그 이전 단계에서와 같이 그렇게 눈에 띄지는 않는다. 그럼에도 불구하고 그 단순한 직관적 표상이 자극에서 도출되는 유기적 기능들과 인간의 숙고된 행동의 중간에 있는 동물에게서 그 필연성은 그래도 언제나 분명하다. 동물의 행동은, 직관적 동기가 현존하고 직관적인 반대 동기나 연습이 저지하지 않는다면 반드시 일어난다. 그래도 동물의 표상은 의지작용으로부터 이미 분리되었고 홀로 떨어져서 의식에 온다. 그러나 인간에게서, 즉 표상이 개념으로까지 높아졌고, 이제 그가 머리에 갖고 있는 보이지 않는 사유 세계가 그의 행동을 위한 동기와 반대 동기를 제공하며 그를 현재와 직관적인 주위 환경으로부터 독립적으로 만드는 곳에서, 앞의 관계는 외부로부터의 관찰을 위해 더 이상 인식될 수 없으며 내적 관찰을 위해서조차 추상적이고 성숙한 숙고를 통해서만 인식될 수 있다. 왜냐하면 외부로부터의 관찰을 위해서는 개념을 통한 동기화가 인간의 모든 행위에 의도적 행위라는 각인을 찍어 누르기 때문이다. 이를 통해 인간의 행위는 독립성이라는 겉모습을 얻는다. 이 겉모습은 인간의 행위를 동물의 행위로부터 명백히 구분하지만, 엄밀히 말하자면 인간은 동물이 갖지 않는 표상의 종류에 의해 행동한다는 사실을 입증할 뿐이다. 그리고 자기의식에서 다시 의지작용은 가장 직접적인 방법으로 인식되지만 동기는 대부분 매우 간접적으로 인식되며 심지어 가끔은 의도적으로 자기인식과 반대로 조심스럽게 은폐된다. 따라서 이 과정은 현상 밖에서 물자체로서의 의지에게 오는 참된 자유의 의식과 만남으로써 개별적 의지작용조차 어떤 것에도 의존하지 않고 자유롭다는, 즉 이유를 갖지 않는다는 기만적 가상을 불러일으킨다. 그러나 의지작용은 사실상 역학에서 그것의 법칙들이 제시되는 변화들과 마찬가지로 주어진 성격과 인식된 동기로부터 엄격한 필연성과 함께 도출되며, 칸트의 표현을 사용하자면, 성격과 동기가 정확히 알려졌더라면 월식과 같이 확실하게 계산될 수 있을 것이다. 혹은 참으로 이질적인 권위를 칸트 옆에 세우자면, 그것은 장 뷔리당(Jean Buridan)보다 늙은 단테가 제시하는 바와 같다.

같은 거리에서 같은 정도로 유인하는 두 음식 사이에서 인간은 자유의지로 인해 그중 하나를 입에 넣기 전에 굶어죽을 것이다.

물리천문학

칸트의 물자체가 의지라는 근본진리를 무기적 자연에 적용하고, 그 자연의 모든 원동력 안에서 활동하는 어떤 것을 우리가 우리 안에서 의지라고 알고 있는 것과 전적으로 동일한 것으로 서술하는 부분은, 내 학설 중에서 경험과학으로부터의 증명을 기대하기 가장 어려운 부분이었다. 그런 만큼 탁월한 경험주의자가 진리의 힘에 이끌려 자신의 과학적 연관 안에서 이 역설적 명제를 표명하기에 이르렀음을 보는 것은 나에게 더욱더 기쁜 일이었다. 이것은 **존 허셜 경**[1]이 자신의 『천문학 논고(*A Treatise on Astronomy*)』에서 한 일이

---

1) 〔옮긴이〕 존 프레더릭 윌리엄 허셜 경(Sir John Frederick William Herschel, 1792~1871): 영국의 천문학자. 항성천문학의 선구자인 프레더릭 윌리엄 허셜의 아들이다. 서로의 인력에 끌려 일정하게 공전하는 항성인 쌍성(雙星, binary star)의 위치와 공전 궤도를 관측하여 발표하였다.

다. 이 책은 1833년에 출판되었고 1849년에 그 증보 재판이『천문학 개요(*Outlines of Astronomy*)』라는 제목으로 나왔다. 천문학자로서 허셜은 지구에서 담당하는 피상적이고 참으로 평범한 역할뿐만 아니라, 우주에서 주어진 더 고귀한 역할을 통해서도 중력을 알고 있다. 우주에서 천체들은 서로 애정을 보여주며, 마치 추파를 보내는 것 같지만, 상스러운 접촉에까지 이르지 않고 적당한 거리를 유지하면서 천구의 조화를 위해 품위 있게 계속 춤을 추기 때문이다. 그래서 **존 허셜 경**은 중력 법칙을 주장하기 시작하는 제7장에서, 즉 초판의 371절에서 이렇게 진술한다.

"우리에게 알려진 모든 물체는 공중으로 들어올렸다가 가만히 놓으면 지구 표면을 향해 수직으로 내려온다. 그러므로 모든 물체는 비록 우리가 그것을 탐지할 수는 없지만 어딘가에 존재하는 어떤 의식이자 **의지**의 직접적이거나 간접적인 결과인 하나의 힘 혹은 노력에 의해 이곳으로 몰린다. 이 힘을 우리는 **중력**이라고 명명한다."[2]

---

2) **코페르니쿠스**도 이미 같은 내용을 진술했다. "나는 중력이 만물의 창조자의 섭리에 의해 모든 부분에 불어 넣어진 자연적인 요구 외의 다른 것이 아니라고 믿는다. 그래서 모든 부분은 하나의 공 모양 속으로 들어감으로써 통일성과 완전성을 추구한다. 이 성향은 태양에도, 달에도, 그리고 나머지 행성들에도 깃들어 있는 것으로 보인다. 이 성향에 의해 행성들은 그들이 나타나는 원형 안에 머물러 있다. 그럼에도 불구하고 그들은 다양한 방식으로 공전한다[N. Copernius,『천구의 회전에 관하여(*De revolutionibus orbium coelestium*)』, 제1권, 9장. C. Maclaurin,『뉴턴의 발견에 관한 해설(*Exposition*

1833년 10월 《에든버러 리뷰》에서 **허셜**의 비평가는 영국인답게 모세의 기록[3]이 손상된 것에만 유념하여, 이 구절을 매우 못마땅해한다. 모세의 기록은 그 비평가에게 세상의 어떤 통찰과 진리보다 더 큰 관심사이기 때문이다. 그는 물질을 그 모든 성질들과 함께 창조한 전능한 신의 의지가 여기서 논의되지 않는다는 점을 제대로 이해하고 있으며, 이 명제 자체를 결코 승인하지 않으려고 한다. 그리고 그는 **허셜**이 자기 자신의 결론을 뒷받침하려 했던 선행 전제로부터 그와 같은 결론이 도출된다는 것을 부정한다. 그와 달리 나는 허셜의 결론이 (한 개념의 근원이 그 내용을 결정하므로) 그의 전제로부터 도출된다는 것을 인정하지만, 그 전제 자체가 틀렸다고 생각한다. 그 전제란 인과성 개념의 근원이 경험이라는 주장이다. 더욱이 여기서 경험이란 우리가 우리 자신의 노력을 통해 외부 세계의 물체에 작용함으로써 만들어지는 것을 의미한다. (칸트의 학설에 귀기울이지 않고 나를 주목할 가치가 없다고 여기는 철학 교수들을 제외한다면) 영국에서와 같이 칸트철학의 시대가 아직 오지 않은 곳에서만 인과성 개념의 근원이 경험에 있다고 생각할 수 있다. 그러나 그

---

des d'ecouvertes de M. le Chevalier Newton』(1749), 45쪽 참조].

데카르트와 같이 중력을 외부로부터의 충격을 통해 설명하려 하지 않는다면, 우리는 물체에 내재하는 의지를 반드시 받아들여야 한다는 점을 **허셜**은 명백히 통찰했다. 다른 대안은 없다.

3) 〔옮긴이〕 모세가 전하는 천지창조에 관한 기록(Mosaische Schöpfungsbericht)을 의미한다.

개념의 선천성에 대한 칸트의 것과 전혀 다른 나의 증명을 알고 있다면, 인과성 개념의 근원이 경험에 있다고 생각할 수 있는 사람은 극히 적다. 나의 증명은 인과성에 대한 인식이 외부 세계 자체에 대한 직관을 위해 꼭 필요한 선행조건이라는 점에 근거한다. 외부 세계는 감각기관에서의 감각으로부터 그 **원인**으로의 **이행**을 통해 성립하는데, 이 이행은 오직 오성에 의해 수행되기 때문이다. 이제 이 원인은 똑같이 선천적으로 직관된 공간 안에서 **객체**로 나타난다. 그런데 객체에 대한 직관이 객체에 대한 우리의 의식적인 작용에 선행해야 하므로, 이 작용에 대한 경험이 인과성 개념의 첫째 원천일 수는 없다. 왜냐하면 내가 사물에 작용하기 전에 사물이 나에게 동인으로서 작용했어야 하기 때문이다. 이에 관한 모든 것을 나는 내 주저의 제2권 4장 38~42쪽과 논문 「이유율에 관하여」[4]의 제2판, 21절에서 상세히 설명했다. **허셜**이 채용한 전제도 바로 이 논문 74쪽에서 상세히 논박된다. 따라서 그것을 여기서 또다시 논할 필요는 없다. 심지어 경험적으로조차 그와 같은 전제는 논박될 것이다. 그 전제에 따르면 팔과 다리가 없이 태어난 사람[5]은 인과성에 대한 어떤 지식도 얻을 수 없어서 외부 세계에 대해서도 아무런 직관을

---

4) 〔옮긴이〕 쇼펜하우어의 박사학위 논문 「충족이유율의 네 겹의 뿌리에 관하여 (*Über die vierfache Wurzel des Satzes vom zureichenden Grunde*)」를 의미한다.

5) 〔옮긴이〕 경험할 수 없는 사람을 의미한다.

가질 수 없을 것이라는 결론이 도출될 것이기 때문이다. 그러나 자연은 사실상 내가 내 주저의 제2권 4장 40쪽에서 문헌을 통해 표현한[6] 이런 종류의 재난을 보여줌으로써 이 점을 논박하였다. 따라서 우리에게 문제가 되고 있는 허셜의 발언에서 참된 결론이 틀린 전제에서 도출되는 경우가 다시 한 번 나타났을 것이다.[7] 이런 일은 올바른 개요를 통해 진리를 직접적으로 통찰하지만, 그 진리의 인식 이유를 명백히 의식할 수 없어서 인식 이유의 발견과 명료화에 실패할 때 언제나 일어난다. 모든 근원적 통찰에서 확신은 증거보다 먼저 있기 때문이다. 증거는 나중에 비로소 그것에 덧붙여 고안된다.

액체는 그 모든 부분들의 완벽한 변위 가능성을 통해 각 부분에서의 중력에 대한 직접적 표현을 고체가 할 수 있는 것보다 더 잘 눈에 띄게 만든다. 따라서 **허셜**이 한 진술의 참된 원천인 앞의 개요

---

6) 〔옮긴이〕 쇼펜하우어는 1838년 7월에 나온 프로립(Froriep)의 《단신(*Notizen*)》 제133호를 인용하여 14세의 에스토니아 소녀 에바 라우크(Eva Lauk)가 팔과 다리가 없이 태어났지만, 정신적으로는 다른 소녀와 마찬가지로 성장했다는 사실을 기술하고 있다. 그 어머니가 진술한 바에 따르면, 그 소녀는 양손을 쓸 수 없었으면서도 눈에 보이는 대상들의 크기와 거리에 대해 그 소녀의 자매가 한 것과 같은 시기에 올바른 판단을 할 수 있었다는 것이다(A. Schopenhauer, *Die Welt als Wille und Vorstellung*, Bd. II, In: *Arthur Schopenhauer: Sämliche Werke*, Bd. II, hrsg. v. W. F. Löhneysen, Frankfurt, 1986, 54쪽 참조).

7) 〔옮긴이〕 인과성 개념의 근원이 경험이라는 전제에서 팔과 다리가 없어도 외부 세계에 대한 직관을 가질 수 있다는 결론이 도출되는 경우를 의미한다.

를 경험해보려는 사람은 거대한 바윗덩어리 위에 전류가 난폭하게 떨어지는 현상을 세심히 관찰하길 바란다. 그다음에 그렇게 분명한 이 성향이, 즉 이 요동침이 어떤 노력 없이 일어날 수 있는지를, 그리고 의지 없이 어떤 노력을 생각할 수 있는지를 자문해보길 바란다. 그러면 최초에 움직인 어떤 것을, 즉 매개되지 않은 최초의 힘을 의식하는 어디서나 똑같이 우리는 그 내부의 본질을 의지라고 생각하지 않을 수 없다. 이것으로써 **허셜**이 여기서 내가 언급한 다양한 분야의 모든 경험주의자처럼 자신의 연구에서 경계에 이르게 되었음이 확실하다. 여기서 물리적인 것은 그것에 정지를 명한 형이상학적인 것만을 배후에 갖는다. 마찬가지로 허셜도 다른 모든 경험주의자들과 같이 그 경계 너머에서 **의지**만을 더 볼 수 있었음에 틀림없다.

그런데 여기서 **허셜**은 앞의 대부분의 경험주의자들처럼 의지가 의식과 밀접하게 결합되어 있다는 생각에 여전히 사로잡혀 있다. 내가 이 오류와 그 교정에 관하여 내 학설을 통해 위에서 충분히 의견을 말하였으므로, 여기서 또다시 논할 필요는 없다.

이 세기가 시작된 이래 사람들은 빈번히 무기적인 것에 **생명**을 부여하려고 했다. 이는 무척 잘못된 것이다. '살아 있는'과 '유기적인'은 교환될 수 있는 개념이다. 죽음과 함께 유기적인 것도 유기적이기를 멈춘다. 참으로 전 자연에서 어떤 경계도 유기적인 것과 무기적인 것 사이의 경계만큼, 즉 그곳에서 형식이 본질적이고 지속적

158

이며 질료가 우연적이고 변화하는 것과, 그 정반대의 관계에 형식과 질료가 놓여 있는 것 사이의 경계만큼 그렇게 예리하게 그어지지 않았다. 그 경계가 이곳에서는 동물과 식물, 고체와 액체, 가스와 증기 사이에서 흔히 그런 것과 달리 흔들리지 않는다. 그래서 그 경계를 없애려는 것은 우리의 개념에 의도적으로 혼동을 초래하는 것을 의미한다. 이와 달리 생명 없는 것에, 즉 무기적인 것에 **의지**를 부여해야 한다는 것은 내가 최초로 주장했다. 왜냐하면 나에게서는 지금까지의 견해에서와 달리 의지가 인식의 한 부가물이 아니며, 따라서 생명의 한 부가물이 아니기 때문이다. 오히려 생명 자체가 의지 현상이다. 반면에 인식은 실제로 생명의 부가물이며 생명은 물질의 부가물이다. 그러나 물질 자체는 의지 현상을 지각할 수 있게 하는 수단일 뿐이다. 따라서 우리는 물질적 존재의 본성에서 나오고 원래 이 본성을 형성하거나 이 본성을 통해 나타나는 것으로 분명히 드러나는 모든 성향에서 어떤 **의욕**(Wollen)을 인식해야 한다. 결과적으로 의사 표시를 하지 않는 물질은 없다. 가장 낮은, 그래서 가장 보편적인 의사 표시는 중력이다. 따라서 사람들은 중력을 물질에 본질적인 원동력이라고 불렀다.

자연에는 **두 개의** 완전히 다른 운동 원리가 있다는 견해, 말하자면 물체의 운동은 **두 가지의 근원**을 가질 수 있다는 생각이 일반적으로 받아들여진다. 다시 말해 운동은 내부로부터 시작되어 의지에서 기인하거나, 혹은 외부로부터 시작되어 원인을 통해 발생한다는 것이다. 이러한 기본적 견해는 대부분 자명한 것으로 전제되며, 특별한 경우에만 명시적으로 표현된다. 나는 더 완벽한 확실성을 위해 고대로부터 최근에 이르기까지 이 견해가 표현된 몇몇 구절을 소개하겠다. **플라톤**은 이미 『파이드로스(*Phaedrus*)』(비폰티니편, 319쪽)에서 내부로부터 움직이는 것(영혼)과 오직 외부로부터 운동을 받아들이는 것(육체) 사이의 대립을 제시한다. 키케로의 『법률에 관하여(*De legibus*)』 제10권(85쪽)에서도 우리는 동일한 대립명제를 다시 발견한다. 그 이후에 **키케로**는 『스키피오의 꿈(*Somnium Scipionis*)』의 마지막 두 장에서 그 대립명제를 되풀이해서 기술했다. 마찬가지로 **아리스토텔레스**는 『자연학(*Physica*)』 제7권 2장에서 "그 위치를 바꾸는 모든 것은 자기 자신에 의해 움직이거나 다른 어떤 것에 의해 움직인다"라는 원칙을 제시한다. 제8권의 4장과 5장에서 그는 동일한 대립으로 되돌아와서 그 원칙을 상세히 연구한다. 여기서 그는 그야말로 잘못된 대립으로 인해 큰 곤경에 빠진다. 콜린 맥클로린(Colin Maclaurin)도 『뉴턴의 발견에 관한 해설(*Account of Newtons discoveries*)』 102쪽에서 이 기본적 견해를 자신의 출발점으로 명시한다. 그리고 또한 최근에 루소는 유명한 「사보이 목사의 신앙 고백(*Profession de foi du vicaire Savoyard*)」(즉 『에밀(*Emile*)』, 제4권, 27쪽, 비폰티니 편)에서 단순하고 선입견 없이 이 대립에 접근한다. "나는 물체에서 두 종류의 운동을 인지한다. 말하자면 그것은 전달된 운동과 자발적이거나 자의적인 운동이다. 전달된 운동에서 운동하는 원인은 운동한 물체에 낯선 것이고, 자발적인 운동에서 원인은 그 물체 자체에 내재한다." 그러나 우리 시대에서조차 허풍떠는 과장된 어법으로, 부르다흐는 (『생리학』, 제4권, 323쪽에서) 이렇게 주장한다. "운동의 규정 근거는 운동자의 내부 혹은 외부에 놓여 있다. 물질은 외적인 존재로서 운동력들을 갖지만, 특정한 공간적 관계들과 외적 대립에서 비로소 이 힘들을 가동시킨다. 영혼만이 끊임없이 활동하는 본질이며, 혼이 있는 물체만이 외부의 기계적 관계와 독립적으로 자신 안에서 운동의 계기를 발견하며 자주적으로 운동한다."

그러나 나는 여기서 이전에 아벨라르[8]가 그랬듯이 "모든 교부들이 그렇게 말할지라도 나는 그렇게 말하지 않는다"라고 말해야 한다. 왜냐하면 이 기본적 견해가 아무리 오래되고 보편적일지라도 이 견해와 대립적으로 나의 학설은, 운동이 근본적으로 다른 두 개의 근원을 갖지 **않는다**는 것을, 운동은 내부에서 시작하여 의지에 귀속되거나 외부에서 시작하여 원인에서 발생하는 것이 **아니라**는 것을 주장하기 때문이다. 오히려 나의 학설은, 이 둘이 분리되지 않으며 물체의 모든 운동에서 동시에 일어난다고 주장한다. 왜냐하면 명백히 **의지**에서 나오는 운동은 언제나 **원인**도 전제하기 때문이다.

---

8) 〔옮긴이〕 피에르 아벨라르(Pierre Abélard, 1079~1142): 프랑스의 철학자이며 초기 스콜라철학의 대변자. 철학에서뿐 아니라 신앙에서도 이성의 우월성을 강조했다. 안셀무스와 함께 12세기의 가장 위대한 철학자로 간주된다.

이 원인은 인식하는 존재에게서 하나의 동기다. 원인 없이는 인식하는 존재에게서도 운동은 불가능하다. 그리고 다른 한편으로 명백히 외적 원인을 통해 일어난 물체의 운동은 그 자체로는 그래도 그 물체의 **의지**의 표현이다. 원인을 통해서는 이 표현이 불러일으켜졌을 뿐이다. 따라서 모든 운동에는 오직 하나의 유일한, 균일한, 일반적이고 예외 없는 원리가 있다. 운동의 내적 조건은 **의지**이고, 외적 계기는 **원인**이다. 이 원인은 운동자의 성질에 따라 자극 혹은 동기의 형태로도 나타날 수 있다.

사물들에서 오직 경험적으로, 오직 후천적으로 인식되는 모든 것은 그 자체로 **의지**다. 반면에 사물이 선천적으로 규정될 수 있는 한 그것들은 오직 **표상**, 즉 순전한 현상에 속한다. 따라서 자연현상에 대한 이해 가능성은 그 안에서 의지가 점점 더 명백히 표명되는 정도로, 즉 그 현상이 존재의 사다리에서 점점 더 높이 설수록 감소한다. 반면에 자연현상의 경험적 내용이 줄어들수록 그에 대한 이해 가능성은 더 증가한다. 왜냐하면 그럴수록 그 현상은 단순한 **표상**의 영역에 머무르기 때문이다. 우리에게 선천적으로 의식되는 표상의 형식이 이해 가능성의 원리인 것이다. 그에 따라 완전하고 일반적인 파악 가능성은 전적으로 이 영역에 있는 한에서만, 그래서 경험적 내용 없이 단순한 표상만을, 단순한 형식만을 취급하는 한에서만 성립한다. 따라서 이 가능성은 산술학, 기하학, 운동학, 논리학 같은 선천적 학문들에서 성립한다. 여기서는 모든 것이 가장 잘 파악된다. 통찰은 완전하고 충분히 분명하고, 결여된 어떤 것도 남겨두지 않는다. 어떤 것이 다른 사정에 처하는 것을 생각조차 할 수 없기 때문이다. 이 모든 것은 우리가 여기서 전적으로 오직 우리 자신의 지성의 형식을 다룬다는 사실에 기인한다. 따라서 어떤 관계에서 이해 가능성이 많을수록 그 관계는 더 단순한 현상에서 성립하고 존재 자체에 관련되지 않는다. 응용수학, 말하자면 역학, 수력학 등등은 의지의 객관화의 가장 낮은 단계를 고찰한다. 여기서는 대부분의 것이 여전히 단순한 표상 영역에 놓여 있지만 그래도 이미 완전한 파악 가능성과 투명성이 흐려지며 이와 함께 설명할 수 없는 것이 나타나는 경험적 요소를 갖는다. 물리학과 화학의 몇몇 부분만이 같은 이유에서 여전히 수학적 취급을 받는다. 존재 사다리의 위쪽으로 더 높이 올라가면 그 파악 가능성은 완전히 없어진다. 그것은 바로 현상의 내용이 형식을 능가하기 때문이다. 이 내용은 의지, 후천적인 것, 물자체, 자유로운 것, 근거 없는 것이다. '식물생리학' 장에서 나는 어떻게 살아 있는 인식하는 존재에게서 동기와 의지작용, 표상과 의욕이 존재 사다리에서 더 높이 올라갈 수록 점점 더 명백히 분리되고 서로 멀어지는지를 제시했다. 마찬가지로 이 척도에 따르면, 무기적 자연 영역에서도 원인은 결과로부터 점점 더 분리되고 같은 정도에서 바로 의지의 현상인 완전히 경험적인 것이 점점 더 분명하게 나타난다. 그러나 바로 이와 함께 이해 가능성은 줄어든다. 이 점은 더 상세히 설명될 가치가 있다. 독자들은 이 설명에 선입견 없는 주의를 기울이기 바란다. 그 설명이 내 학설의 근본 사상을 파악 가능성에서뿐만 아니라 증거의 측면에서도 가장 분명히 드러내기 때문이다. 그러나 여기에 내가 할 수 있는 모든 것이 있다. 반면에 내 동시대인에게 사유가 쓸데없는 말보다 더 환영받도록 만드는 것은 내가 할 수 있는 일이 아니다. 오히려 나는 내가 이 시대의 인물이 아니라고 스스로 위로할 수 있을 뿐이다.

자연의 가장 낮은 단계에서 원인과 결과는 완전히 동질적이고 완전히 균일하다. 그렇기 때문에 우리는 여기서 인과적 결합을 가장 완벽하게 이해한다. 예를 들어 부딪친 공의 운동 원인은 그 공이 획득한 만큼의 운동을 잃어버린 다른 공의 운동이다. 여기서 우리는 인과성을 가장 잘 파악할 수 있다. 여기에서 그래도 여전히 존재하는 신비로운 부분은 비물체적 운동이 하나의 물체에서 다른 물체로 넘어갈 가능성에 국한된다. 이런 방식에 의한 물체의 수용력은, 발생되는 결과가 완전히 원인으로부터 넘겨져야 할 정도로 미약하다. 순수하게 기계적인 모든 결과들에 대해 같은 것이 적용된다. 그래서 우리가 그 결과들을 모두 즉각적으로 파악하지 못한다면, 이는 단지 주변 상황으로 인해 그 결과들이 우리에게 감추어지거나 수많은 원인과 결과들의 복잡한 결합으로 인해 우리가 혼동하기 때문이다. 원래 기계적 인과성은 언제나 즉시 파악 가능하다. 말하자면 최상의 정도로 파악 가능하다. 왜냐하면 여기서 원인과 결과는 **질적으로** 구분되지 않기 때문이다. 그리고 지 렛대에서와 같이 원인과 결과가 **양적으로** 구분되는 곳에서 문제 는 단지 시공간의 관계로부터 분명해지기 때문이다. 그러나 무게 가 함께 작용하는 즉시 두 번째의 신비인 중력이 추가적으로 나 타난다. 그리고 신축성 있는 물체들이 작용하면 탄력도 작용한 다. 우리가 현상의 사다리에서 어떻게든지 상승한다면, 사물은 이 미 다르다. 원인인 따뜻해짐과 그 결과인 팽창, 액화, 기화, 결정화 는 동질의 것이 아니다. 따라서 이들의 인과관계는 이해될 수 없 다. 인과성의 파악 가능성은 줄어들었다. 더 적은 열로 액화된 것 은 더 증가한 열에 의해 기화된다. 약한 열에서 결정화되는 것은 더 큰 열에서는 녹는다. 열은 밀랍을 부드럽게, 소리를 딱딱하게 만든다. 빛은 밀랍을 희게, 염화은을 검게 만든다. 두 개의 소금조 차 서로 분해하면, 두 개의 새로운 것이 형성된다. 그래서 우리에 게 친화력은 심오한 비밀이며, 새로운 두 물체의 성질은 그 물체의 분리된 요소들의 성질이 결합된 것이 아니다. 그래도 우리는 그 합 성을 이해할 수 있으며, 새로운 물체가 어디에서 발생하는지를 제 시할 수 있으며, 결합된 것을 다시 분리하여 동일한 양을 복구할 수도 있다. 이처럼 원인과 결과 사이에 현저한 이질성과 불가공약 성이 나타났다. 인과성은 더 신비롭게 되었다. 원인과 결과의 이질 성은 전기나 볼타 전퇴(電堆)의[9] 결과를 그 원인인 유리의 마찰이 나 금속판의 누적 및 방출과 비교한다면 더 잘 드러난다. 여기서 이미 원인과 결과 간의 모든 유사성은 사라진다. 인과성은 두꺼운 장막에 싸여 있다. 이 장막을 어느 정도 벗겨내려고 데이비,[10] 앙페르,[11] 패러데이[12]와 같은 이들이 무척 노력했다. 작용 방식의 **법칙들**만이 그들에게 간파된다. 이 법칙들은 +E와 -E, 전달, 분할, 충격, 점화, 분해, 충전, 절연, 방전, 전류 등등과 같은 도식으로 보내진다. 이 도식으로 우리는 결과를 소급하고 결과를 임의대로 도출할 수도 있다. 그러나 그 과정 자체는 알 수 없는 것으로, 즉 x로 머무른다. 여기서 원인과 결과는 완전히 이질적이며 결합은 이해될 수 없다. 물체는 인과적 영향을 위한 큰 수용성을 보이지만, 인과성의 본질은 우리에게 비밀로 남는다. 또한 우리가 (*존재의 사다리에서*) 높이 올라갈수록 결과에 더 많은 것이, 원인에 더 적은 것

---

9) 〔옮긴이〕 볼타 전퇴(Voltasche Säule): 1800년에 이탈리아의 물리학자 알레산드로 볼타(Alessandro Volta, 1745~1827)가 최초로 고안한 건전지와 같은 전기장치.

10) 〔옮긴이〕 험프리 데이비(Humphry Davy, 1778~1829): 영국의 화학자. 현대 전기 화학의 선구자이다. 전기 분해에 의해 알칼리, 나트륨, 칼륨 등을 분리했다.

11) 〔옮긴이〕 앙드레-마리 앙페르(André-Marie Ampère, 1775~1836): 프랑스의 물리학자로서 전자기 이론의 창시자다. 전류의 세기를 나타내는 단위인 '암페어'는 그의 이름에 따른 것이다.

12) 〔옮긴이〕 마이클 패러데이(Michael Faraday, 1791~1867): 영국의 화학자이자 물리학자. 자기작용을 통해 전기가 만들어지는 과정을 발견했다. 발전기의 원리인 전자기 유도 법칙을 발견함으로써 전기가 실생활에 이용되는 계기를 마련했다. 정식교육을 받지 않은 탁월한 실험과학자로서 19세기의 가장 위대한 과학자 중 한 사람으로 간주된다.

이 놓여 있는 것으로 나타난다. 따라서 이 모든 것은 우리가 생명 현상이 표명되는 유기적 영역에까지 올라간다면 더 잘 들어맞는 다. 중국에서 일상적이듯이 구덩이를 썩어가는 나무로 채우고 같은 나무의 잎으로 덮고 그 위에 질산염 용액을 반복하여 붓는다면, 식용버섯의 왕성한 초목이 발생한다. 어느 정도의 건초에 물을 뿌리는 것은 민첩하게 움직이는 점모충류의 세계를 불러온다. 여기서 결과와 원인은 얼마나 이질적인가! 그리고 원인보다 결과에 얼마나 더 많은 것이 놓여 있는 것으로 나타나는가! 때때로 100년, 1,000년 묵은 씨와 나무 사이에는, 그리고 지구와 **하나의** 땅이 지탱하고 **한 줄기의** 빛이 비추고 **한 방울의** 소나기가 적시는, 치료하고 독 있고 영양을 공급하는 무수한 식물의 가장 다양한 특수한 즙 사이에는 아무런 유사성도 없다. 그러므로 우리는 그 관계를 전혀 이해할 수 없다. 왜냐하면 인과성은 여기서 이미 더 높은 힘으로서, 말하자면 자극과 자극을 위한 수용성으로서 나타나기 때문이다. 원인과 결과의 도식만이 우리에게 남아 있다. 우리는 이것을 원인으로서, 저것을 결과로서 인식하지만, 인과성의 방식에 대해서는 전혀 인식하지 못한다. 그리고 원인과 결과 간에 질적 유사성이 없을 뿐만 아니라 양적 관계도 발생하지 않는다. 점점 더 결과는 원인보다 현저히 나타난다. 또한 자극의 결과는 자극의 증가량에 따라 늘어나지 않고 자주 그 반대가 된다. 게다가 우리가 이제 **인식하는** 존재의 영역에 발을 내딛는다면, 행위와 그 행위를 표상으로서 불러일으키는 대상 사이에는 아무런 유사성도 관계도 없다. 그런데 **직관적** 표상에 한정된 동물에서는 동기로 작용하는 객체의 현존이 여전히 필요하다. 이 동기는 그래서 (두려움에 의해 강요된 습관인 길들임을 고려하지 않는다면) 순간적으로 반드시 작용한다. 동물은 개념을 지닐 수 없기 때문이다. 개념은 동물을 현재의 인상으로부터 독립적으로 만들고, 숙고할 수 있게 하고, 의도적으로 행동할 수 있게 했을 것이다. 이것을 인간은 할 수 있다. 더욱이 이성적 존재에게서 동기는 이제 현존하는 것, 직관적인 것, 존재하는 것, 실재적인 것조차 아니며, 오직 행위자의 두뇌에 자신의 현재적 존재를 갖는 개념일 뿐이다. 이 개념은 수많은 다양한 직관들로부터, 과거의 경험으로부터 혹은 또한 단어들을 통해 전해져서 추상화된 것이다. 원인과 결과의 분리는 거대해지고 결과는 원인에 대한 관계에서 강력히 성장하여 미개한 오성에게는 이제 아무런 원인도 더 이상 없는 것으로, 의지작용은 아무것에도 의존하지 않는 것으로, 근거 없는, 즉 자유로운 것으로 나타난다. 바로 이 때문에 우리 신체의 운동은 우리가 그것을 외부로부터 숙고하며 직관할 때 원인 없이 발생하는 것으로, 즉 실제로 기적으로 나타난다. 이 운동들이 다른 모든 것들과 같이 여기서 동기라고 불리는 원인에 의해서만 가능하다는 점을 우리는 오직 경험과 숙고에 의해 배운다. 이 사실로부터 우리는 또한 앞의 서열에서 원인은 물질적 실재성에서만 결과의 배후에 남아 있고, 역학적 실재성, 즉 힘에서는 결과와 같이 있다는 점을 배운다. 따라서 이 단계에서, 즉 자연의 최고 단계에서 인과성에 대한 이해 가능성은 다른 어떤 곳에서보다 더 우리를 떠났다. 단순한 도식만이 완전히 일반적인 의미로 볼 때 아직 남아 있다. 그리고 여기서도 아직 그 도식의 적용 가능성과 그 도식을 대체로 불러일으키는 필연성을 인식하기 위해서는 성숙한 반성이 요구된다.

그러나 이제, 포실리포(Posillippo)의 동굴[13]에 들어가면서 점점 더 암흑에 빠져들듯이, 한가운데를 넘어선 후 다른 끝의 빛이 길을 점점 밝히기 시작할 때까지, 바로 그렇게 여기서, 밖으로 향한 오성의 빛이 점점 암흑에 압도당한 후, 자신의 인과성의 형식으로 결국 약하고 불확실한 빛만을 퍼뜨리는 곳, 바로 그곳에 완전히 다른 종류의 해명이 완전히 다른 측면으로부터, 즉 우리 자신의 내면으로부터 암흑에 마주쳐 온다. 이것은 판단하는 우리가 바로 여기서 판단되는 객체 자체가 되는 우연한 상황을 통해서 일어난다. 처음에는 그렇게 분명하였던 인과적 결합에 대한 이해의 어려움이 외적 직관과 거기서 활동하는 오성을 위해서는 서서히 커져서 동물의 행동에서는 인과적 결합이 드디어 거의 의심스럽게 되었고 기적의 일종으로까지 간주되었다. 그러나 바로 이제 완전히 다른 측면으로부터, 즉 관찰자 자신으로부터, 그런 행동들에서는 의지가 동

---

13) 〔옮긴이〕이탈리아 나폴리에 있는 689미터 길이의 동굴. 괴테의 『이탈리아 기행(Italienische Reise)』(1816/7)에 묘사되어 있다.

인이라는 것과 의지는 그에게 외적 직관이 일찍이 제공할 수 있는 모든 것보다 더 알려졌고 친밀한 것이라는 직접적 교훈이 나온다. 오직 이 인식이 앞에 언급된 인식 없는 자연의 모든 과정의 내부를 통찰하기 위한 철학자의 열쇠가 되어야 한다. 인식 없는 자연의 과정에서 인과적 설명은 마지막으로 고찰된 것(*동물의 행동*)에서보다 더 충분하고 그것에서 멀리 놓여 있을수록 더 분명하지만, 그러나 거기서도 여전히 알려지지 않은 x를 남겨두었고 충돌에 의해 움직이거나 무게를 통해 끌어당겨지는 물체에서조차 결코 그 과정의 내부를 완전히 밝힐 수 없었다. 이 x는 점점 더 확장되었고 결국 최고 단계에서 인과적 설명을 완전히 밀어내었다. 그러나 이 x는 그다음에 인과설명이 아무것도 수행할 수 없었을 때 자신을 **의지**로서 드러냈다. 이것은 (*파우스트의*) 현학적 공격의 결과로 자신이 그 핵심이었던 거대해진 푸들에게서 나타날 때의 메피스토펠레스에 비교될 수 있다. 이 x가 단지 약하게 나타난 낮은 단계에서도, 그다음에 자신의 어두움을 점점 퍼뜨리는 더 높은 단계에서, 그리고 결국 그 모든 것을 덮어 숨기는 최고 단계에서, 그리고 마지막으로 우리 자신의 현상에서 그 x가 자기의식에게 의지로서 표명되는 지점에서 **이 x의 동일성**이 인지되는 것은, 여기서 수행된 고찰의 결과 아마 불가피할 것이다. 우리 인식에서 원초적으로 구분되는 두 원천, 즉 외적·내적 원천은 이 지점에서 반성에 의해 결합되어야 한다. 이 결합으로부터만 자연과 자기 자신에 대한 이해가 도출된다. 그래서 그것 자체만으로는 언제나 외부의 것만이 접근할 수 있는 우리의 지성에게 자연의 내부가 열려 있다. 그래서 철학이 그렇게 오랫동안 추적했던 비밀이 열린 채 놓여 있다. 그렇다면 무엇이 참으로 실재적이고 무엇이 관념적인지(물자체와 현상)가 명백해질 것이다. 이를 통해 데카르트 이래로 철학이 중점적으로 다루는 핵심 물음이 해결될 것이다. 이 둘의 관계에 대한 물음, 이 둘의 총체적 다양성을 칸트는 유례없는 심오함으로 가장 근본적인 것에 이르기까지 밝혀냈고, 이 둘의 절대적 동일성을 바로 그 다음에 허풍선이가 지적 직관이라는 신용을 바탕으로 주장했다. 반면에 실제로 진리에 이르는 유일한 좁은 문인 앞의 통찰을 기피한다면, 우리는 결코 자연의 내적 본질에 대한 이해에 도달하지 못할 것이다. 그것으로 가는 다른 길이 전혀 없기 때문이다. 오히려 우리는 앞으로 오랫동안 해결될 수 없는 오류에 빠진다. 말하자면 우리는 위에서 언급했듯이 그 사이에 확고한 칸막이벽이 서 있는 완전히 다른 두 운동의 근본 원리를 지닌다. 그것은 원인에 의한 운동과 의지에 의한 운동이다. 전자는 그 내부에 관해서는 영원히 이해될 수 없는 것으로 남는다. 그 운동에 관한 모든 설명은 언급되었듯이, 고찰의 객체가 (*존재의 사다리에서*) 높이 설수록 더 많은 것을 자신 안에서 파악하는 해명될 수 없는 x를 남겨두기 때문이다. 의지에 의한 운동인 두 번째의 운동은 인과성의 원리를 전적으로 회피하는 것으로서, 이유 없는 것으로서, 개별 행위의 자유로서, 따라서 완전히 자연에 대립하고 절대적으로 설명될 수 없는 것으로서 그곳에 있다. 반면에 우리가 위에서 요구된 외적 인식의 내적 인식과의 통일을 두 인식이 맞닿은 그곳에서 완성한다면, 우리는 모든 우연적인 상이성에도 불구하고 두 가지 동일성을 인식한다. 말하자면, 그것은 인과성의 모든 단계에서 자신과의 동일성과 처음에 인식되지 않은 x의 (즉 자연력들과 생명현상들의) 우리 안에 있는 의지와의 동일성이다. 우리는 먼저 인과성의 동일한 본질을 다양한 단계에서 받아들여져야 하는 다양한 형태로 인식한다. 그러면 인과성의 본질은 기계적·화학적·물리적 원인으로서, 자극으로서, 직관적 동기로서, 추상적이고 사유된 동기로서 자신을 나타낼 수 있을 것이다. 우리는 충돌하는 물체가 전달하는 만큼의 운동을 잃어버리는 곳에서뿐만 아니라, 사유와 사유가 싸우고, 이기는 사유가 가장 강한 동기로서 인간을 움직이게 하는 곳에서도 인과성의 본질을 하나이며 동일한 것으로서 인식한다. 그러면 인간의 운동은 충돌한 공의 운동보다 더 약한 필연성과 함께 발생하는 것은 아니다. 우리 자신이 운동자이고 따라서 그 과정의 내부가 우리에게 은밀하고 철저히 알려져 있는 곳에서 우리는 이 내부의 빛에 의해 눈멀고, 혼동되고 그래서 전체 자연에서 우리에게 놓여 있는 인과관계로부터 우리 자신을 낯설게 하고 그 관계에 대한 관망을 우리로부터 영원히 차단시키는 대신에, 내부로부터 획득된 새로운 인식을 외부를 인식하기 위한 열쇠로 외부에 덧붙여 보내고 두 번째의 동일성을 인식한다. 이 동일성은 우리의 의지와 우리에게 그때까지 알려지지 않은, 모든 인과적 설명에서 남아 있는 그 x의 동일성이다. 그에 따라 우리는 다음과 같이 말한다. "가장 명백한 원인이 결과를 불러오는 곳에서도 거기서 아직 존재하는 그 비밀스러운 것, 그 x 혹은 그 과정에서 참으로 내적인 것, 참된 동인, 즉 우리에게 마지막에는 그래도 표상으로서만 그리고 표상의 형식과 법칙에 따라서만 주어진 이 현상의 본질(Ansich)은, 마찬가지로 직관과 표상으로서 우리에게 주어진 우리 신체의 활동에서 은밀하고 직접적으로 **의지**라고 알려진 것과 본질적으로 동일한 것이다." 이 의지(너희가 원하는 대로 행동하라!)는 진정한 철학의 기초다. 그리고 이 세기가 그것을 통찰하지 않는다면, 뒤따르는 많은 세기가 그것을 통찰하게 될 것이다. "시간은 정직하다"(그 밖에는 아무도 없을지라도). 우리가 한편으로, 의지의 객관화의 (즉 자연의) 가장 낮은 단계들에서만 자신의 최대 명백성을 갖는 인과성의 본질을 모든 단계들에서, 즉 가장 높은 단계들에서도 재인식하듯이, 마찬가지로 우리는 또한 다른 한편으로, 비록 우리가 가장 높은 단계에서만 의지의 본질에 대한 인식을 직접적으로 획득할지라도 모든 단계들에서, 즉 가장 낮은 단계들에서도 의지의 본질을 다시 인식한다. 과거의 오류는 "의지가 있는 곳에 더 이상 인과성이 없고, 인과성이 있는 곳에 의지가 없다"라고 말한다. 그러나 우리는 말한다. "인과성이 있는 모든 곳에 의지가 있다. 어떤 의지도 인과성 없이 행하지 않는다." 따라서 논쟁점은, 의지와 인과성이 하나의 동일한 과정에서 동시에 함께 성립할 수 있고 성립해야 하는지에 관한 것이다. 그것이 당연히 그렇다고 인식하기 어렵게 하는 것은, 인과성과 의지가 두 가지 근본적으로 다른 방법으로 인식되는 상황이다. 인과성은 완전히 외부로부터, 완전히 간접적으로, 완전히 오성을 통해 인식되고, 의지는 완전히 내부로부터, 완전히 직접적으로 인식된다. 따라서 주어진 모든 경우에서 하나에 대한 인식이 더 분명할수록 다른 것에 대한 인식은 모호해지는 상황도 의지와 인과성이 동시에 성립한다는 인식을 어렵게 한다. 따라서 우리는 인과성이 가장 잘 파악되는 곳에서 의지의 본질을 가장 적게 인식한다. 그리고 의지가 의심할 수 없이 자신을 표명하는 곳에서 인과성은 흐려져서 미숙한 오성은 인과성을 부인하려고 과감히 시도할 수 있었다. 그러나 인과성은, 우리가 칸트에게서 배웠듯이, 선천적으로 인식될 수 있는 오성 자체의 형식, 따라서 **표상** 자체의 본질에 지나지 않는다. 표상은 세계의 한 측면이다. 다른 측면은 **의지**다. 그것은 물자체다. 인과성과 의지가 서로 상반된 관계에 놓여서 명백해지는 것은, 즉 이 둘이 번갈아서 앞으로 나오고 뒤로 물러서는 것은 다음과 같은 사실에 기인한다. 말하자면 생명 없는 자연에서 그렇듯이, 한 사물이 단지 현상으로서, 즉 표상으로서 더 많이 주어질수록 표상의 선천적 형식인 인과성이 더 분명히 나타난다. 그러나 반대로 우리 자신에게서 그렇듯이,

우리에게 의지가 더 직접적으로 의식될수록, 표상의 형식인 인과성이 물러난다. 따라서 세계의 한 측면이 더 가까이 접근할수록 우리는 다른 측면을 시야에서 더 많이 잃어버린다.

언어학

이 장에서 나는 단지 내 자신이 최근 몇 해 동안 관찰한 것을 전하고자 한다. 이 관찰은 지금까지 주목받지 못한 것 같다. 그래도 이 관찰이 고려될 만한 가치가 있다는 사실은, "상당수의 사물을 위해 그 표현이 적절한 것은 놀랍다. 그리고 고대의 언어 사용은 많은 것을 가장 효과적인 방식으로 표시한다"(『서한집(*Epistulae*)』, 81)라는 **세네카**의 말에 의해 입증된다. 그리고 **리히텐베르크**는 "우리가 많은 것을 스스로 생각한다면, 언어에 기입된 많은 지혜를 발견할 것이다. 우리 자신이 모든 것을 기입할 것 같지는 않고, 실제로 많은 지혜가 언어 안에 놓여 있을 것이다"라고 말한다.

매우 많은 언어에서, 아마 모든 언어에서 인식 없는, 실로 생명 없는 물체의 작용도 의욕을 통해 표현된다. 따라서 그런 물체들에는 의지가 처음부터 부여된다. 반면에 인식, 표상, 지각, 사유는 물체들에 결코 부여되지 않는다. 이것들을 함축하는 어떤 표현도 나는 모른다.

세네카는 (『자연학 연구』, II. 24에서) 아래로 던져지는 번갯불에 대해 이렇게 말한다. "여기서 불에는 나무에 일어나는 일이 일어난다. 나무의 휘기 쉬운 꼭대기는 땅에 접촉할 정도로까지 아래로 끌어당겨질 수 있다. 그러나 그 꼭대기를 놓아준다면, 그것은 자기 자리로 오른다. 따라서 어떤 사물에서 그것의 **의지**에 따라 있지 않은 위치를 추구하는 것은 적절하지 않다. 불에 대해 그것이 **의지하는** 곳으로 갈 것을 허용한다면, 불은 하늘로 오를 것이다." **플리니우스**[1]는 더 일반적인 의미에서 다음과 같이 말한다. "또한 자연의 어떤 부분에서든 이성이 아니라 의지가 찾아져야 한다."(『자연사』, 37. 15). 그리스의 문헌이 우리에게 제공하는 증거도 적지 않다. **아리스토텔레스**는 무게를 설명하면서 "땅의 어떤 작은 부분이 공중에 들어 올려졌다가 놓아진다면 아래로 떨어지며, 위에 머무르려고 **의지하지 않는다**"(『천체에 관하여』, II. 13)라고 말한다. 그리고 그다음 장에는 이렇게 쓰여 있다. "그러나 우리는 모든 사물에 대해 그것이 그 본성에 따라 있으려고 의지하고 있는 바대로 그렇게 있지, 사물이 강제에 의해 그리고 자신의 본성에 대립하여 있지 않다고 말해

---

1) 〔옮긴이〕 플리니우스(Gaius Plinius Secundus, 23~79): 고대 로마의 학자이며 정치가. 당시의 자연과학적 지식을 총망라하는, 37권으로 된 『자연사(*Naturalis historia*)』를 편찬하였다.

야 한다." 아리스토텔레스가 『대윤리학(Ethica magna)』(제1권 14장)에서 생명 없는 존재(위를 지향하는 불과 아래를 지향하는 땅에 대해서)뿐 아니라 동물에 대해서 분명히 언급하는 곳에서, 이것들은 자신들의 본성이나 의지에 대립하여 어떤 것을 행하도록 강요될 수 있을 것이라고 말하는 것은, 따라서 '본성에 대립하다'를 매우 정당하게 '의지에 대립하다'라고 설명하는 것은 매우 의미 있으며, 이미 단순히 언어적인 것 이상이다. **아나크레온**(Anakreon)은 자기 연인의 형상을 묘사한 「송가 29」에서 머리카락에 대해 말한다. "그대가 머리카락을 정돈할 때, 곱슬머리의 굴곡은 그것이 원하는 대로 그렇게 자유롭게 나부끼도록 두어라." 독일어에서는 **뷔르거**(Gottfried August Bürger)가 "시내는 아래로 가려고 **의지**하지 위로 가려고 **의지**하지 않는다"라고 말한다. 일상적 삶에서도 우리는 매일 이렇게 말한다. "물이 끓는다. 물이 넘치려고 한다.", "그릇이 깨지려고 한다.", "사다리가 서 있지 않으려고 한다.", "불이 붙지 않으려고 한다.", "한 번 감긴 밧줄은 언제나 자신의 나선으로 돌아가려고 한다." 영어에서 동사 '의욕하다(will)'는 나머지 모든 동사들의 미래조동사가 되기까지 했다. 이를 통해 모든 작용에는 하나의 의욕이 근거에 놓여 있다는 점이 표현된다. 게다가 인식 없고 생명 없는 사물들의 열망은 여전히 'to want'로 표현된다. 이 단어는 모든 인간적 욕망과 열망을 위한 표현이다. "물이 넘쳐흐르려고 한다. 증기가 방출될 길을 찾는다." 이탈리아 어에서도 마찬가지로 "비가 오려고 한다. 이 시계가 가지 않으려고 한다." 그 밖에도 언어에서 의욕의 개념은 매우 깊숙이 파고들어서 모든 요구, 모든 필연적인 것을 표시하는 데 쓰인다. "그것은 균형을 요구한다. 그것은 인내를 요구한다."

그뿐만 아니라 산스크리트 어원의 모든 언어와 근본적으로 다른 중국어에서도 우리는 여기에 속하는 매우 분명한 예를 발견한다. 말하자면 레기스(Peter Regis) 신부의 정확한 번역에 의하면『역경(易經, Y-king)』에 대한 논평에 이처럼 되어 있다. "우주의 재료인 양(陽, Yang)은 그곳으로 다시 도달**하려고** 하거나(칭체(Tching-tse) 선생의 단어를 사용하기 위해) 그 재료는 다시 더 높은 자리를 받아들**이려고** 한다. 왜냐하면 그런 식으로 양은 자신의 본성의 방식이나 그 방식에 내재하는 법칙을 가져오기 때문이다."(Y-king, ed. J. Mohl, vol. 1, 341쪽).

언어학적이기보다 더 결정적인, 말하자면 화학적 과정에서 진지하게 이해되고 느껴진 과정에 대한 표현은, **유스투스 폰 리비히**(Justus von Liebig)가 『농업에 적용한 화학(*Chemie in ihrer Anwendung auf Agrikultur*)』 394쪽에서 말하는 것이다. "알데히드가 발생한다. 알데히드는 황산과 동일한 **욕망**으로 산소와 직접 결합하여 아세트산이 된다." 그리고 그는 『생리학에 적용한 화학(*Chemie in Anwendung auf Physiologie*)』에서 다시 한 번 말한다. "알데히드는 **큰 욕망**으로 공기에서 산소를 끌어내는 것이다." 그가 동일한 현상에 대해 언급하면서 이 표현을 두 번 사용하는데, 이것은 우연적인 것이 아니라 이 표현만이 그 사실에 적합하기 때문이다.[2]

따라서 언어는, 즉 우리의 사유에 대한 이 가장 직접적인 각인은, 우리가 모든 내적 충동을 의욕으로 생각해야 한다는 사실을 통고한다. 그러나 언어는 결코 사물들에 인식도 부여하지는 않는다. 이 점에서 아마도 언어들의 예외 없는 일치는, 그것이 단순한 비유적 표현이 아니라 깊이 뿌리박고 있는 사물의 본질에 대한 느낌이 여기서 그 표현을 규정한다는 사실을 증명한다.

---

2) 프랑스의 화학자도, 예를 들어 "금속이 모두 균일하게 산소를 탐하지는 않는다. ······ 환원의 어려움은 반드시 산소를 향한 매우 큰 욕망과 일치해야 할 것이다"라고 말한다(P. de Rémusat, "La Chimie à L'Aluminium." In: *Revue des deux Mondes*, 1855, 649쪽).
이미 이탈리아의 줄리오 체사례 바니니(Giulio Cesare Vanini)가 *De admirandis naturae arcanis*, 170쪽에서 다음과 같이 말한다. "수은은 줄로 깎아내진 납 가루에서도 그렇듯이 물에서도 공 모양을 받아들이지만, 줄밥이 없도록 하지는 않고(이 주장은 제시된 카르다누스(Cardanus)의 생각과 대립적이다) 그것을 가능한 한 많이 받아들인다. 그리고 (받아들일 수) 없는 것을 수은은 내가 생각하듯이 의지에 반하여 남겨둔다. **자연은 자신에 속하는 것을 열망하고 그것을 삼키기 때문이다.**" 이것은 명백히 언어적인 것 이상이다. 바니니는 완전히 분명하게 수은에 하나의 의지를 부여한다. 그리고 그렇게, 물리학과 화학에서 근본 힘으로 그리고 더 이상 도출될 수 없는, 물체의 제1성질로 돌아간다면, 이것은 의지와 의지의 표명에 속하는 표현들을 통해 자세히 설명될 것이라는 사실을 우리는 어디서나 발견하게 될 것이다.

생물자기학과 마법

    1818년에 나의 주저가 출판되기 직전에 생물자기학은 비로소 자신의 존재를 쟁취했다. 그러나 그 설명에 관련해서 말하자면 수동적 부분에서는, 즉 거기서 환자에게 발생하는 것에서는 어느 정도 명백해졌다. 이것은 라일이 강조한, 뇌신경계와 중추신경계의 대립을 설명의 원칙으로 삼았기 때문이다. 반면에 자기(磁氣)요법 시술사가 이 현상을 불러일으키게 하는 원래의 동인인 능동적 부분은 아직 완전히 불분명한 채로 있다. 사람들은 여전히 모든 종류의 물질적 설명 원리를 더듬어 찾았다. 그것은 모든 것을 관통하는 메스머[1]의 세계 근원 소재 같은 종류이거나 다른 한편으로 슈티글리츠[2]가 원인으로 추정한, 자기요법 시술사의 피부로부터 발산 등등

---

1) 〔옮긴이〕 프란츠 안톤 메스머(Franz Anton Mesmer, 1734~1815): 독일의 의사. 18세기 최초의 최면 기법인 메스머리즘의 창시자다.

의 종류다. 기껏해야 사람들은 하나의 신경 정신을 제시했다. 그러나 이것은 알려지지 않은 것을 위한 하나의 낱말일 뿐이다. 실천을 통해 더 깊이 전수받는 소수의 사람들에게 진리는 밝혀지기 시작할 수 없었다. 자기학으로부터 내 학설에 대한 직접적 입증을 바라는 것은 아직 요원한 일이었다.

그러나 "하루는 다른 날을 가르친다." 그리고 그렇게 그때부터 위대한 스승인 '경험'은 앞에서 언급한 매우 결정적인 원동력이 자기요법 시술사로부터 시작하여 작용들을 불러일으킨다는 사실을 밝혔다. 이 작용들은 합법칙적 자연 운행에 완전히 대립하는 것으로 보여서 이 작용들에 대한 오랜 의혹, 집요한 불신, 플랭클린과 라부아지에가 회원으로 있는 위원회의 매도,[3] 간단히 말해서 자기학의 초기와 그다음 시기에 자기학에 반대했던 모든 것이(얼마 전까지 영국에 널리 퍼져 있었던 조야하고 연구 없는 편협한 매도들만은 제외하고) 완전히 납득될 수 있을 정도다. 말하자면 경험은 그 원동력이 자기화하는 것의 **의지** 이외의 다른 것이 아니라는 사실을 밝혔다. 오늘날 실천과 통찰을 결합하는 사람들 사이에 아직도 이

---

2) 〔옮긴이〕 요한 슈티글리츠(Johann Stieglitz, 1767~1840): 독일의 의사. 『동물의 자기에 관하여(*Über den tierischen Magnetismus*)』(Hannover: Hahn, 1814) 등의 저서를 남겼다.

3) 〔옮긴이〕 1784년에 앙투안-로랑 라부아지에(Antoine-Laurent Lavoisier, 1743~1794), 벤저민 플랭클린(Benjamin Franklin, 1706~1790)을 위시한 프랑스 과학학술원의 위원들은 메스머의 자기 치료법의 치료 효과에 대한 증거가 없다는 결론을 내렸다.

사실에 대한 의혹이 있으리라고 나는 생각하지 않는다. 그래서 나는 이 사실을 뒷받침하는, 자기요법 시술사들의 수많은 발언들을 제시하는 것은 쓸데없는 일이라고 본다.[4] 따라서 **퓌세귀르**[5]와 고대 프랑스 자기요법 시술사들의 구호인 "의지하라 그리고 믿으라" 즉 "확신을 갖고 의욕하라"라는, 시간이 지남으로써 입증되었을 뿐 아니라 그 과정 자체에 대한 올바른 통찰로 발전되었다.[6] 아마도 여전히 생물의 자기학에 관한 가장 근본적이고 상세한 교과서인 **키저**[7]의 『동물자기학(*Tellurismus*)』으로부터 어떤 자기적 행위도 의지 없이 일어나지 않는 반면에 단순한 의지는 외적인 행위 없이 모든 자기 작용을 불러일으킬 수 있음이 충분히 분명해진

---

4) 원래 작용하는 것은 자기요법 시술사의 의지라는 사실을 입증하려는 의도를 명백히 갖는 가장 최근의 **한** 저술만을 언급하겠다. E. Gromier, *Qu'est-ce que le Magnétisme?*(Lyon, 1850).

5) 〔옮긴이〕 마르키스 드 퓌세귀르(Marquis de Puységur, 1751~1825): 프랑스의 귀족. 메스머의 제자로서 메스머리즘을 함께 창시했지만, 스승과 달리 자기(磁氣)와 같은 물질적 측면보다는 심리적 측면을 최면에서 더 본질적인 것으로 간주했다.

6) 그러나 퓌세귀르도 이미 1784년에 다음과 같이 말했다. "우리가 환자에게 자기 치료법을 쓴다면, 그 목적은 환자를 잠들게 하는 것이었다. 우리는 단순히 우리의 의지작용으로 이 목적을 이룬다. 그리고 마찬가지로 우리가 환자를 깨우는 것도 하나의 새로운 의지작용에 기인한다"(Puységur, Magnét. anim. 2.édit. 1820, Catéchisme magnétique, 150~171쪽).

7) 〔옮긴이〕 디트리히 게오르크 키저(Dietrich Georg von Kieser, 1779~1862): 독일의 의사. 1817년부터 『동물자기학 논총(*Archiv für den thierischen Magnetismus*)』을 발간했다.

다. 통제는 의지 행위와 그 방향을 고정시키기 위한, 말하자면 형체를 부여하기 위한 수단일 뿐인 것으로 나타난다. 이런 의미에서 키저는 "인간의 활동을" (즉 의지를) 가장 눈에 띄게 표현하는 기관인 인간의 손이 자기 치료법 사용에서 효력 있는 기관인 한, 자기적인 통제가 발생한다"(『동물자기학』, 제1권, 379쪽)라고 말한다. 이에 관해 프랑스의 자기요법 시술사인 **로잔느**(de Lausanne)는 『동물자기학 연보(*Annales du magnétisme animal*)』(1814~1816) 제4집에서 다음과 같이 말함으로써 더 상세히 표현한다. "자기 치료법을 쓰는 것은 당연히 의지에만 의존한다. 그러나 인간이 하나의 외적이며 지각될 수 있는 형체를 소유하므로, 그가 사용하는 모든 것, 그리고 그에게 작용하는 모든 것은 반드시 그런 형체를 소유해야 한다. 그리고 의지는 작용할 수 있기 위해 행위의 한 종류를 적용해야 한다." 내 학설에 따르면 유기체는 의지의 단순한 현상, 가시성, 객관성, 참으로 원래 뇌 안에서 표상으로 직관된 의지 자체일 뿐이므로, 외부의 통제행위도 내부의 의지 행위와 동시에 발생한다. 그러나 의지 없이 작용하는 곳에서 이 작용은 우회로를 통해, 환상이 외적 행위를, 때로는 자신의 현존까지도 대체함으로써 어느 정도 인위적으로 일어난다. 따라서 이 작용은 훨씬 더 어려운 것이며 더 드물게 이루어진다. 이에 따라 키저는 몽유병자에게 "자라!"거나 "너는 해야 한다!"라는 시끄러운 말이 자기요법 시술사의 단순한 내적 의욕보다 더 강하게 작용한다는 사실을 언급한다. 반면에 통제와 외적 행위는 일반적으로 원래 자기요법 시술사의 의지를 고정시키고 작동시키는 확실한 수단이다. 그 이유는 바로, 신체와 신체 기관은 사실 의지 자체의 가시성일 뿐이므로 외적 행위가 의지 없이는 전혀 가능하지 않기 때문이다. 이로부터 자기요법 시술사들이 때때로 자신의 의지를 의식적으로 긴장시키지 않고 거의 생각 없이 자기요법을 쓰지만 그래도 효력이 있다는 사실이 설명된다. 대개 자기적으로 작용하는 것은 의욕에 대한 의식, 즉 의욕에 대한 성찰이 아니라 될 수 있는 대로 모든 표상으로부터 분리된 순수한 의욕 자체다. 따라서 키저가 제시하는 (『동물자기학』, 제1권, 400쪽 이하), 자기요법 시술사를 위한 규정에서 우리는 의사의 모든 생각과 성찰이 환자의 그것과 같이 그들 쌍방의 행위와 고통에서 분명히 금지된 것을 발견한다. 또한 표상을 불러일으키는 모든 외부 인상들, 둘 사이의 모든 대화, 타인의 존재, 심지어 일광(Tageslicht) 등등도 분명히 금지되었고, 감응요법(sympathetischer Kur)에서도 적용되듯이 모든 것이 가능한 한 무의식적으로 일어나야 한다고 권고된 것을 우리는 발견한다. 이 모든 것의 참된 이유는, 여기서 의지가 자신의 본래성 안에서 물자체로서 활동한다는 사실이다. 이 사실은 의지와 다른 영역인, 이차적인 것인 표상이 배제될 것을 요구한다. 자기 치료법에서 실제로 활동하는 것은 의지이며 모든 외적 행위는 의지의 수단일 뿐이라는 진리에 대한 사실적 증거를 우리는 자기 치료법에 관한 최근의 개정된 모든 저술에서 발견한다. 그것들을 여기서 반복한다면 쓸데 없이 장황해질 것이다. 그럼에도 나는 **하나의** 증거를 여기에 기입하겠다. 이 증거가 특히 눈에 띄어서가 아니라 특별한 사람에게서 기인하기 때문이며, 그의 증언으로서 독특한 중요성을 갖기 때문이다. 그는 장 파울[8]이다. 그는 한 편지(『장 파울의 생애의 진실』, 제 8권, 120쪽)에서 이렇게 말한다. "나는 어떤 큰 연회에서 **확고히 의욕하는** 시선만으로 K부인을 거의 잠에 빠지게 했다. 그전에 그 부인은 심장박동이 빨라졌고 창백해져서 그녀의 S가 도와주어야 했다." 또한 오늘날 단순히 환자를 응시하면서 그의 손을 잡고 있는 것이 때때로 가장 큰 성과와 함께 일상적인 통제를 대체할 것이다. 그 이유는 바로 이 외적 행위도 의지를 특정한 방향으로 고정시키기에 적합하기 때문이다. 의지가 타인에게 행사할 수 있는 이 직접적인 힘은 **두 포테**(Baron Jules Denis Du potet)와 그의 제자들이 파리에서 공개적으로까지 시행한 탁월한 실험들에서 가장 잘 명시된다. 그리고 이 실험에서 그는 자신의 의지만으로 약간의 몸짓의 도움을 받아서 모르는 사람을 마음대로 조종하고 결정한다.

---

8) 〔옮긴이〕 장 파울(Jean Paul, 1763~1825): 독일의 작가. 본명은 요한 파울 프리드리히 리히터(Johann Paul Friedrich Richter)이지만, 장 자크 루소를 예찬하여 개명했다. 쇼펜하우어 철학에 대한 최초의 대변인 중 한 사람이다. 그의 작품은 고전주의와 낭만주의의 중간에 놓인 것으로 평가된다. 형식을 파괴하면서도 작가를 절대화하지 않음으로써 환상이 배제된, 유머와 결합된 자신만의 문학 세계에 도달했다. 교화가 아닌 인간의 행복을 묘사하는 그의 작품에는 당시 세계관의 다채로움이 반영되어 있다.

참으로 그는 그 사람으로 하여금 가장 전례 없는 히스테리 발작 증세를 일으키게 한다. 이에 관한 짧은 보고는 철두철미 정직하게 작성된 것으로 보이는 소논문 「자기 치료법의 불가사의한 세계에 대한 최초 조망」(Karl Scholl, 1853)에서 제공된다.[9)]

9) 1854년에 나는 이탈리아 베르가모(Bergamo)에서 온 **레가초니**(Signor Regazzoni)의 이런 방식의 탁월한 업적을 여기서 보는 행운을 가졌다. 거기서 타인에 대한 그의 의지의 직접적인 힘, 말하자면 마법적 힘은 명명백백했고 극도로 놀라웠다. 그 힘이 참으로 있다는 것에 대해, 자연으로부터 병리학적 상태를 파악하는 모든 능력을 완전히 거부당한 사람이 아니라면, 아무도 의심할 수 없었다. 그러나 그런 사람들이 있다. 그들은 법관, 성직자, 상인, 군인이 되어야 한다. 바라건대 의사만은 되지 말아야 한다. 의학에서는 진단이 가장 중요한 일인 까닭에 그 결과는 살인적일 것이기 때문이다. 레가초니는 자신과 직접적 교감 상태에 있는 몽유병 환자를 완전한 **강경증 상태**로 옮겨놓을 수 있었다. 실로 그는 표정 없이 자신의 의지만으로 환자가 가고 자신은 환자의 뒤에 섰을 때 그 환자를 뒤쪽으로 눕게 할 수 있었다. 그는 늘어난 동공으로 그 환자를 마비시키고 경련 상태로 옮겨놓을 수 있었다. 그 환자는 완전한 무감각성과 완전한 강경증의 상태에 있음을 명백히 나타냈다. 공개 강의에서 레가초니는 어떤 부인이 피아노를 연주하게 했다. 그다음에 그는 열다섯 걸음 뒤에 서서 표정과 함께 의지에 의해 그 부인을 마비시켰다. 그래서 그 부인은 더 이상 연주할 수 없었다. 그다음에 그는 그 부인을 기둥을 마주보게 세우고 마법으로 고정시켰다. 그래서 그 부인은 극도로 긴장되었음에도 불구하고 움직일 수 없었다. **내 관찰에 따르면,** 그의 거의 모든 작품은 **뇌를 척수로부터 분리하는** 것으로부터 설명될 수 있다. 완전히 분리하는 것을 통해서는 감각적이고 운동하는 모든 신경들이 마비되며 완전한 강경증이 발생한다. 혹은 마비는 감수성이 있는 곳인 **운동하는** 신경들에만 온다. 따라서 두뇌는 완전히 가사 상태의 육체에 앉아서 의식을 지닌다. 바로 그렇게 '스트리크닌(strychnine)'이 작용한다. 이것은 운동하는 신경들만 마비시켜서 질식사를 일으키는 완전한 강직성 경련에까지 이르게 하는 반면 감각적 신경과 그로 인해 의식은 훼손되지 않은 채로

언급되고 있는 진리에 대한 다른 방식의 증거는, 「드레스덴 의 몽유병 환자 아우구스테 K에 관한 보고(*Mitteilungen über die Somnambule Auguste K. in Dresden*)」(1843)에서 이 환자 자신이 53 쪽에서 한 발언이 제공한다. "나는 반쯤 잠들어 있었다. 내 형이 그 가 아는 어떤 곡을 연주하려고 했다. 나는 그 곡이 마음에 들지 않 았기 때문에 그에게 연주하지 말라고 부탁했다. 그래도 그는 연주 하려고 했다. 그래서 나는 반대로 추구하는 나의 확고한 의지를 통해 그가 아무리 애써도 그 곡을 더 이상 기억할 수 없게 만들었 다." 그러나 이 문제는, 의지의 이 직접적 힘이 심지어 생명 없는 물 체에 미칠 때 최고도의 정점에 이른다. 이 사실은 믿을 수 없어 보 이지만, 완전히 다른 측면으로부터 그에 관한 두 가지 보도가 제공 된다. 말하자면 방금 언급한 책 115, 116쪽과 318쪽에는 이 몽유병

둔다. **레가초니**는 동일한 것을 자신의 의지의 마법적 영향을 통해 수행했 다. 앞에 언급한 **분리**의 순간은 환자의 어떤 특정한 특이한 쇼크에 의해 명 백히 드러난다. 레가초니의 업적과 이 업적이 유기적 자연을 파악하는 모든 감각이 닫혀 있지 않은 누구에게나 명명백백하게 참이라는 것에 관해 나는 두보르그(L. A. V. Dubourg)의 짧은 프랑스 작품 "Antoine Regazzoni de Bergame à Francfort sur Mein."(Frankfurt, November 1854, 31 Seiten, 8) 을 권한다.

Journal du Magnétisme(ed. Dupotet, vom 25 August 1856)에 실린 *De la Catalepsie, mémoire couronné*(1856, 4)라는 작품에 대한 서평에서 비평가 인 모린(Morin)은 다음과 같이 말한다. "강경증을 이루는 대부분의 특징은 자 기 치료를 받는 사람에게 위험 없이 인위적으로 불러일으켜질 수 있다. 그뿐만 아니라 이것은 자기에 관련된 모임에서 가장 일상적인 실습이다."

환자가 컴퍼스의 바늘을 한 번은 7도, 다른 한 번은 4도를, 게다가 네 번의 반복된 실험에서 손을 사용하지 않고 자신의 의지로만 시선을 바늘에 고정시킴으로써 다른 쪽으로 돌렸다고 목격자의 언급과 함께 설명된다. 그다음에 1851년 10월 23일 자 영국 신문《브리타니아(*Britania*)》의 「갈리냐니의 메신저(*Galignani's Messenger*)」는 파리의 몽유병 환자 프뤼당스 베르나르(Prudence Bernard)가 런던의 한 공식 회의에서 단순히 자신의 머리를 이리저리 돌림으로써 그 움직임을 컴퍼스의 바늘이 따르도록 만들었다고 보도한다. 여기서 물리학자의 아들인 브레브스터(Brewster)와 청중 중 두 신사가 배심원 자리에 섰다.

그러면 이제 내가 물자체라고, 모든 현존에서 유일하게 실재적인 것이라고, 자연의 핵심이라고 주장한 의지를 인간 개별자로부터 생물자기학 안에서 살펴본다면, 나아가 인과적 결합에 따라, 즉 자연 운행의 법칙에 따라 설명될 수 없는 사물들을 처리한다면 실로 이 법칙을 어느 정도 지양하고 멀리 떨어져 있는 행위를 실제로 수행한다면, 그래서 자연에 대한 초자연적, 즉 형이상학적 지배를 명시한다면, 나는 내 학설에 대한 더 사실적인 어떤 증명이 그래도 요구되는지를 알 수 없을 것이다. 심지어 분명히 내 철학을 모르는 자기요법 시술사인 차파리(Szapary) 백작도 자신의 경험에 따라 『동물생리학, 영혼 육체, 생명 본질에 관한 발언(*Ein Wort über animalischen Magnetismus, Seelenkörper und Lebensessenz*)』(1840)

이라는 자신의 책 제목에 "혹은 생물 자기적 경향은 기본 요소이며, **의지는 모든 정신적·육체적 생명의 원리**라는 사실에 대한 물리적 증명"이라는 중요한 표현을 해명으로서 덧붙이기에 이르지 않았는가? 그에 따라 생물자기학은 바로 **실천적 형이상학**으로서 나타난다. 이것은 이미 베이컨이 학문을 분류함에서(『대혁신(*Instauratio magna*)』, L. III.) 마술을 지칭하기 위해 사용한 표현이다. 생물자기학은 경험적 혹은 실험적 형이상학이다. 나아가 생물자기학에서 의지는 물자체로서 나타나기 때문에 우리는 단순한 현상에 속한 개별화의 원리(공간과 시간)가 즉시 무효로 된 것을 본다. 개별자를 분리시키는 경계는 부서진다. 자기요법 시술사와 몽유병 환자 사이에서 공간은 분리가 아니다. 사유 공동체와 의지의 운동이 나타난다. 투시의 상태는 단순한 현상에 속하는, 공간과 시간에 제약된 관계들, 즉 가깝고 먼 것, 현재와 미래를 넘어간다.

그와 같은 사태에 따라 생물자기학과 그 현상은 이전의 **마법**의 한 부분과 동일하다는 생각이 그렇게 많은 대립적 이유와 선입견에도 불구하고 서서히 타당한 것으로 간주되었으며, 실로 거의 확실한 것으로 찬양되었다. 이 마법은 악명 높은 비밀의 예술로서 마법의 실재성에 대해서는 그것을 매우 가혹하게 추적한 기독교의 세기들뿐 아니라 미개인까지도 포함한 지구상의 모든 민족들이 모든 시대를 통틀어 확신하였으며, 마법의 해로운 사용에 대해서는 이미 로마의 12법전[10], 모세의 경전, 법률에 관한 플라톤의 책 제11권에서조차 사형을 선고했다. 가장 계몽된 로마 시대에도 이 문제가 이 율배반들 중에서 얼마나 심각하게 받아들여졌는지는 아풀레이우스[11]가 자신이 마술을 부렸다는, 자신의 생명을 위협하는 고발에 대해 펼친 아름다운 법정 변론(『마법에 관한 연설(Oratio de magia)』, 104쪽, 비폰타니 편)이 증명한다. 그는 이 변론에서 자신에 대한 비난을 떨쳐내려고 노력할 뿐 마법의 가능성을 부정하지는 않는다. 오히려 그는 중세의 마녀재판에서 흔히 나타나는 바로 그런 어리석은 세부 사항에 몰두한다. 이 믿음과 관련해서 지난 세기의 유럽은 완전히 유일하게 하나의 예외를 형성한다. 그것은 베커[12], 토마지우스,[13] 그리고 다른 몇몇 사람들이 잔인한 마녀재판을 영원히 끝내려는 좋은 의도에서 모든 마법이 불가능하다고 주장한 결과다. 그 세기의 철학에 의해 장려된 이 생각이 당시에는 우위를 차지했지만 이와 같은 현상은 오직 학자와 교육받은 계층에 국한된다. 대중은 마법을 믿는 것을 결코 그만두지 않았다. 영국에서조차 그랬다. 반

---

10) Plin. hist. nat. L. 30, c. 3.

11) 〔옮긴이〕루치우스 아풀레이우스(Lucius Apuleius, 123?~170?): 고대 로마의 작가이며 철학자. 『황금당나귀』라는 제목으로도 알려진 고대소설 『변신(Metamorphosen)』의 작가이다.

12) 〔옮긴이〕발타자르 베커(Balthasar Bekker, 1634~1698): 독일과 네덜란드의 신학자이자 철학자. 초기 계몽주의의 선구자이다. 마녀 이론가로서 마녀사냥에 반대했다.

13) 〔옮긴이〕크리스티안 토마지우스(Christian Thomasius, 1655~1728): 독일의 법학자이자 철학자. 계몽주의의 선구자로서 인간적인 형벌 제도를 도입하려고 노력함으로써 궁극적으로 마녀재판과 고문을 철폐하는 데 기여했다.

면에 영국의 지식인 계층은 마법을 깎아내리는 종교 분야에서의 맹신으로 토마스 혹은 토마지우스의 확고한 불신을 충격과 반충격의 법칙 혹은 산과 알칼리의 법칙을 넘어서는 모든 사실과 결합할 줄 알았으며, 그들의 위대한 동향인이, 하늘과 땅에는 그들의 철학이 꿈꾸게 하는 것보다 더 많은 사물이 있다고 말하도록 내버려 두지 않으려고 한다. 고대 마법의 한 분파는 대중들의 일상에서까지 공공연하게 보존되었다. 이것을 그 분파는 유익한 목적을 위해, 말하자면 그 실재성에 대해 아무도 의심할 수 없는 감응요법을 위해 필요로 했다. 가장 일상적인 것은 무사마귀(Warzen)에 대한 감응요법이다. 이것의 효용은 이미 신중하고 경험적인 베이컨이 자신의 경험으로부터 입증한다[『숲속의 숲(Sylva sylvarum)』, 997]. 그다음에 안면단독(顔面丹毒, Gesichtsrose)에 대한 주문은 매우 빈번하고 성공적이어서 그에 대해 확증하기가 쉽다. 또한 열병에 대한 주문도 자주 성공한다.[14] 여기서 본래적인 동인은 의미 없는 단어나

---

14) 1855년 6월 12일 자 《타임스》의 10면에 기록된 내용이다. 말 마법사: 영국으로 항해하는 중 시믈라호(號)는 비스케이 만에서 거친 비바람을 만났다. 그래서 말들은 매우 고통을 받았고 스칼릿 장군의 군마를 비롯한 몇몇은 다루기 힘들게 되었다. 어떤 귀한 말은 매우 좋지 않아서 사살하여 그 고통을 끝내기 위해 총이 준비되었다. 그때 어떤 러시아 장교가 코사크 죄수를 불러오라고 명령했다. 그 죄수는 '곡예사'여서 마술로 말의 모든 병을 치료할 수 있을 것이기 때문이었다. 그는 불려왔고 말을 즉시 치료할 수 있다고 말했다. 사람들은 그를 자세히 지켜봤지만, 유일하게 관찰한 것은 그가 자신의 허리띠를 풀어서 세 번 묶은 것이다. 그런데 그 말은 몇 분 후에 일어서서 열심히 먹기 시작했고 순식간에 회복되었다.

의식이 아니라 자기요법에서와 같이 치료하는 사람의 의지라는 것은, 위에서 자기학에 관해 언급된 것에 따르면 논의될 필요가 없는 사실이다. 감응요법을 아직 알지 못하는 이들은 그 사례를 키저의 『동물자기학논총』 제5권 3호 106쪽, 8권 3호 145쪽, 9권 2호 172쪽, 9권 1호 128쪽에서 발견할 것이다. **모스트**(Most) **박사**의 책『감응 수단과 치료에 관하여』(1842)도 이 주제를 당장 알기 위해 쓰일 수 있다.[15] 따라서 이 두 사실, 즉 생물자기학과 감응 치료는 물리적 작용에 대립적인 마법적 작용의 가능성을 경험적으로 증명한다. 이 마법적 작용은 지난 세기에 매우 비난받았다. 그 세기에는 이해할 수 있는 인과관계에 따라 불러일으켜진 물리적 작용 이외의 작용은 전적으로 가능하지 않은 것으로 간주되었기 때문이다.

다행스러운 상황은, 우리 시대에서 이 관점에 대한 교정이 약학으로부터 시작된 것이다. 약학은 의견들의 진자(振子)가 반대측으로부터 다시 너무 강한 충격을 받지 않도록, 그래서 우리가 원시시대의 미신에 되던져지지 않도록 동시에 책임지기 때문이다. 또한 언급되었듯이 생물자기학과 감응요법에 의해 그 실재성이 보존된 것은 마법의 일부분일 뿐이다. 마법은 훨씬 더 많은 것을 포괄한다. 그중 많은 부분은 고대의 유죄 선고에 당분간은 따르거나 미결된 채로 있다. 그러나 다른 부분은 생물자기학과의 유추에 의해

---

15) 이미 플리니우스는 제28권 6~17장에서 많은 감응 치료 사례를 제시한다.

적어도 가능한 것으로서 생각되어야 한다. 말하자면 생물자기학과 감응요법은 마법 역사상 스페인에서 소위 살루다도르(*Saludador*, *주문을 외우는 사람*)의 작업으로서[16] 나타난 것과 유사하게 치료를 목적으로 하는 유익한 영향을 줄 뿐이다. 그러나 살루다도르도 교회의 유죄 선고를 받았다. 반면에 마법은 훨씬 더 자주 해로운 목적에 사용되었다. 그러나 유추에 따르면 낯선 사람에게 직접적으로 작용하여 치료 효력으로 영향을 끼칠 수 있는 내재적 힘은, 그에게 해롭고 파괴적으로 작용할 수 있을 만큼 적어도 바로 그렇게 강력할 것임은 확실하다. 따라서 고대 마법의 어떤 한 부분이 동물자기학과 감응요법으로 환원되는 것 밖에서 실재성을 갖는다면, 그것은 분명히 마술(maleficium)과 마술 부림(fascinatio)이라고 지칭되고 대부분의 마녀재판을 유발한다. 위에서 언급된 **모스트**의 책에서 우리는 또한 분명히 마술에 포함되는 몇 가지 사실을 발견한다 (말하자면 40, 41쪽과 89, 91, 97번). 키저의 기록에도 제9권에서 12권까지 이어지는 벤더 벤슨(Bende Bendsen)의 병력에 질병이 특히 개에게 전달되어서 그로 인해 개가 죽은 경우들이 나온다. 마술 부림은 이미 그것을 사실로서 설명하려고 시도했던 데모크리토스에게 알려져 있었다는 사실을 우리는 플루타르코스의 『식탁에서의 토론 (*Symposiacae quaestiones*)』(qu. V, 7, 6)에서 알아낼 수 있다. 이 설명

---

16) Delrio, disq. mag. L. III. P. 2. q. 4. s. 7. 그리고 Bodinus, Mag.daemon: III, 2.

을 참이라고 받아들인다면, 우리는 마술의 범죄에 대한 단서를 갖는다. 따라서 그 범죄를 열렬히 추적한 것에는 그래도 이유가 전혀 없지는 않았을 것이다. 비록 이 추적이 대부분의 경우에 오류와 악용에 기인할지라도, 우리는 우리의 조상이 전혀 가능하지 않았을 범죄를 그렇게 무자비한 엄격성을 갖고 수세기 동안 추적했을 정도로 완전히 눈이 멀었다고 생각할 수는 없다. 이 관점으로부터 우리는 또한, 왜 오늘날까지 모든 국가에서 사람들이 특정한 병의 발생을 집요하게 마술의 책임으로 돌리고, 이 생각에서 벗어나지 않는지를 이해할 수 있게 된다. 이제 우리가 시대의 진보를 통해 그 평판 나쁜 예술을 지난 세기가 추정하듯이 그렇게 천박하지는 않은 것으로 간주할 마음을 갖게 된다면, 아그리파 폰 네테스하임 (Agrippa von Nettesheim), 비루스(Wierus), 보디누스(Bodinus), 델리오(Delrio), 빈즈펠트(Bindsfeldt) 등의 저술에서 발견되는 기만, 사기, 불합리성의 무질서 속에서 드문 진리를 찾아내기 위해서는 신중함이 다른 어느 곳에서보다 더 요구된다. 왜냐하면 세계 도처에서 빈번히 일어나는 기만과 사기는 자연법칙이 공공연하게 떠난, 실로 지양된 것으로 선포된 곳에서 가장 자유로운 활동 공간을 갖기 때문이다. 따라서 우리는 마법에서나 참된 것이었을 적은 것의 좁은 토대 위에 가장 공상적인 동화의, 즉 가장 조야한 만화의 하늘 높이 솟은 건물이 지어진 것을 본다. 그리고 그 결과 가장 피비린내 나는 잔혹함이 수세기 동안 행해졌다. 이에 대한 고찰에서는 가장 황당무계한, 실로 한계 없는 불합리성에 대한 인간 지성의 수용력과 이 불합리성을 기꺼이 잔혹함으로 날인하려는 인간의 마음에 관한 심리학적 성찰이 압도적이다.

그러나 오늘날 독일에서 마법에 대한 학자들의 생각을 변화시킨 것이 전적으로 유일하게 생물자기학은 아니다. 오히려 그 변화는 칸트가 가져온 철학의 전환을 통해 더 심오한 바탕에 준비되어 있었다. 이 전환은 다른 분야에서와 같이 철학 분야에서도 독일의 교육과 다른 유럽의 교육 사이에 근본적 차이를 불러온다. 모든 신비로운 교감에 관해, 혹은 심지어 마법적 작용에 관해 처음부터 비웃기 위해 우리는 세계를 매우, 실로 완전히 이해할 수 있는 것으로 간주해야 한다. 그러나 이것을 우리는, 극도로 단조로운 시선으로, 즉 우리가 수수께끼와 이해할 수 없는 것의 바다에 빠져 있으며 직접적으로는 사물도 우리 자신도 근본적으로 알거나 이해할 수 없다는 사실에 대해 어떤 예감도 허용하지 않는 시선으로 세계 안을 들여다볼 때에만 할 수 있다. 이런 신념과 대립적인 것은, 거의 모든 위대한 사람들이 시대와 나라에 무관하게 미신의 어떤 빛깔을 드러내게 한 바로 그것이다. 우리의 자연적인 인식 방식이 우리에게 물자체를 직접적으로 전달하고, 따라서 사물들의 절대적으로 참된 관계와 관련성도 직접적으로 전달하는 것이라면, 우리는 물론 미래에 대한 모든 예지, 부재 중이거나 죽어가는 이의, 혹은 심지어 죽은 이의 모든 현상과 모든 마법적 작용을 선천적으로, 그래서 절대적으로 비난할 권리를 가질 것이다. 그러나 칸트가 가르치듯이 우리가 인식하는 것이 그 형식과 법칙이 사물 자체에 이르지 않는 단순한 현상이라면, 그러한 비난은 분명히 성급한 것이다. 그 비난이 근거하는 법칙의 선천성은 그 비난을 바로 현상에 제한하기 때문이다. 반면에 우리의 고유한 내적 자아도 속해야 하는 물자체는 이 법칙에 의해 건드려지지 않은 채 있다. 그러나 이 물자체는 우리와 관계를 가질 수 있다. 이 관계로부터 앞에서 언급된 *(마법적)* 과정이 도출되는 것이다. 따라서 이 과정에 관한 결정은 후천적으로 기다려야 하는 것이지 법칙에 앞서는 것이 아니다. 영국인과 프랑스 인이 그와 같은 과정에서 선천적인 것을 집요하게 지속적으로 비난하는 사실은 그들이 본질적으로 여전히 로크의 철학에 복종하는 것에 근본적으로 기인한다. 로크의 철학에 따르면, 우리는 단순히 감각지각을 뺀 후에 물자체를 인식한다. 그래서 물질적 세계의 법칙이 무조건적이라고 간주되고 물리적 영향 이외의 것은 승인되지 않는다. 따라서 그들은 물리학을 믿지만 형이상학을 믿지 않으며, 그에 따라 소위 '자연적 마법' 이외의 어떤 것도 허용하지 않는다. '자연적 마법'이라는 표현은 '초자연적 물리학'과 같은 형용모순을 함축하지만, 수없이 진지하게 사용된다. 반면에 '초자연적 물리학'은 리히텐베르크가 농담으로 한 번 사용했을 뿐이다. 반면에 대중은 언제나 준비된 초자연적 영향 일반에 대한 자신의 믿음과 함께 자신의 방식으로, 느낀 것일 뿐일지라도, 우리가 지각하고 이해하는 것은 단순한 현상이고 물자체가 아니라는 확신을 표현한다. 이것이 지나친 말이 아니라는 것을 칸트의 『윤리형이상학 정초(*Grundlegug zur Metaphysik der Sitten*)』의 한 구절이 증명한다. "한 가지 주목할 점이 있다. 그것은 그것에 주의를 기울이는 데는 무슨 섬세한 숙고가 필요하지 않은 것으로서, 오히려 보통의 지성도 능히, 물론 나름의 방식이기는 하지만, 그가 감정이라고 부르는 판단력의 막연한 분별에 의해서 알 만한 것이라고 생각할 수 있는 것이니, 즉 우리의 의사 없이 우리에게 나타나는 모든 표상들(가령 감관들의 표상들)은 우리로 하여금 대상들을 그것들이 우리를 촉발하는 대로만 인식하게끔 하고, 그때 그것들이 그 자체로 무엇일 수 있는가는 우리에게 알려져 있지 않다는 것, 그러니까 이런 종류의 표상들에 관해서는 우리가, 지성이 할 수 있는 한, 제아무리 세심한 주의를 기울이고 명료화하더라도, 그걸 통해서는 한낱 **현상들**의 인식에 이를 뿐 결코 **사물들 그 자체**에는 이를 수 없다는 것 말이다. 일단 이런 구별이 지어지면 곧바로 이로부터 저절로 나오는 결론은, 우리는 현상들 배후에 있는 현상이 아닌 어떤 다른 것, 곧 사물들 자체를 용인하고 상정할 수밖에 없다는 것이다"[17](제3판, 105쪽).

괴팅겐학회의 수상 논문인 「질문에 대한 해명(*disputatio de quaestione*)」(Marburg, 1787)이라는 티데만(D. Tiedemann)의 마법사

---

17) 〔옮긴이〕 백종현 옮김, 『윤리형이상학 정초』(아카넷, 2005), 188쪽.

를 읽는다면, 우리는 인류가 도처에서 언제나 그렇게 많은 실패에도 불구하고 마법의 사상을 추적한 그 끈기에 놀랄 것이다. 그리고 이로부터 마법의 사상이 사물 일반에서는 아닐지라도 적어도 인간의 본성에서는 어떤 심오한 이유를 가져야 하며, 마음대로 지어낸 엉뚱한 생각일 수 없다는 사실이 도출된다. 비록 **마법**의 정의가 저술가들마다 다르게 나타날지라도 그 근본 사상은 결코 오인될 수 없다. 말하자면, 시대와 나라를 막론하고 사람들은 세계에 변화를 불러일으키는 정식 방법인 물체들의 인과관계에 의한 방법 이외에 이것과 완전히 다른, 인과관계에 전혀 기인하지 않는 또 다른 방법이 있어야 한다는 생각을 품고 있었다. 따라서 이 다른 방법이 처음 방법의 의미에서 이해된다면, 그것은 분명히 불합리해 보일 점이다. 적용된 원인이 의도하는 작용에 대해 부적절하다는 것이 드러나고, 이 둘 간의 인과관계가 불가능할 것이기 때문이다. 다만 여기에는 다음의 사실들이 전제되었다. 첫째, 물리적 관계의 근거가 되는 이 세계의 현상들 간의 외적 결합 외에, 모든 사물의 본질을 관통하는 또 다른 결합이 있어야 한다는 것이다. 말하자면, 현상의 **한** 지점으로부터 직접적으로 다른 모든 것에 어떤 '형이상학적 관계'를 통해 작용할 수 있는 비밀 결합이 있어야 한다는 것이다. 둘째, 그래서 사물에 대한 일상적인 외부로부터의 작용 대신에 내부로부터의 작용이, 현상에 대한 현상의 작용이 모든 현상에서 하나이자 동일한 것인 본질 자체에 의해 가능해야 한다는 것이다. 셋째, 우리는 '창조된 자연'으로서 인과적으로 작용하듯이 또한 '창조하는 자연'으로서 잘 작용할 능력을 가질 수 있으며, 현재의 소우주를 대우주로 내세울 수 있을 것이라는 사실이다. 넷째, 개별화와 분리의 칸막이벽이 아무리 확고할지라도 마치 무대 뒤에서와 같이, 혹은 식탁 아래에서의 비밀 놀이와 같이 때때로 의사소통을 허용할 수 있을 것이라는 사실이다. 다섯째, 몽유병 환자의 투시력에서 **인식**의 개별적 분리가 지양되듯이 **의지**의 개별적 분리의 지양도 있을 수 있다는 사실이다. 이와 같은 생각은 경험적으로 발생할 수 없고, 그 생각을 경험에 의한 증명이 모든 시대에 모든 나라에서 유지시킨 것일 수도 없다. 왜냐하면 대부분의 경우에 경험은 그 생각과 정면으로 대립적인 결과가 되어야 했기 때문이다. 따라서 인류 전체에 그렇게 보편적인, 참으로 그렇게 많은 대립적 경험과 일상적 인간 오성에도 불구하고 소멸할 수 없는 이 생각의 근원은 매우 깊은 곳에서 찾아야 하는 것이라고 나는 생각한다. 말하자면 그 근원은 의지 자체의, 즉 인간의 내적 본질이자 동시에 자연 전체의 내적 본질인 그 의지의 전능에 대한 내적 느낌에서 찾아야 하는 것이며, 그 느낌과 결합된 전제, 즉 그 전능함이 아마 한 번은 어떤 방식으로든 개별자로부터도 관철될 수 있을 것이라는 전제에서 찾아야 하는 것이다. 사람들은 물자체로서의 의지와 개별적 현상에서의 의지에 가능한 것을 고찰하고 분리할 능력이 없었고, 오히려 두말없이 자신이 특정한 상황에서 개별화의 경계를 부술 수 있다고 받아들였다. 왜냐하면 앞에서 언급한 내적 느낌은 경험으로부터 솟구친 다음의 인식에 완강히 대항했기 때문이다.

> 내 가슴에 사는 신은
> 나의 가장 내면적인 것을 깊이 자극할 수 있다.
> 내 모든 힘을 넘어서 군림하는 이는
> 아무것도 외부로 움직일 수 없다.[18]

 서술된 이 근본 사상에 적합하게 우리는, 마법을 위한 모든 시도에서 응용된 물리적 수단은 언제나 형이상학적인 것의 매체로서만 받아들여졌다는 사실을 발견한다. 그렇지 않았더라면 그 수단은 의도된 작용에 대해 분명히 아무런 관계도 가질 수 없었을 것이기 때문이다. 그러한 수단으로는 외래 단어들, 상징적 행위, 그려진 상, 밀랍으로 만든 상 등등이 있었다. 그리고 앞의 근원적인 느낌에 적합하게 우리는, 그와 같은 매체에 의해 운반된 것이 결국 언제나 사람들이 그 매체에 결합한 **의지**의 한 행위라는 사실을 본다. 이것을 위한 매우 자연적인 동기는 사람들이 자신의 신체의 움직임에서 매 순간 완전히 설명될 수 없는, 따라서 명백히 의지의 형이상학적 영향을 알아본 것이었다. 이 의지가 다른 물체에도 뻗칠 수 있을 것

---

18) 〔옮긴이〕『파우스트』, I, 1566f.

이라고 사람들은 생각했다. 이를 위해 모든 개별자 안에서 의지가 처하는 분리를 지양하는 길을 찾는 것, 그리고 직접적인 의지 영역을 의지하는 자신의 신체 너머로 확장하는 것이 마법의 과제였다.

그러나 원래 마법을 발생시킨 이 근본 사상이 즉시 명백한 의식으로 넘어가고 '추상적으로' 인식되기 위해서는, 동시에 마법이 자기 자신을 이해하기 위해서는 많은 것이 부족했다. 오직 소수의 생각 있고 학식 있는 이전 세기의 저술가들에게서 우리는, 내가 곧 인용에 의해 증명하게 되듯이, **의지** 자체에 마법적 힘이 놓여 있으며 진기한 표시와 행위는 이것을 동반하는, 악령을 주문하고 연결하는 수단으로 사용된 의미 없는 단어들과 함께 **의지**의 단순한 매체이자 확정 수단이라는 사실을 발견한다. 이를 통해 마법적으로 작용하는 의지작용은 단순한 소망이기를 멈추고 행위가 된다. 말하자면 (파라셀수스[19]가 말하듯이) 하나의 '신체'를 얻는다. 또한 개별적 의지가 이제 자신을 더 일반적인 것으로서, 즉 의지 자체로서 내세운다는 어느 정도 명확한 설명이 주어진다. 왜냐하면 감응요법혹은 그것이 무엇이든 모든 마법적 행위에서 외적 행위(결합수단)는 자기요법에서 쓰다듬는 바로 그것이므로, 원래 본질적인 것이 아니라 매체이기 때문이다. 이를 통해 유일하게 본래적인 동인인 의지가

---

19) 〔옮긴이〕 아우레올루스 필리푸스 파라셀수스(Aureolus Philippus Paracelsus, 1493~1541): 스위스의 의사, 연금술사, 점성술사, 신비주의 철학자. 갈레노스와 이븐시나의 고전 의학을 비판했고, 의학 개혁을 시도했다.

물체 세계에서 방향을 얻고 정착하여 실재성으로 넘어간다. 따라서 이 매체는 보통 필수적이다. 그 시대의 나머지 저술가들에게는 마법에 관한 앞의 근본 사상과 일치하여 자연에 대한 절대적 지배를 마음대로 행사하려는 목적만이 확정되어 있다. 그러나 그들은 마법이 직접적인 지배여야 한다는 생각에까지 이를 수는 없었고 그것이 전적으로 **간접적인** 지배라고 생각했다. 왜냐하면 국교는 대체로 자연을 신들과 악령들의 지배 아래에 두기 때문이다. 이들을 자신의 의지에 적합하게 조종하는 것, 자신에게 봉사하게 하는 것, 실로 강요하는 것이 마법사가 추구한 것이다. 그리고 그는 메스머가 처음에 자신의 자기요법의 성공을 참된 동인이었던 의지가 아니라 자신이 손에 잡았던 막대자석의 공으로 돌렸듯이 그가 이루고자 했던 것을 신들과 악령들의 공으로 돌렸다. 이렇게 이 문제는 다신교를 믿는 모든 민족에게 받아들여졌으며 플로티노스(Plotinos)도 이렇게 이해한다.[20] 그리고 특히 이암블리코스(Iamblichos)는 마법을, 말하자면 **신기**(神技, Theurgie)라고 이해한다. 이 표현은 포르피리오스(Porphyrios)가 최초로 사용했다. 이 해석을 다신교, 즉 이 성스러운 귀족사회는 선호했다. 다신교는 자연의 다양한 힘에 대한 지배를 그렇게 많은 신들과 악령들에게 나누었기 때문이다. 이들은 적어도 가장 큰 부분에서는 인간화된 자연력이었을 뿐이며, 마법사는 이들

---

20) 플로티노스는 여기저기서 더 옳은 통찰을 드러낸다. 예를 들어 Enn. II. lib. III. c. 7 – Enn. IV. lib. III. c. 12. – et lib. IV. c. 40, 43. – et lib. IX. c. 3.

중에서 때로는 이것을, 때로는 저것을 자신을 위해 획득하거나 지배했다. 다만 자연 전체가 유일한 지배자에게 복종하는 신성한 왕국에서는 이 지배자와 사적인 동맹을 맺거나 심지어 그를 지배하려고 하는 것은 지나치게 무모한 생각이었을 것이다. 따라서 유대교, 기독교, 이슬람교가 지배적인 곳에서는 유일신의 전능이 앞의 해석에 방해가 된다. 이 전능을 마법사는 공격할 수 없었다. 그래서 그에게 남은 것은 악마에게로 도피하는 길뿐이었다. 이 모반자들과 함께 혹은 그래도 자연에 대해 여전히 약간의 위력을 갖고 있는 아리만[21]의 직계 후손과 함께 그는 이제 동맹을 맺었고 이를 통해 아리만의 도움을 확인했다. 이것이 '어둠의 마법'이었다. 마술사가 악마와 동맹하지 않고, 유일신 자신이 허락하거나 심지어 협력하여 천사의 중재가 요청될 때 그것은 그 반대인 밝은 마법으로 된다. 그러나 마법사가 신에 대한 더 드문 이름인 아도나이(Adonai) 등등과 같은 히브리어 이름과 칭호를 부름으로써 아무것도 약속하지 않은 채 악마를 가까이 부르고 복종을 강요할 때 그것은 더 자주 밝은 마법이 된다. 악마의 영향력(Höllenzwang).[22] 그러나 이 문제에 대한 이 모든 단순한 해석과 비유적 표현은 완전히 그 문제의 본질과 객관적 과정을 위해 받아들여졌다. 그래서 마법을 자신의 경험에서가 아니라 남의 손을 거쳐서만 아는 보디누스, 델리오,

---

21) 〔옮긴이〕 Ahriman: 페르시아의 악의 신.

22) Delrio disq. mag. L. II, q. 2. ‒ Agrippa a Nettesheym, de vanit. scient. c. 45.

빈즈펠트 등의 저술가는 모두 마법의 본질을, 자연력을 통한 것도 아니고 자연적인 방법에 의한 것도 아닌 악마의 도움으로 일어난 작용이라고 규정한다. 이것이 통용되는 일반적인 생각이었고 모든 곳에서 그렇게 지속되었으며, 지역적으로 국교에 따라 수정되었다. 이 생각은 또한 요술과 마녀재판에 대한 법의 토대였다. 마법의 가능성에 대한 논쟁도 보통 마찬가지로 이 생각을 겨냥했다. 그러나 이 문제에 대한 그와 같은 **객관적** 파악과 해석은 이미 단호한 실재론으로 인해 필연적으로 등장해야 했다. 실재론은 고대와 같이 중세 시대에 유럽에서 전적으로 지배적이었고 데카르트에 의해 비로소 흔들리게 되었다. 그때까지 인간은 자기 내면의 비밀스러운 깊이로 향하여 숙고하는 것을 아직 배우지 않았고, 오히려 모든 것을 자신의 밖에서 찾았다. 심지어 인간이 자신 안에서 발견한 의지를 자연의 주인으로 만드는 것은 매우 대담한 생각이어서 사람들은 그에 대해 놀랐을 것이다. 그래서 사람들은 의지를 허구적 존재의 지배자로 만들었다. 통용되는 미신은 의지를 간접적으로라도 자연의 지배자로 만들기 위해 이 허구적 존재에게 자연에 대한 권한을 승인했다. 그 밖에 모든 종류의 악령과 신들은 그래도 여전히 의인화된 신성이다. 이 신성을 매개로 모든 피부색과 종파의 신자들은 자연의 **뒤**에 놓여 있는 것인 **형이상학적인 것**을, 자신들에게 현존과 존속을 나누어주는 것을, 따라서 자신들을 지배하는 것을 이해한다. 따라서 마법이 악령의 도움으로 작용한다고 말해진다면, 이 생각의 기초가 되는 의미는 그래도 여전히 마법이 물리적인 방식이 아니라 **형이상학적** 방식의 작용이며, 자연적 작용이 아니라 초자연적 작용이라는 것이다. 그러나 이제 우리가 마법의 실재성을 주장하는 어느 정도 실제적인 것에서, 말하자면 생물자기학과 감응요법에서 보통은 의욕하는 개별자의 내부에서만 표현하지만 여기서는 그 외부에서 자신의 직접적 힘을 표현하는 의지의 직접적 작용 이외의 다른 어떤 것도 인식하지 않는다면, 그리고 내가 곧 보여주게 되고 결정적인 명백한 인용을 통해 증명하게 되듯이, 고대 마법에 정통한 사람들은 마법의 모든 작용을 마술사의 의지에서 도출한다는 점을 본다면, 이것은 물론 내 학설에 대한 강력한 경험적 증거다. 내 학설이 주장하는 것은 형이상학적인 것 일반, 유일하게 아직 표상 밖에 존재하는 세계의 물자체는 우리가 우리 안에서 **의지**라고 인식하는 것 이외의 다른 것이 아니라는 것이다.

이제 앞의 마법사들이, 의지가 가끔 자연에 대해 행사하는 직접적 지배를 단순히 마법사의 도움에 의한 간접적인 것으로 생각했다면, 언제 어디서 그 지배가 일어났든지 상관없이 이런 생각이 그 지배가 작용하는 것을 방해할 수는 없었다. 왜냐하면 바로 이런 종류의 일에서 의지 자체는 자신의 근원성 안에서 활동하며, 따라서 표상으로부터 분리되어 활동하기 때문이다. 그래서 지성의 틀린 개념들이 지성의 작용을 무효로 만들 수는 없고 이론과 실천은 여기서 서로 아주 멀리 떨어져 있다. 이론의 오류는 실천에 방해가 되지 않는다. 그리고 옳은 이론이 실천의 능력을 갖는 것도 아니다. 메스머는 처음에 의지의 작용을 자신이 손에 잡고 있었던 막대자석의 공으로 돌렸다. 나중에 그는 동물자기학의 경이를 물질주의적 이론에 따라 모든 것을 뚫고 들어가는 미세한 유동체에 의해 설명했지만, 그럼에도 막강한 영향을 끼쳤다. 나는 어떤 대농장 소유주를 알았다. 그 농장의 농부들은 옛날부터 자비로운 주인의 주문에 의해 열병이 몰아내졌다는 생각에 익숙했다. 이제 그가 이런 식의 모든 것이 불가능하다는 점을 완전히 확고한 것으로 간주했음에도 불구하고, 그는 친절함에서 농부들의 뜻대로 지금까지의 방식을 따랐다. 그리고 가끔 좋은 결과가 나왔다. 그러면 그는 이 결과를 농부들의 확고한 믿음 덕으로 돌렸다. 거기서 그는 그러한 믿음이 확신에 찬 많은 환자들의 그렇게 자주 전혀 쓸모없었던 약품도 효과있는 것으로 만들었어야 했다는 점을 언급하지는 않았다.

이제 이미 서술한 바와 같이 신기와 악령 마법이 그 문제에 대한 단순한 해석이자 비유적 표현이며 단순한 겉모습이지만, 대다수가 그것에 만족했다면, 그럼에도 내면을 통찰하면서 어쩌면 일어날 법한 마법적 영향을 미치는 것이 전적으로 **의지**일 뿐이라는 사실을 아주 잘 인식한 사람들이 없지 않았다. 더 심오하게 통찰하는 이러한 사람들을 우리는 그러나 마법에 익숙하지 않은, 실로 적대적으로 접근하는 사람들에게서 찾으면 안 된다. 마법에 관한 책 대부분은 바로 이들이 쓴 것이다. 이들은 마법을 단순히 법정에서 그리고 증인신문에서 들어서 알고 있으므로 단순히 마법의 외면을 기술하는 사람들이다. 참으로 그들은 마술의 경악스러운 악습이 퍼지지 않게 하기 위해 마법이 그들에게 아마 고백을 통해 알려진 곳에서의 본래적 과정을 주의 깊게 비밀로 한다. 이런 부류에는 보디누스, 델리오, 빈즈펠트 등이 있다. 반면에 우리가 이 일의 고유한 본질에 관해 설명을 얻어야 하는 이들은, 미신이 유행했던 시대에 활동한 철학자와 자연 연구자들이다. 그러나 이들의 진술로부터, 완전히 생물자기학에서와 같이 마법에서의 고유한 동인은 **의지**일 뿐이라는 사실이 매우 명백히 도출된다. 이것을 증명하기 위해 몇 가지 인용문이 제시되어야 한다. 이미 **로저 베이컨**[23]은 13세기에 "악의를 품은 사람이 단호히 다른 사람에게 해를 끼치려고 한다면, 그가 그것을 강렬하게 갈망한다면, 자신의 의도를 확고하게 그것에 맞추고 자신이 그 사람에게 해를 끼칠 수 있다는 점을 굳게 확신한다면, 자연이 그의 의지의 의도를 따를 것이라는 것은 의심할 수 없다"(『대서(*Opus Majus*)』, London, 1733, 252쪽)라고 말한다. 그러나 마법의 내적 본질에 관해 다른 어떤 이보다 더 많은 설명을 제공하며, 심지어 마법의 과정을 정확히 기술하기를 주저하지 않는 사람은 특히 **테오프라스투스 파라셀수스**이며, 무엇보다 (1603년 슈트

---

23) 〔옮긴이〕 로저 베이컨(Roger Bacon, 1214~1294): 영국의 성직자이자 철학자. 경험적·실험적 학문 방법의 중요성을 강조했으며, 연금술과 점성술에도 관심이 있었다. 근대과학의 선구자로 평가된다.

라스부르크 판으로) 제1권, 91쪽, 353쪽 이하, 789쪽, 그리고 제2권, 362쪽, 496쪽에서이다. 그는 제1권 19쪽에서 이렇게 말한다. "밀랍으로 된 형상들에서 그와 같은 것을 인지해보자. 내가 내 의지에서 타인에 대해 적개심을 갖는다면, 그 적개심은 하나의 '매개물'에 의해, 말하자면 '신체'에 의해 실행되어야 한다. 따라서 내 정신이 내칼에 의한 내 신체의 도움 없이 내 **열정적 욕구**에 의해 타인을 찌르거나 상처를 입히는 일이 가능하다. 따라서 내가 내 **의지**에 의해 내적의 정신을 그 형상으로 가져가서 내 마음대로 구부리고 마비시키는 일이 가능하다. **의지**의 작용이 약품에서 중요한 점임을 그대들은 알아야 한다. 왜냐하면 어떤 이가 자신에게 어떠한 좋은 것도 베풀지 않고 자신을 미워한다면, 그가 자신에게 저주하는 것이 일어날 수 있기 때문이다. 왜냐하면 저주는 정신의 판결에서 오기 때문이다. 따라서 형상들이 저주받아 질병 등등에 걸리는 것이 가능하다. 그러한 작용은 짐승에게도 일어나며, 거기서는 인간에게서보다 훨씬 더 쉽게 일어난다. 인간의 정신은 짐승의 정신보다 더 방어적이기 때문이다."

375쪽: "이것으로부터 도출되는 사실은, 하나의 형상이 다른 형상에 대해 마법을 쓰는 것은 기호의 힘이나 그와 같은 것으로부터 성모 밀랍을 통해 일어나는 것이 아니라, 상상력이 자신의 고유한 별자리를 극복하는 데서 일어난다는 것, 즉 상상력이 그의 하늘의 의지, 즉 그의 인간을 완성하는 수단이 된다는 것이다."

334쪽: "인간의 모든 상상은 마음에서 온다. 마음은 소우주의 태양이다. 그리고 인간의 모든 상상은 소우주의 작은 태양에서 세계의 태양으로, 즉 대우주의 마음으로 간다. 그래서 소우주의 상상력은 하나의 씨앗이다. 이것은 물질적으로 된다" 등등.

364쪽: "그대들에게는 모든 마법적 작품의 시작인 엄격한 상상력이 행하는 것이 충분히 알려졌을 것이다."

789쪽: "따라서 내 사유도 하나의 목적을 바라보는 것이다. 그러면 나는 눈을 내 손과 함께 그 쪽으로 돌리면 안 되고, 내 상상력이 내가 욕구하는 방향으로 눈을 돌린다. 따라서 걷는 것에 대해서도, 내가 욕구하고 계획하므로 내 신체가 움직이는 것으로 이해해야 한다. 내 사유가 빠를수록 내가 뛰는 것도 빠르다. 따라서 상상력만이 나의 뛰기의 동력이다."

837쪽: "나에게 사용되는 상상력은 내가 다른 이의 상상력에 의해 살해될 수 있을 정도로 강력하게 사용될 수 있다."

2권 274쪽: "상상력은 욕구와 욕망에서 온다. 욕구는 시기와 증오를 준다. 시기와 증오는, 그대가 그에 대한 욕구를 갖지 않는다면 발생하지 않기 때문이다. 그래서 그대가 욕구를 갖는다면 상상력의 작업이 그에 따른다. 이 욕구는 임신한 부인의 욕구와 같이 빠르고 열망적이고 기민하다. 일반적인 저주는 보통 참이다. 왜? 그것은 마음에서 오기 때문이다. 그리고 마음에서 오는 것 안에는 씨앗이 놓여 있고 그것은 분만한다. 따라서 부모의 저주도 마음에서 온다. 그리고 가난한 사람들의 저주도 상상력과 같은 것이다. 죄수의 저주도 상상력일 뿐으로서 마음에서 온다. …… 따라서 자신의 상상력에 의해 다른 이를 찔러 죽이거나 절름발이로 만드는 등등을 원한다면, 그는 그 사물과 도구를 먼저 자신 안으로 끌어당겨야 한다. 그러면 그는 그것을 각인할 수 있다. 왜냐하면 손에 의한 것에서도 그렇듯이 생각을 통해 들어오는 것은 또 다시 나갈 수 있기 때문이다. … 그런 상상에 있어서 여성이 남성보다 우월하다. …… 여성은 복수에 열중하기 때문이다."

298쪽: "마술사는 숨겨진 위대한 현자다. 마찬가지로 이성은 공공연한 위대한 멍청이다. …… 갑옷은 마술을 방어하지 못한다. 마술은 내부의 인간을 즉 생명체의 정신을 해치기 때문이다. …… 소수의 마술사는 그가 생각하는 사람을 그림으로 묘사하고 그 발바닥에 못을 박는다. 그 사람은 눈에 보이지 않게 찔렸고 못을 뽑아낼 때까지 마비되어 있다."

307쪽: "우리가 단지 믿음과 강력한 상상을 통해 그 어떤 사람의 정신도 그림으로 가져올 수 있다는 것을 우리는 알아야 한다. …… 여기에는 어떤 주문도 필요하지 않다. 그리고 의식들, 원을 그리는 것, 향료, 봉인 등등은 순전히 장난이며 유혹이다. …… 소인들(Homunculi)과 그림들이 만들어진다. 기타 등등. …… 여기서는 인간의 모든 활동, 힘, 의지가 완성된다. …… 인간의 심성은 위대해서 누구도 표현할 수 없다. 신 자체가 영원하고 소멸하지 않는 것처럼 인간의 심성도 그렇다. 우리 인간이 우리의 심성을 올바로 인식한다면, 지구상에서 어떤 것도 불가능하지 않을 것이다. …… 별들에서 오는 완벽한 상상력은 심성에서 나온다."

513쪽: "상상력은 그것이 정말로 일어난다는 믿음에 의해 견고해지고 완성된다. 모든 의심은 일을 그르치기 때문이다. 믿음은 상상력을 확증해야 한다. 믿음은 의지를 결정하기 때문이다. …… 그러나 인간이 언제나 완벽하게 상상하고 완벽하게 **믿는** 것은 아니라는 사실은 예술이 불확실하다고 불릴 수밖에 없게 한다. 그래도 예술은 확실하고 매우 잘 존재할 수 있다." 이 마지막 문장을 설명하기 위해 캄파넬라[24]의 책 『사물에 대한 지각과 마법(De sensu rerum et magia)』의 한 구절이 쓰일 수 있다. "외부의 영향은, 인간이 (그것을 실행할 수 없다고) 생각하기만 해도 생식 행위를 성취할 수 없도록 만든다. 왜냐하면 인간은 자신이 실행할 수 없다고 생각하는 것을 실행할 수는 없기 때문이다"(제50권 4장 18절).

아그리파 폰 네테스하임은 『신비철학에 관하여(De occulta philosophia)』 제1권 66장에서 같은 의미로 다음과 같이 말한다. "육체는 다른 육체의 영향을 받는 것과 같이 다른 정신의 영향을 받는다." 그리고 제67장에는 다음과 같은 말이 있다. "매우 강한

---

24) 〔옮긴이〕 토마스 캄파넬라(Tommaso Campanella, 1568~1639): 이탈리아의 철학자이자 도미니크회 수도사. 범신론적 세계관을 표명했으며, 감각주의를 신비주의 및 점성술과 결합하려고 시도했다.

미움을 느끼는 사람의 정신이 지시하는 모든 것은 해치고 파괴하는 작용을 갖는다. 그리고 정신이 매우 강한 요구로 열망하는 모든 것에서 유사한 작용이 일어난다. 왜냐하면 정신이 문자, 형태, 단어, 대화, 몸짓과 그와 같은 종류의 것을 매개로 행하고 명령하는 모든 것은 영혼의 요구를 지지하며 일종의 놀라운 힘을 얻기 때문이다. 그것이 그런 종류의 요구가 그것의 영혼을 특별히 충족시키는 시간에 노력하는 편에 있거나 정신을 그와 같은 자극에 보내는 하늘의 계기와 영향들 편에 있거나 상관없이 말이다." 또한 제 68장에서 말한다. "인간의 정신에는 사물과 인간을 규정하고 정신이 요구하는 것에 연결하는 어떤 힘이 내재한다. 그리고 정신이 자신이 연결하는 것을 버릴 정도로 어떤 열정이나 정력의 큰 흥분에 빠졌을 때 모든 사물은 이 정신에 복종한다. 그와 같은 연결의 원인은 영혼 자신의 격렬하고 과도한 흥분이다."

바니니[25]도 『자연의 놀라운 비밀에 관하여(*De admirandis nature arcanis*)』 434쪽에서 같은 것을 말한다. "정신과 피가 복종하는 격렬한 상상은 표상에서 파악된 것을 내부에서뿐 아니라 외부에서도

---

25) 〔옮긴이〕 율리우스 카이사르 바니니(Julius Caesar Vanini, 1585~1619): 이 탈리아의 철학자 · 신학자. 종교재판에서 이단으로 판결되어 화형을 당했다. 르네상스 아리스토텔레스주의에서 범신론족 자연철학으로의 이행을 완성한 것으로 평가된다. 그에 따르면, 신은 무한하고 영원하고 초시간적인 존재로서 자신으로부터 자연을 산출했으며, 자연에서 자신의 힘을 표현한다. 따라서 자연도 영원하다는 것이다.

실제로 일으킬 수 있다.[26]

헬몬트도 바로 그렇게 말한다. 그는 마법에서 악마의 영향을 가능한 한 많이 깎아내려서 의지에 부여하려고 애쓴다. 그의 작품집 『의학의 기원(Ortus medicinae)』에서 나는 각각의 문헌들을 인용하여 몇 구절을 제시하겠다.

「**주입된 것을 받아들이는 것**(Recepta injecta)」 제12절: "자연의 적(악마)은 자신으로부터 적용을 스스로 수행할 수는 없으므로 격렬한 요구와 증오의 표상을 마녀에게 불러일으킨다. 그는 이 정신적이고 자의적인 심령을 정복함으로써 자신의 의지를 전파하려는 것

---

26) 같은 책 440쪽에는 "강력하게 생각함으로써 낙타를 넘어뜨릴 수 있다는 이븐시나의 명언을 사람들은 인용한다"라고 쓰여 있다. 478쪽에서 그는 허리띠를 엮는 것은 "여자와 동침할 수 없도록 마법을 거는 것"이라면서 이렇게 말한다. "독일에서 나는 소위 수많은 무당과 이야기를 나누었다. 그들은 대중들에게서 악령에 관해 유포되고 있는 생각이 단순한 잡담임을, 그러나 그들 자신이 어떤 것을 수행할 수 있을 것이라는 점을 굳게 확신한다고 공공연하게 고백했다. 그것은 특정한 약초로 환상을 불러일으키는 것이거나, 또한 단지 상상력을 통한, 그리고 그들이 고안해낸 극도로 불합리한 주문에 대한 매우 강력한 믿음의 힘을 통한 것이다. 그들은 이 주문을 무지한 여자들에게 전하여, 이들이 특정한 작은 기도문을 정신 집중하여 읊으면 곧 마술이 작용할 것이라고 이들로 하여금 믿게 한다. 그러면 이들이 쉽게 믿는 경향에서 마음속 가장 깊은 곳으로부터 주문을 말하면, 여자들이 믿듯이 단어나 문자의 힘을 통해서가 아니라 그들이 마법을 걸려는 격렬한 요구와 함께 내쉬는 (생명의, 그리고 동물적인) 호흡을 통해 그 근처에 있는 이들이 마법에 걸리는 일이 발생한다는 것이다. 따라서 무당 자신이 자신의 일이나 타인의 일에서 홀로 작업한다면 결코 놀랄 만한 것을 불러일으키지 않게 된다. 그들에게는 모든 것을 수행할 수 있는 믿음이 없기 때문이다.

이다. 이 의지를 통해 그는 모든 것에 영향을 주려고 애쓴다.[27] 이 목적을 위해 그는 자신에게 극도로 불쾌한 것에게는 특히 욕구와 두려움의 표상을 갖는 저주도 내린다." 제13절: "왜냐하면 앞의 욕구는, 상상력 안에서의 열정인 만큼 단순히 공허한 표상이 아니라 작용하고 마력을 유발하는 표상도 산출하기 때문이다." 제19절: "마법의 주된 힘은 마녀의 자연적 표상에 의존한다는 것을 내가 이미 보여주었듯이."

「주입된 물질에 관하여(De injectis materialibus)」 제15절: "마녀는 그녀의 자연적 존재의 힘으로 상상력 안에 자의적이고 자연적이며 해로운 표상을 형성한다. ······ 마녀는 자신의 자연적 힘을 통해 영향을 미친다. ······ 인간은 남에게 작용하는, 발산하고 명령하는 매개물을 자신으로부터도 떠나게 한다. 이 매개물은 사람에게 마법을 거는 작용을 한다. 이 매개물은 어떤 격렬한 욕구의 표상이다. 그것은 말하자면 원하는 방향으로 움직이려는 욕구로부터 분리될 수 없다."

「감응 매개물에 관하여(De sympatheticis mediis)」 제2절: "말하자면 욕구의 표상은 그 대상이 먼 곳에 있을지라도 대단한 감화 방법으로 그 대상에게로 던져 넣어진다. 왜냐하면 이 표상은 특별한 객체가 정하는 욕구에 의해 조종되기 때문이다."

---

27) "악마가 그것을 가르쳤지만, 악마 혼자서는 그것을 만들 수 없다"(『파우스트』, I, 2376f).

「**상처를 치유하는 자기력에 관하여**(De magnetica vulnerum curatione)」제76절: "따라서 피에 일종의 무아경의 힘이 놓여 있다. 이 힘은 격렬한 욕구에 의해 한 번 자극되었다면, 외부의 인간 정신에 의해 존재하지 않는 어떤 대상에게로도 넘어서 보내진다. 이 힘은 외부의 인간에게서 잠재적이며 마치 가능한 것처럼 존재한다. 그리고 그 힘은, 상상력이 격렬한 욕구나 유사한 수단에 의해 불타오름으로써 자극되지 않는다면 현실적으로 되지 않는다." 제98절: "온전한 정신인 영혼은, 영혼에 자연적으로 내재하지만 마법적이고 정신적인 힘이 영혼으로부터 정신과 육체로 내려오지 않는다면 결코 생명의 호흡(말하자면 육체적인 것)을, 하물며 살과 뼈를 움직이거나 자극할 수 없다. 정신과 정신에 따라 육체를 움직이는 그런 명령이 없다면 어떤 방식으로 육체적 정신이 영혼의 명령에 복종할 수 있을 것인지를 말해보라. 그러나 너는 즉시 마법적 원동력에 대해 이렇게 반대할 것이다. 그 원동력은 그 자신의, 그리고 그것의 자연적인 집의 내부에 머물러야 하며, 따라서 우리가 그 원동력을 또한 마법적이라고 부른다면, 그 이름을 왜곡하고 잘못 사용한다는 것이다. 왜냐하면 이 영혼은 어떤 방법으로도 그것의 육체 밖에서 어떤 것을 움직이거나 변화시키거나 자극할 수 없을 것이므로 본래의 미신적인 마법은 그 토대를 영혼으로부터 끌어낼 수 없을 것이기 때문이라는 것이다. 이에 대해 나는 다음과 같이 답변한다. 영혼에 대해 자연적인 힘과 외부로 작용하는 마법은, 신의 형상에 의해 이미 어렴풋이 인간 안에 숨겨져 놓여 있으며 마치 (인류의 타락 이후에) 자고 있는 듯하여 자극을 필요로 한다. 이 힘은 졸리고 마치 취한 것 같지만 언제나 우리 안에 존재한다. 그럼에도 이 힘은 자신의 육체에 충분히 작용할 수 있다. 그러므로 마법적 지식과 능력은 쉬고 있으며 자극만 주어지면 인간 안에서 활동할 것이다." 제102절: "따라서 사탄은 이 마법적 힘(보통 숨어 있고 외부의 인간 의식을 통해 억제되는)을 그에게 헌신한 이들에게 일으킨다. 그리고 이들은 그 힘을 힘 있는 자, 즉 마녀의 손에 있는 검(劍)과 같이 마음대로 쓸 수 있다. 그리고 실제로 사탄은 인간을 살해하기 위해 숨어 있는 그 힘을 자극하는 것 외의 어떤 것도 더 기여하지 않는다." 제106절: "마녀는 멀리 떨어진 마구간에서 말을 죽일 수 있다. 일종의 자연적 영향력은 마녀의 정신으로부터 나오고 말의 생명의 호흡을 억압하고 말살할 수 있는 사탄에게서 나오지 않는다." 제139절: "나는 하늘에서 내려온 이들을 자기학의 수호신이라고 지칭하지 않는다. 하물며 여기서 논의되는 것은 지옥에 관한 것이 아니다. 그것은 조약돌에서 불이 발생하듯이 인간 자체 안에서 발생하는 것이다. 말하자면 인간의 의지에 따라 세력 있는 활력으로부터 약간의 것이 끌어내어지고, 바로 이것이 마치 자신을 완성하는 형식 같은 이상적인 본질을 받아들인다. 이 완성에 도달한 이후에 정신은 육체적인 것과 비육체적인 것의 중간 성질을 갖는 어떤 것을 받아들인다. 그러나 정신은 의지가 그것을 유도하는 곳으로 간다. 따라서 이상적인 그 본질은 장소, 시간, 거리의 한계에 의해 멈춰지지 않는다. 그것은 악령이나 그와 같은 것의 작용이 아니라 관련된 사람의 정신적 작용이다. 이 작용은 우리에게 완전히 자연적이고 친밀하다." 제168절: "이 엄청난 비밀을 알리는 것을, 말하자면 인간에게 하나의 에너지가 놓여 있으며, 인간은 이 에너지의 도움으로 단순한 의지와 환상을 통해 자신의 밖으로 작용할 수 있고, 하나의 힘을 표현할 수 있으며 마찬가지로 매우 멀리 떨어져 있는 객체에도 지속적인 영향을 표현할 수 있음을 명백하게 보여주기를 나는 지금까지 미루어왔다."

폼포나치[28]도 (『마법에 관하여(*De incantationibus*)』, Opera Basil, 1567, 44쪽에서) 이렇게 말한다. "그래서 그와 같은 힘을 마음대로 하는 그런 사람들이 있다. 그리고 이들이 상상력과 욕구 능력을 통해 실제로 활동한다면, 그러한 영향력은 실행에 옮겨지고 피와 정신에 영향을 미친다. 그런 힘들은 증발을 통해 외부로 나가려고 하고 그와 같은 작용들을 불러일으킨다."

이런 식의 매우 특이한 해명을 **포르데지**(John Pordage)의 제자이자 신비한 신지학자이며 크롬웰 시대 영국의 예언자인 **제인 리드**(Jane Leade)가 제공했다. 그녀는 완전히 독특한 방법으로 마법에

---

28) 〔옮긴이〕 피에트로 폼포나치(Pietro Pomponazzi, 1462~1525): 이탈리아의 철학자이며 르네상스 인본주의자. 비물질적인 불멸하는 영혼에 대한 믿음을 배척했으며, 모세, 예수, 모하메드를 세 사기꾼으로 묘사했다.

도달한다. 말하자면 그들 자신과 그들의 종교에서 신봉하는 신의 통일을 가르치는 것이 모든 신비주의자들의 특유한 본질이듯이 **제인 리드**도 그랬다. 그러나 이제 그녀에게서 인간적 의지가 신적 의지와 통일됨으로써 인간적 의지도 신적 의지의 전능을 갖게 되고, 이로써 마법적 힘을 획득한다. 따라서 다른 마술사들이 악마와 연합한 덕분이라고 생각하는 것을 그녀는 자신의 신과 연합한 덕으로 돌린다. 따라서 그녀의 마법은 뛰어난 의미에서 하나의 밝은 마법이다. 그밖에 이것은 결과와 실천에서 아무런 차이도 가져오지 않는다. 그녀는 그 시대에 요구되었듯이 신중하고 신비스럽다. 그러나 그녀에게서 그 문제는 단순히 이론적인 결론이 아니라 다른 곳에서의 지식이나 경험에서 유래한 것이다. 핵심 구절은 그녀의 『계시의 계시(*The Revelation of Revelation*)』에,[29] 특히 "냉정한 의지의 힘"이라고 제목 붙은 곳에 있다. 이 책으로부터 **호스트**(Horst)는 자신의 『마술 총서』 제1권 325쪽에 다음 구절을 인용한다. 이 구절은 그러나 자구대로의 인용이기보다 요약이며, 특히 119쪽, 87절과 88절에서 발췌한 것이다. "마법적 힘은 그것을 소유한 사람이 창조물을, 즉 식물, 동물, 광물 영역을 지배하고 복원하는 상태에 있게 둔다. 그래서 **많은 것**이 **하나의** 마법적 힘에서 함께 작용한다면, 자연은 낙원같이 개조될 수 있을 것이다. …… 어떻게 우리는 이 마법

---

29) 독일어 번역, Amsterdam, 1695, 126~151쪽.

적 힘에 도달하는가? 믿음에 의한, 즉 우리 **의지**와 신적 **의지**의 일치에 의한 새로운 탄생 안에서 도달한다. 왜냐하면 믿음은, 우리 **의지**와 신적 의지의 일치가 바오로(Paulus)의 말대로 모든 것을 우리의 것이며 우리에게 복종해야 하는 것으로 만드는 한, 세계를 우리에게 굴복시키기 때문이다." 여기까지 **호스트**가 말했다. 『계시의 계시』 131쪽에서 리드는 예수가 자신의 의지의 힘으로 기적을 행했다고 설명한다. "예수는 나병환자들에게 "나는 너희가 깨끗해질 것을 **의지한다**'라고 말했기 때문이다. 그러나 그는 가끔 그에 대한 믿음을 가진 사람들의 의지에 맡겨두었다. 예수는 그들에게, "너희는 내가 너희에게 무엇을 하기를 **원하느냐?**'라고 말하기 때문이다. 그러면 그들이 예수에게 해달라고 요구한 것이 그들을 위해 행해졌기 때문이다. 예수의 이 말은 주목할 가치가 있다. 의지가 최고 존재의 의지와 일치하는 한 **최고의 마술**은 **의지에 놓여 있기** 때문이다. 이 두 바퀴가 서로 같이 가고 동시에 하나가 된다면, 이들은 그렇다. 132쪽에서 리드는 이렇게 말한다. "도대체 무엇이 신의 의지와 통일된 의지에 저항할 수 있을 것인가? 그와 같은 의지는 도처에서 자신의 계획을 수행하는 힘을 갖는다. 자신의 옷과 같은 힘을 결여한 **벌거벗은 의지가 아니다**. 오히려 그것은 무적의 전능을 갖는다. 이 전능을 통해 그 의지는 뿌리째 뽑고, 심고, 죽이고, 살리고, 결합하고, 풀고, 치유하고, 썩게 할 수 있다. 이 힘은 모두 통틀어서 왕과 같이 자유의 몸으로 태어난 순수한 의지에 집중되고 통합되어 있을 것이다. 그리고 우리는 성스러운 정신과 하나로 되거나 하나의 정신과 존재로 통일된 이후에 이 힘을 인식하기에 이르러야 한다." 133쪽에는 다음과 같이 되어 있다. "우리는 영혼의 혼합된 본질에서 나온 수많은 다양한 의지를 모두 발산하거나 물에 빠뜨려야 하며 끝없는 심연에서 잃어버려야 한다. 그러면 이로부터 **순결한 의지**가 발생하고 나타나게 될 것이다. 이 의지는 결코 타락한 인간에게 속하는 몇몇 사물의 하인이었던 적이 없다. 오히려 그 의지는 완전히 자유롭고 순수하게 전능한 힘과 결합하며, 신의 의지와 완전히 유사한 열매와 결과를 반드시 불러일으킬 것이다. …… 이로부터 성스러운 정신의 끓는 기름이 자신의 불꽃을 스스로 펼치는 마술에서 타오른다."

야코프 뵈메(Jakob Böhme)도 자신의 "여섯 가지 항목에 대한 설명"의 다섯 번째 항목에서 철두철미 여기서 설명된 의미로 말한다. 다른 것들 중에서 그는 이처럼 말한다. "마법은 모든 존재의 본질의 어머니다. 마법은 스스로 자신을 만들고 **욕망** 속에서 이해되기 때문이다. 올바른 마법은 존재가 아니라 존재의 **욕망하는 정신**이다. 요약하면, 마법은 **의지 정신**(Willengeist) 안에서의 행위다."

증명으로서, 혹은 어쨌든 마술의 참된 동인인 의지에 대해 제시된 관점에 대한 해명으로서 독특하고 애교 있는 일화가 소개될 수 있을 것이다. 그것은 캄파넬라가 『사물에 대한 지각과 마법』 제50권 4장 18절에서 **이븐시나**[30]에게 설명하는 것이다. "몇 명의 여자들이 휴식을 위해 유원지에 가기로 약속했다. 그들 중 한 명이 오지 않았다. 나머지 다른 여자들은 장난으로 오렌지 하나를 잡고 날카로운 바늘로 찌르면서 '이렇게 우리는 우리와 가기를 거부한 그 여자를 찌른다'라고 말했다. 이어서 그들은 오렌지를 우물에 던지고 떠났다. 그러고 나서 그들은 그 여자가 고통에 빠진 것을 발견했다. 그녀는 다른 여자들이 오렌지를 찔렀던 그 시간 이후로 마치 날카로운 바늘로 찔려서 구멍 뚫리는 느낌을 가졌기 때문이다. 그렇게 그녀는 다른 이들이 그녀의 건강과 회복을 바람으로써 오렌지에서 그 바늘을 뽑아낼 때까지 매우 고통을 받았다."

원시 사제들이 누카히바(Nukahiva) 섬에서 소위 성공적으로 실행하고 그 과정이 우리의 감응요법과 완전히 유사한 죽이는 마술에 대한 매우 특이하고 정확한 묘사를 **아담 요한 폰 크루젠슈테른**(Adam Johann vovn Krusenstern)이 자신의 세계일주 여행에서(제12판, 1812, 1부 249쪽 이하) 제공한다.[31] 이 묘사는, 이 일이 유럽의 모

---

30) 〔옮긴이〕 이븐 시나(Ibn Sina, 980~1037): 페르시아의 의사이자 철학자, 자연학자. 당시 이슬람 세계에서 '학문의 왕'으로 불리었다. 고대 그리스의 과학과 철학을 아랍에 유포하였으며, 12세기에 유럽에서 아리스토텔레스 철학이 부흥되는 계기를 마련했다. 합리적 사고를 강조했으며 점성술에 반대했다. 라틴 어명은 아비세나(Avicenna)이다.

31) 이를테면 크루젠슈테른은 다음과 같이 말한다. "모든 섬 사람이 매우 중요한 것으로 보는 요술에 대한 일반적인 믿음은 그들의 종교와 관련성이 있는 것으로 보인다. 그들의 말에 따르면 성직자들만 이 마력을 갖기 때문이다. 몇몇 일반인들도 그 비밀을 소유한다고 주장되지만, 이는 아마 자신들을 무섭게 만들고 선물을 강요할 수 있기 위해서다. 그들이 **카하**(Kaha)라고 부르는 이

든 전통과는 먼 것이지만 여기서 완전히 동일한 것으로 나타나는 한 특별히 주목할 가치가 있다. 특히 이 묘사를, **벤슨**이 키저의『동물자기학논총』(제9권, 1절, 주석 128~132쪽)에서, 그 자신이 다른 사람에게 그 사람의 잘린 머리카락을 갖고 마법으로 붙인 두통에 대해 설명한 것을 비교해보라. 이 주석을 그는 다음 말로 끝맺는다. "소위 요술은, 내가 경험할 수 있었던 한에서는 어떤 **나쁜 의지작용**과 결부된, 해롭게 작용하는 자기적인 수단을 준비하고 적용하는 것에서만 성립한다. 이것은 사탄과의 불쾌한 동맹이다."

이런 모든 저술가들의 일치는 그들 사이에서뿐 아니라 최근에 생물자기학이 이끈 확신과 함께, 결국 또한, 이 점에서 나의 사변적 학설로부터 도출될 것과 함께 참으로 매우 주목할 만한 현상이다. 확실한 것은, 마술을 위한 지금까지의 모든 시도에는 성공 여부와 관계없이 나의 형이상학에 대한 선취가 근거에 놓여 있다는 사실이

요술은, 그들이 원한을 품은 사람을 천천히 죽이는 것에서 성립한다. 이를 위해 정해진 기간은 20일이다. 그들은 이것을 다음 방식으로 수행한다. 요술로 자신의 복수를 실행하려는 사람은 적의 침과 소변을, 혹은 배설물을 어떤 방법으로든지 얻으려고 한다. 그는 이것을 어떤 가루와 섞어서 특별한 방식으로 엮은 자루에 넣어 파묻는다. 가장 중요한 비밀은 그 자루를 올바로 엮는 기술과 가루를 조제하는 것에 있다. 자루가 파묻어지면 곧 요술이 걸린 이에게서 그 작용들이 나타난다. 그는 병에 걸리고 날마다 더 약해지고 결국 힘을 완전히 잃게 되고 20일 후에 확실히 죽는다. 반면에 그가 적의 복수를 피하려고 하고 돼지나 어떤 다른 중요한 선물을 희생하여 자신의 생명을 얻는다면, 그는 19일째에도 구해질 수 있다. 그리고 자루가 파내지는 즉시 질병의 발생은 중단된다. 그는 점차 회복되고 며칠 후 완전히 치유된다."

다. 그 시도에서는 인과법칙이 현상들의 끈일 뿐이라는 사실, 그러나 사물의 본질 자체는 인과법칙으로부터 독립적으로 머무른다는 사실, 그리고 이 본질 자체로부터, 즉 내부로부터 자연에 대한 **직접적** 작용이 가능하다면 그런 것은 오직 **의지** 자체에 의해 수행될 수 있다는 사실에 대한 의식이 표현되기 때문이다. 그리고 우리가 심지어 베이컨의 분류에 따라 마법을 실천적 형이상학으로서 제시하려고 한다면, 이것과 올바른 관계에 서는 이론적 형이상학은 세계를 의지와 표상으로 나누는 나의 해결 이외의 다른 것일 수 없다는 사실이 확실할 것이다.

모든 시대에 교회는 잔인한 열정으로 마법을 추적했으며 교황의 '마녀 망치'는 그에 대해 무서운 증언을 제시한다. 이 잔인한 열정은 단순히 그것과 가끔 결합된 범죄자의 의도에 기인하는 것으로 보이지도 않고, 거기서 전제된 악마의 역할에 기인하는 것으로 보이지도 않는다. 오히려 그 열정은 부분적으로 마법이 그 근원적 힘을 그것의 올바른 원천으로 돌려놓는다는 어렴풋한 예감과 염려에서 유래하는 것으로 보인다. 반면에 교회는 마법에 자연 밖의 어떤 위치를 지정했다.[32] 이 추측은 생물자기학에 반대하는 용의주도한 영

---

32) 교회는 다음 시구에서 그런 것을 간파한다.
　"천국에도 지옥에도 그는 살지 않는다.
　그는 우리 자신에게서 생긴다.
　우리 안에 사는 정신이 그것을 수행할 뿐이다."
　〔**비몬트**(Johann Beaumont)의 『혼백, 환영, 요술 그리고 다른 마술 행위들에

국 성직자 계급의 증오에서,[33] 또한 어쨌든 무해한 염력(念力)으로 책상을 움직이는 것에 반대하는 그들의 생동적 열정에서 입증된다. 이것에 반대하여 프랑스에서도, 심지어 독일에서도 성직자들은 같은 이유에서 그들의 이단 판결을 내리는 것을 중지하지 않았다.[34]

대한 역사적 생리학적 신학적 논고』(Halle im Magdeburgischen, 1721), S. 281쪽을 비교하라.]

33) 『여록과 보유』, 제1권 257쪽을 비교하라.

34) 1856년 8월 4일에 로마의 종교재판소는 모든 주교들에게 회람을 포고했다. 거기서는 교회의 이름으로 그들에게 생물자기학을 실행하는 것에 힘닿는 대로 반대할 것이 요구되었다. 종교재판소가 제시한 이유는 눈에 띄게 불분명했고 막연한 것이었다. 거짓말도 나타났으며 '거룩한 종교재판소(sanctum officium)'가 원래 이유는 말하지 않으려고 한다는 사실을 사람들은 알아챘다(이 회람은 1856년 12월에 *Turiner Zeitung*에 게재되었다. 그다음에 불어로 *Univers*에, 그리고 이것이 1857년 1월 3일 자 *Journal des D'ebas*에 재수록되었다).

중국학

중국 문명의 높은 수준을 가장 직접적으로 드러내는 것은 아마, 카를 프리드리히 아우구스트 귀츨라프(Karl Friedrich August Gützlaff)에 따라 현재 3억 6,700만 명으로 계산되는[1] 그 인구의 거의 믿을 수 없는 강력함일 것이다. 왜냐하면 우리가 시대나 국가를 비교할 때 전체적으로 문명은 인구와 보조를 맞춘다는 점을 발견

---

1) 베이징에서 인쇄되었고 1857년에 캔턴(Kanton)에서 중국 총독관사에 침입한 영국인이 발견한 공식적인 중국 **인구 조사**에 따르면 중국에는 1852년에 3억 9,600만 명의 거주자가 있었다. 그리고 이제 인구는 지속적으로 증가하여 4억으로 추정될 수 있다. 이것은 1857년 5월 말 *Le Moniteur de la flotte*지에 보고되었다.

러시아 종교 사절의 보고에 따르면, 1842년의 공식 수치는 중국의 인구를 4억 1,468만 7,000명으로 집계했다(*Laut revue Germanique*).

러시아의 외교 사절단에 의해 베이징에서 출판된 공식 색인에 따르면, 그 인구는 1849년에 4억 1,500만 명이었다(*Postzeitung*, 1858).

하기 때문이다.

자신들의 비교적 새로운 고유한 교리를 매우 오래된 그 민족에게 전하려는 집요한 열정과 그 민족에게서 자기네 교리의 과거 흔적을 찾으려는 헛된 노력으로 인해 17, 18세기 예수회의 선교사들은 그곳에서 지배적인 것에 대해 철저히 알리지 못했다. 따라서 유럽은 우리 시대에서야 비로소 중국의 종교적 상황에 대해 몇 가지 지식을 얻었다. 말하자면 중국에는 무엇보다 국가적 자연숭배가 있음을 우리는 안다. 이 자연숭배는 모든 사람이 신봉하는 것이며 태고 시대부터, 심지어 불이 아직 발견되지 않아서 동물 제물이 날것으로 바쳐졌던 시대부터 유래하는 것으로 추정된다. 이 자연숭배에는 왕과 고위 성직자가 특정한 시기에나 큰 사건 이후에 공식적으로 바친 제물이 속한다. 그 제물들은 먼저 푸른 하늘과 땅에, 푸른 하늘에는 동지에 땅에는 하지에 바쳐진다. 그다음에는 바다, 산, 강, 바람, 천둥, 비, 불 등등 있을 수 있는 모든 자연력에 바쳐진다. 이들 각각에는 수호신이 앞에 서 있고, 각 수호신은 수많은 신전을 갖는다. 다른 한편으로 모든 지방, 도시, 마을, 길, 심지어 가족묘지, 참으로 이따금 상점의 물품창고 앞에 서 있는 수호신도 신전을 갖는다. 마지막의 두 수호신은 물론 개인적 숭배만을 받아들인다. 그러나 공적인 숭배는 그 밖에 위대한 과거의 왕들에게, 즉 왕조의 설립자에게, 그다음에 영웅들에게, 즉 가르침이나 행위를 통해 (중국의) 군중의 선행자가 된 모든 이들에게 바쳐진다. 이들도 신전을 갖는다. 공자 혼자서 1,650개의 신전을 갖는다. 그래서 중국 전체에 그렇게 많은 신전이 있다. 영웅들에 대한 이 숭배에 예의 바른 모든 가족이 조상에게 그 무덤에서 바치는 개인적 숭배가 결부된다. 이 일반적인 자연숭배와 영웅숭배 외에 교리상의 목적에서 중국에는 세 가지 종교적 가르침이 있다. 첫째, 공자보다 연상의 동시대인인 **노자**가 기초한 **도교**의 가르침이다. 이는 내적 세계 질서인, 혹은 모든 사물의 내재적 원리인 이성에 대한 학설이다. 도교는 위대한 하나에 대한, 모든 서까래를 지탱하면서도 그 위에 있는 (원래 모든 것을 관통하는 세계 영혼인) 숭고한 박공(膊栱)의 서까래(太極, Taiki)에 대한 학설이다. 그리고 그것은 도, 말하자면 구원으로의 길, 즉 세계와 그것의 고난으로부터 구원되는 길에 관한 학설이다. 이 학설에 대한 근원적인 서술은 1842년에, **노자의 『도덕경』**에 대한 **스타니슬라스 줄리앙**(Stanislas Julien)의 번역으로 우리에게 제공되었다. 그로부터 도교의 의미와 정신이 불교의 그것과 완전히 일치함을 우리는 알아차렸다. 그럼에도 이제 이 종파는 아주 변방으로 물러났으며 그 학설인 도는 무시되는 것 같다. 둘째로 우리는 특히 학자와 정치가들이 좋아하는 공자의 지혜를 발견한다. 번역서를 근거로 판단한다면, 이것은 장황하고 상투적이고 주로 정치적인 도덕철학으로서 그것을 지탱하는 형이상학을 갖지 않는다. 그리고 이것은 완전히 독특하게 무미건조하고 지루한 어떤 것을 갖는다. 마지막으로 대다수의 국민을 위해서, 붓다의 숭고하고 사랑으로 가득 찬 학설이 있다. 붓다의 이름 혹은 오히려 칭호는 중국에서 포(Fo) 혹은 푸(佛, Fuh)라고 발음된다. 반면에 타타르에서 무적의 완성자는 자신의 성에 따라 '석가모니'라고 더 잘 불리지만 '부르칸바키(Burkhan-Bakschi)'라고도 불린다. 미얀마와 실론에서는 대부분 고타마(Gautama), 혹은 타타가타(如來, Tatagata)라고도 불리지만 원래는 싯다르타(Siddharta) 왕자라고 불린다.[2] 그

---

2) 불교에 대한 더 자세한 지식을 얻으려는 이들을 위해 나는 유럽어로 된 불교 문헌 중에서 내가 소유하고 잘 알고 있어서, 참으로 추천할 수 있는 저술들을 여기에 열거하겠다. 예를 들어 Hodgson과 Rémusat의 저술과 같은 다른 몇 가지를 나는 고의로 생략한다. 1) *Dsanglun oder der Weise und der Thor*(티베트어와 독일어, J. J. Schmiet, Petersburg 1843, 2Bde. 4)는 1권, 즉 티베트어로 된 책의 XXXI-XXXVIII에 있는 서문에서 전체 학설에 대한 매우 짧지만 불교 학설을 처음 배우기에 아주 적합한 훌륭한 요약을 함축한다. 또한 그 책 전체도 **Kandschur**(경전)의 부분으로서 추천할 만하다. 2) 동일한 탁월한 저자에 의해 몇 권이 1829~1832년에, 그리고 더 나중에 페테르부르크학술원에서 행해진, 불교에 관한 독일어 강연들을 학술원 회고문의 관련된 책들에서 찾을 수 있다. 이 저술들은 불교에 대한 지식을 위해 매우 귀중하므로 함께 인쇄되어 독일에서 출판되는 것이 극히 바람직하다. 3) 같은 저자에 의한 『티베트 사람과 몽고 사람에 관한 연구』(Petersburg, 1824), 4) 같은 저자의 『그노시스적 신지학적 학설의 불교와의 관련성에 관하여』(1828), 5) 같은 저자의 『동 몽고인의 역사』(Petersburg, 1829, 4)는 매우 교훈적이다. 특히 종교 서적으로부터 긴 초록을 제공하는 설명과 부록에서는 많은 구절이 불교의 깊은 의미를 명백히 제시하고 그 진정한 정신을 발산한다. 6) 쉬프너(Schiefner)의 두 논문(독일어, 출처: Mélanges Asiat. tirés du Bulletin historico-phil. de ĺacad. de St. Pétersb. Tom. 1. 1851). 7) 터너의 『Teschoo Lama의 궁정으로의 여행』(영어, 1801). 8) Bochinger, la vie ascétique chez les Indous et les Bouddhistes, Strasb. 1831. 9) 『아시아 저널』 제7권(1825)에 있는, **Deshauterayes**가 쓴 매우 아름다운 붓다의 전기. 10) Burnouf, Intod.

232

내적 탁월성과 진리뿐 아니라 압도적인 신자 수로 인해 지구상에서 가장 중요한 종교라고 간주될 이 종교는 아시아 대부분의 지역에서 지배적이며, 가장 최근의 연구자인 스펜스 하디(Robert Spence Hardy, 1803~1868)에 따르면 3억 6,900만 명의, 따라서 다른 어떤

à l'hist. du Buddhisme, Vol.1, 4. 1844. 11) Rgya Tsher Rolpa, trad. du Tibétain p. Foucaus. 1848, 4. 이것은 Lalita vistara, 즉 붓다의 생애, 불교 신자들의 복음서이다. 12) Foe Koue Ki, relation des royaumes Bouddhiques, trad. du Chinois par Abel Rémusat. 1836.4. 13) Déscription du Tubet, trad. du Chinois en Russe p. Bitchourin, et du Russe en Français p. Klaproth. 1831. 14) nouveau Journ. Asiat.(Mars 1831)로부터 분리되어 인쇄된 Klaproth의 fragmens Bouddhiques. 15) Spiegel, de officiis sacerdotum Buddhiscorum, Palice et latine. 1841. 16) 같은 작가의 anecdota Palica, 1845. 〔17〕 Dhammapadam, palice edidit et latine vertit Fausböll. Havniae 1855〕. 18) 『아시아 연구』 제6권(Buchanan, on the religion of the Burma)과 제20권(Calcutta, 1839) 2부는 Kandschur 책에 대한 분석을 포함하는 Csoma Körösi의 매우 중요한 세 개의 논문을 함축한다. 19) Sangermano, The Burmese Empire, Fome, 1833. 20) Turnour, the Mahawanzo, Ceylon, 1836 21) Upham, the Mahavansi, Raja Ratnacari et Rajavali. 3 Vol. 1833. 22) Ejusd. doctrine of Buddhism. 1829. fol. 23) Spence Hardy, Eastern monachism, 1850. 24) Ejusd. Manual of Buddhism, 1853. 20년간 실론에 체류하면서 성직자로부터 직접 가르침을 받은 이후에 바로 그곳에서 작성한 이 탁월한 두 권의 책은 나에게 불교 교리의 가장 본질적인 것에 대해 다른 어떤 것보다 더 많은 통찰을 주었다. 이 책들은 독일어로 온전히 옮겨질 만하다. 그렇지 않으면 가장 좋은 것이 쉽게 빠질 수 있을 것이기 때문이다. 25) 『붓다의 생애』, 『러시아 과학 논총』(Erman 편, 제15권, 1부, 1856)에 있는 **Palladji**의 중국어본에서. 26) C. F. Köppen, 『붓다의 종교』(1857)는 저자가 박식함과 진지한 근면, 그리고 또한 오성과 통찰을 갖고 여기에 언급된 모든 서적과 다른 몇 가지 서적에서 발췌한, 불교에 대한 완벽한 개요로서 불교의 본질적인 모든 것을 함축하는 책이다.

종교보다 훨씬 더 많은 신자를 갖는다. 중국의 이 세 종교 중 가
장 널리 전파된 불교는 국가의 보호 없이 오직 자신의 힘으로 유
지된다. 이 점은 불교에 매우 이득이 된다. 이 세 종교는 서로 반목
하는 것과는 거리가 멀고 평온하게 서로 나란히 존재한다. 참으로
이 세 종교는, 아마 상호 간의 영향을 통해 서로 간의 어떤 일치점
을 갖는다. 그래서 "그 세 학설은 하나일 뿐이다"라는 것은 심지어
속담처럼 되어버린 표현법이다. 왕은 왕으로서 세 종교 모두를 신
봉한다. 그러나 많은 왕들은 최근까지 불교에 특별히 호의를 가졌
다. 이에 대해 달라이라마(Dalai-Lama)와 더욱이 그들이 주저하지
않고 우월성을 인정하는 테슈라마(Teschu-Lama)에 대한 그들의 깊
은 경외심이 증명한다. 이 세 종교 모두 일신교도 다신교도 아니며,
적어도 불교는 범신론도 아니다. 붓다는 죄와 고통에 빠진 세계를,
그것의 존재는 모두 죽음에 이르고 하나가 다른 것을 먹어 치움
으로써 잠시 동안 존재하는 세계를 신의 현현으로 간주하지 않았
기 때문이다. 대체로 범신론이라는 단어는 원래 모순을 함축한다.
이것은 자신을 지양하는 개념을 표현한다. 그래서 이 개념은 진지
함을 이해하는 이들에게는 단지 정중한 표현법으로 받아들여진다.
그래서 18세기의 총명하고 예리한 철학자들에게는 세계를 신이라
고 일컬었다는 이유에서 스피노자를 무신론자가 아니라고 간주하
려는 생각이 결코 떠오르지 않았다. 오히려 그가 무신론자가 아니
라는 발견은 단어들만을 아는, 우리 시대의 가짜 철학자들의 몫으

로 보류되었다. 그들은 또한 그것을 자랑하고 그에 따라 무우주론(Akosmismus)에 대해 언급한다. 건달들! 그러나 나는 단어들의 의미를 그대로 둘 것을 겸손하게 제안한다. 그리고 사람들이 다른 어떤 것을 의미하는 곳에서는 다른 단어를 사용할 것을, 그래서 세계를 세계라고, 신을 신이라고 부를 것을 제안한다.

중국의 종교적 상황에 대해 알려고 노력했던 유럽인들은 거기서 먼저 그들 자신의 고유한 믿음과 접촉하는 지점에서 출발했다. 이것은 일상적인 일이며, 이전에 그리스인과 로마인도 유사한 상황에서 그렇게 했다. 그러면 그들의 사유 방식에서 종교라는 개념은 유신론이라는 개념과 거의 동일시되었고, 적어도 그로부터 쉽게 분리시킬 수 없을 정도로 긴밀히 얽혀 있었으므로, 게다가 유럽에서는 아시아에 대한 보다 더 정확한 지식을 갖기 이전에 "국민들의 의견 일치에서 오는" 논거를 얻기 위해 매우 잘못된 생각이, 즉 지구상의 모든 민족이 유일한, 적어도 최상의 신과 세계 창조자를 숭배한다는 생각, 즉 세계의 모든 제후들이 그들의 왕에게 공납할 의무를 갖는다는 중국인들의 믿음과 다르지 않은 생각이 널리 퍼져 있었으므로, 그리고 그들이 신전, 성직자, 수도원이 많고 종교적 의식이 자주 수행되는 것을 본 그런 나라에서 살았으므로, 그들은 중국에서도 유신론이 매우 낯선 모습으로일지라도 있어야 한다는 확고한 전제로부터 출발했다. 그러나 그들의 기대가 잘못된 것을 본 후, 그리고 중국인들이 그와 같은 것에 대한 아무런 개념도, 실로 그것들을 표현할 아무런 단어도 갖지 않았다는 사실을 발견한 후, 중국의 종교에 대한 첫 번째 통보가 그 종교의 긍정적 내용보다 그 종교가 함축하지 **않는** 것에 더 있다는 사실은, 그들이 연구를 수행하는 정신에 따르면 자연스러운 일이다. 더욱이 이 긍정적 내용에 능통하게 되는 것은 많은 이유에서 유럽의 두뇌들에게 어려운 일임에 틀림없다. 예를 들어 중국에서는 현존 자체가 하나의 악으로서 그리고 세계가 고난의 무대로 간주되어 그곳에 존재하지 않는 것이 더 좋았을 것으로 여겨지는 반면에 유럽인들은 이미 낙관론 안에서 성장했기 때문이다. 그 밖에 힌두교에 본질적이듯이 불교에 본질적인 단호한 관념론으로 인해서다. 관념론은 유럽에서는 전혀 진지하게 생각될 수 없는, 어떤 비정상적 철학자들의 역설로 알려졌을 뿐인 견해다. 그러나 아시아에서 이 견해는 심지어 민속신앙에도 흡수되어 있다. 그것은 인도에서 마야의 가르침으로서 일반적으로 통용되고 불교 사원의 주 소재지인 티베트에서는 큰 축제에서 달라이라마가 악마와 논쟁하는 것을 묘사하는 종교적 희극을 상연함으로써 극히 대중적으로 강연된다. 달라이라마는 관념론을 옹호하고 악마는 실재론을 옹호한다. 악마는 다른 것 중에서 다음과 같이 말한다. "모든 인식의 다섯 가지 원천(감관)에 의해 지각되는 것은 허구가 아니다. 그래서 네가 가르치는 것은 사실이 아니다." 오랜 토론 후에 그 문제는 마침내 주사위를 던져서 결정될 것이다. 실재론자, 즉 악마가 질 것이고 일반적 비웃음과 함께 몰아내질 것이다.[3] 그 모든 사유 방식의 근본적 차이를 주시한다면, 유럽인들이 아시아의 종교를 연구할 때 우선 주제에 대해 원래 생소한 부정적 입장에 서서 머무는 것은 용서할 만하고, 더군다나 자연스러운 일로 보일 것이다. 그래서 우리는 부정적 입장에 관련되지만 긍정적 인식은 전혀 지원하지 않는 많은 진술들을 발견한다. 이 모든 것으로부터, 불교 신자와 중국인에게는 대체로 유대교만의 교리인 일신론이 낯설다는 결론이 도출된다. 예를 들어 『계몽서(*Lettres édifiantes*)』(1819년 판, 제8권, 46쪽)에 다음과 같이 되어 있다. "영혼윤회에 대한 불교 신자들의 생각은 일반적으로 받아들여지고 있는데, 이들은 무신론자로 간주된다." 그리고 『아시아 연구』 제6권 255쪽에 "미얀마인들의 종교(즉 불교)는 그들이 이미 미개한 상태의 조야함에서 훨씬 넘어섰으며 삶의 모든 행위에서 종교적 생각의 영향을 매우 받지만, 최고 존재에 대해, 즉 세계의 창조자이자 보존자에 대해 아무런 인식도 갖지 않는 민족이라는 점을 우리에게 보여준다. 그러나 그들의 우화가 권고하는 도덕체계는 아마 인류의 다른 어떤 지배적인 종교 교의가 설교하는 도덕체계만큼 좋을 것이다." 같은 곳 258쪽에는 "고타마의 (즉 붓다의) 추종자들은 정확

---

3) Déscription du Tubet, trad. du Chinois en Russe p. Bitchourin, et du Russe en Français p. Klaproth(Paris 1831), 65쪽. 또한 *Asiatic Journal*, new series, 제1권, 15쪽. Köppen, "라마의 계급 제도(die Lamaische Hierarchie)", 315쪽 참조.

히 말하면 무신론자이다"라고 되어 있다. 같은 곳 180쪽에 "고타마의 종파는 세계를 창조한 신적 존재에 대한 믿음을 가장 비종교적(impious)이라고 간주한다." 268쪽에서 부카난(Buchanan)은 차라도(Zarado), 혹은 아바(Ava)의 불교 고위 성직자인 아툴리(Atuli)가 카톨릭 주교에게 전달한, 자신의 종교에 관한 논문에서 여섯 가지 저주받아야 할 이단에 "세계와 세계 안의 모든 사물을 창조했으며 유일하게 숭상될 만한 존재가 있다"라는 학설을 포함시킨다. 똑같은 것을 **파더 산저마노**(Father Sangermano)가 『버마 제국에 대한 서술(*Description of the Burmese Empire*)』(Rome, 1833) 81쪽에서 보고한다. 그는 여섯 가지 심각한 이단에 대한 언급을 다음의 말로 끝맺는다. "이 사기꾼들 중 마지막 사람은, 세계와 세계 안의 모든 사물의 창조자인 최고 존재가 있으며, 이 창조자만이 숭배될 만하다고 가르쳤다." 콜브룩도 《최근 아시아 사회 회보》 제1권에 있으며 자신의 『소품집(*Miscellaneous Essays*)』에도 게재된 「인도 철학에 대한 소론」 236쪽에서 "자이나교와 붓다교(불교)는 실제로 무신론적이다. 그들은 세계의 창조자나 최고의 지배 섭리를 인정하지 않기 때문이다"라고 말한다. 마찬가지로 슈미트(Isaak Jakob Schmidt)는 『몽고인과 티베트인에 관한 연구(*Forschungen über Mongolen und Tibeter*)』 180쪽에서 다음과 같이 말한다. "불교 체계는 영원하고 창조되지 않은, 모든 시간 이전에 있었고 모든 가시적인 것과 비가시적인 것을 창조한 유일한 신적 존재를 알지 못한다. 이런 이

넘은 불교에 전혀 생소하며 불교 서적에는 이에 대한 최소한의 흔적도 없다." 마찬가지로 우리는 중국학 학자 **로버트 모리슨**(Robert Morrison)이 『중국어 사전(*Chinese Dictionary*)』(Macao, 1815~1823, 1권, 217쪽)에서 중국의 교리들 중에서 신의 흔적을 찾으려고 애쓰며, 신을 의미하는 것으로 보이는 모든 것을 가능한 한 유리하게 해석하려고 했지만, 결국 거기서 그와 같은 것을 분명히 찾을 수 없다는 사실을 인정하는 것을 본다. 같은 곳 268쪽 이하에서 그는 **동**(動, Thung)과 **정**(精, Tsing), 즉 중국의 우주 진화론이 유래하는 정지와 운동이란 단어들을 설명하면서 이를 다시 고찰하고 다음 말로써 끝맺는다. "이 체계를 무신론의 혐의에서 벗어나게 하는 것은 불가능하다." 또한 최근에 **에드워드 우팜**(Edward Upham)은 『불교의 역사와 교리(*The History and Doctrine of Buddlhism*)』(London, 1829) 102쪽에서 "불교는 우리에게 도덕적 통치자, 지도자, 창조자가 없는 세계를 제시한다"라고 말한다. 독일의 중국학자인 **노이만**(Karl Friedrich Neumann)도 훨씬 더 이후에 더 자세히 기술되는 자신의 논문 10쪽 11쪽에서 다음과 같이 말한다. "중국에서는 마호메트 교도도 기독교도도 신성의 이론적 개념을 표현하기 위해 어떤 중국어 낱말도 찾지 못했다. …… 물질로부터 독립적이고 물질을 마음대로 지배하는 것으로서 신, 영혼, 정신이라는 단어들은 중국어에 전혀 없다. …… 이런 사유 과정은 언어 자체와 매우 밀접하게 얽혀 있어서 창세기의 첫 구절을 광범위하게 고쳐 쓰지 않는다면 실제로 중국어가 되도록 중국어로 번역할 수 없다." 바로 그래서 스톤턴 경(Sir Georg Staunton)은 1848년에 『성경을 중국어로 번역하는 데서 **신**이라는 단어를 표현하는 적절한 방법에 관한 연구(*An Inquiry into the Proper Mode of Rendering the Word God in Translating the Sacred Scriptures into the Chinese Language*)』라는 책을 출판했다.[4]

이 분석과 인용을 통해 나는 독자들에게 앞의 연구들이 생겨난 그 입장을 생생하게 표현하고 이를 통해 그 연구와 그 대상의 관계를 해명함으로써 극도로 기묘한 구절을 도입하고 더 이해될 수 있도록 하려고 했다. 이 구절을 알리는 것이 이 장의 목적이다. 말하자면 유럽인들이 중국에서 위에 기술된 방법과 제시된 의미로 탐구했고 그들의 물음을 언제나 모든 사물의 최고 원리에, 즉 세계를 통치하는 힘 등등에 맞출 때, 그 힘은 자주 '**천**(天)'이라는 단어로 표현되는 것을 지시했다. 그러면 이 단어에 가장 근접한 의미는, 모

---

4) 일본에 온 미국 선장의 다음 발언은, 인류가 유대인으로만 되어 있어야 한다고 전제하는 단순함으로 인해 웃긴다. 1854년 10월 18일 자 《타임스》에 부어 선장의 미국 배가 일본의 도쿄 만(Jeddo-Bay)으로 왔다고 보도한다. 그리고 그가 그곳에서 잘 받아들여졌다는 기사가 전해졌다. 그 끝 부분에는 다음과 같이 되어 있다. "마찬가지로 그는, 일본인이 신의 현존을 부인하고 그들이 숭배할 대상으로 교토(Meaco)의 정신적 왕이나 다른 어떤 일본인을 선택하므로 무신론을 믿는 민족이라 주장한다. 통역사는 그에게 옛날에 그들의 종교는 중국의 종교와 유사했지만, 최근에 그들은 최고 존재에 대한 믿음을 완전히 폐지했으며(여기에는 오류가 있다), 신성에 대한 믿음을 신봉하는 등등의 데주노키(Deejunokee, 어느 정도 미국인같이 된 일본인)를 못마땅해 한다고 공언했다.

리슨도 자신의 사전에 제시한 바와 같이 '하늘'이다. 다만 그 단어가 비유적인 의미로도 사용되고 그러면 형이상학적 의미를 획득한다는 사실은 잘 알려져 있다. 이미 『계몽서』(1819년 판, 제11권, 461쪽)에서 우리는 이에 관해 다음 설명을 발견한다. "**황천**(皇天, Hing-tien)은 물질적이고 가시적인 하늘이고, **진천**(振天, chin-tien)은 정신적이고 비가시적인 하늘이다." 피에르 소네라트(Pierre Sonnerat)도 자신의 『동인도와 중국 여행(*Journey to the Indies Eastern and China*)』 제4권 1장에서 다음과 같이 말한다. "**천**이라는 단어가 하늘을 의미하는지 신을 의미하는지에 대해 예수회 수도사들이 다른 선교사들과 논쟁했을 때 중국인들은 이 외국인들을 시끄러운 민족으로 간주하고 마카오로 쫓아냈다." 어쨌든 유럽인들은 그렇게 끈질기게 찾았던, 중국 형이상학과 그들 자신의 믿음과의 유추의 흔적에 자신들이 있다는 점을 이 단어에서 최초로 바랄 수 있었다. 그리고 이런 방식의 연구들은 의심할 여지없이, 우리가 《아시아 저널(*Asiatic Journal*)》(제22권, 1826)에 실린 「중국의 창조론(Chinesische Schöpfungstheorie)」이라는 논문에서 알렸다고 보는 그 결론에로 이끈 연구들이다. 거기서 언급된, **주희**(朱熹)라고도 불리는 **주부자**(朱夫子, Tschu-fu-tze)에 관해 나는, 그가 우리의 연호로 12세기에 살았고 중국의 모든 학자 중에서 가장 유명하다는 사실을 언급한다. 그는 이전의 모든 지혜를 연관시켰고 체계화했기 때문이다. 주희의 작품은 현재 중국 교육의 기초이며 그의 권위는 큰 비중을 차지한다. 앞에서 언급한 곳의 41쪽과 42쪽에 다음과 같이 되어 있다. "'천'이라는 단어는 '큰 것 중 가장 높은 것'이나 '지구상에서 큰 모든 것을 넘어서'를 표현하는 것으로 보일 수도 있다. 그러나 언어 사용에서 이 단어의 비규정성은 비교할 여지없이 하늘이라는 표현이 유럽어에서 갖는 비규정성보다 크다."

"주부자는 다음과 같이 말한다. '하늘이 거기서 죄에 대해 심판하고 결정하는 **어떤 인간**을 (즉 어떤 현명한 존재를) 갖는다는 것은 절대로 말해질 수 없는 것이다. 그러나 다른 한편으로 이런 것에 대해 최고의 통제를 수행하는 어떤 것도 없다고 주장될 수도 없다.'"

"같은 저자가 **하늘의 마음**이 인식하는지 아닌지에 관해 질문을 받았다. 그는 다음 답변을 주었다. '자연의 정신이 비지성적이라고 말하면 안 된다. 그러나 그 정신이 인간 사유와의 유사성을 갖지는 않는다.'"

"그들의 전거(典據) 중 하나에 따르면 **천**은 최고의 힘이라는 개념으로 인해 지배자 혹은 통치자(酋)로 불린다. 그리고 다른 전거는 그에 관해 다음과 같이 표현한다. '하늘(천)이 의도로 충만한 정신을 갖지 않았더라면, 소에게서 말이 태어나고 복숭아 나무에 배꽃이 피는 일이 발생할 것이다.' 다른 한편으로, **하늘의 정신은 인류의 의지가 무엇인가로부터 도출된다!**라고 말해진다." (감탄사로써 영어 번역자는 자신의 경탄을 표현하려고 했다). 그 번역문은 다음과 같다.[5]

242

이 마지막 설명과 내 학설의 일치는 매우 눈에 띄고 놀라운 것이다. 그래서 이 구절이 내 작품이 출간된 지 8년이 완전히 지난 후에 출판되지 않았더라면, 내가 나의 근본 사상을 그것에서 가져왔다고 주장하는 것이 틀린 말은 아니었을 것이다. 왜냐하면 알려졌듯이 새로운 생각에 대한 세 가지 주된 방어물이 있기 때문이다. 첫째, 무시하기, 둘째, 인정하지 않기, 마지막으로 그것이 이미 오래전에 있었던 것이라고 주장하기가 그것이다. 다만 내 근본 사상이 이 중국의 권위에 의존하지 않는다는 사실은 다음의 이유에서 확실하다. 왜냐하면 나는 중국어를 잘 알지 못하므로 다른 이에게 알려지지 않은 중국의 원전으로부터 내가 사용하기 위해 사상을 만들어낼 수 없다는 내 말을 사람들은 아마도 믿을 것이기 때문이다. 계속 더 고찰함으로써 나는 앞에 제시된 구절이 매우 그럴듯하고 거의 확실하게 모리슨의 『중국어 사전』에서 끌어온 것이라는 사실을 알아내었다. 거기서 그 구절은 기호 '천'에서 찾을 수 있다. 나에게는 그것을 입증할 기회가 없을 뿐이다.[6] **일겐**(Illgen)의 『역사 신학

---

5) 〔옮긴이〕 쇼펜하우어는 영어 번역문을 인용한다.

6) 1857년 2월 26일부터 6월 8일 사이에 쓰인 도스(Doβ)의 편지에 의하면 모리슨 『중국어 사전』(Macao 1815, vol. 1, 576쪽)에서 '천'에 대한 설명에는 여기에 제시된 구절과 약간 다른 순서로 있지만 거의 같은 단어로 되어 있다. 다만 마지막의 중요한 구절이 달라져서 다음과 같다. "하늘은 인간의 정신을 자신의 정신으로 만든다. 하늘에 대한 매우 오래된 논의에서는 하늘의 정신 혹은 의지가, 인간의 의지가 무엇인가로부터 추측되었다. 〔devined(추측되었다)라고 되어 있지 derived(도출되었다)라고 되어 있지 않다.〕 노이만은 도스로부터

(*Historical Theology*)』 제7권(1837)에 있는 **노이만**의 논문 「**주희**의 작품에 의거한 중국인의 자연철학과 종교철학」의 60쪽에서 63쪽에는, 《아시아 저널》에서 여기에 인용된 구절과 명백히 같은 출처를 갖는 구절이 나온다. 그러나 이 구절은, 독일에서 흔한 일이듯이, 분명한 이해를 차단하는 모호한 표현들로 작성되었다. 게다가 이 번역자는 주희의 원문을 완벽히 이해하지 못했음이 드러난다. 그래도 한자는 유럽인에게 매우 어렵다는 사실과 참고서가 불충분하다는 사실을 고려한다면 그를 비난할 수는 없다. 동시에 우리는 그 번역문으로부터 필요한 설명을 얻지 못한다. 따라서 우리는, 더 자유롭게 된 중국과의 교류를 통해 어떤 영국인이 우리로 하여금 언젠가는, 위에서 매우 애석할 정도로 짧게 전해진 교의에 접근하게 하고 그에 대해 철저하게 해명해주기를 바라는 것으로 위안을 삼아야 한다.

그 구절을 모리슨과는 독자적으로 번역했다. 그 결말은 이러하다. '대개 백성의 마음을 통해 하늘이 드러난다.'"

윤리학에 대한 언급

내 학설의 나머지 부분에 대한 증명은 도입부에 제시한 이유에서 현재의 과제로부터 제외되어 있다. 그러나 결론에서는 **윤리학**에 대한 완전히 일반적인 언급이 허락될 것이다.

옛날부터 모든 민족은, 세계가 물리적 의미 외에 도덕적 의미도 갖는다는 것을 인식했다. 그래도 이 인식은 어디서나 그 문제에 대한 불분명한 의식에 주어졌을 뿐이다. 이 의식은 자신의 표현을 찾으면서 다양한 형상과 신화의 옷을 입었다. 이것이 종교다. 철학자들은 자신들의 편에서 이 문제에 대한 명백한 이해를 얻으려고 언제나 노력해왔다. 그리고 철저한 유물론을 제외한 철학자들의 모든 체계는 다른 모든 차이에도 불구하고, 가장 중요한 것이, 참으로 모든 현존의 유일하게 본질적인 것, 모든 것을 결정하는 그것, 현존의 원래적 의미, 현존의 분기점, (실례지만 말하자면)[1] 현존의 핵심이 인간 행위의 도덕성에 놓여 있다고 주장하는 점에서 일치한다. 그러나 이것의 의미에 관해, 그 문제의 종류와 방식, 가능성에 관해 그들은 모두 다시 극도로 불일치하며 암흑의 심연 앞에 선다. 여기서 도덕을 설교하는 것은 쉽고 도덕을 증명하는 것은 어렵다는 사실이 도출된다. 현존의 핵심이 양심에 의해 확정되어 있다는 이유에서 그 핵심은 체계들의 시금석이 된다. 형이상학이 윤리학의 바탕이어야 한다는 것이 정당하게 요구되기 때문이다. 그리고 이제 모든 경험에 반하여 사물의 물리적 질서를 도덕적 질서에 의존하는 것으로서 증명하는 어려운 문제가 발생한다. 그것은 영원한 자연법칙에 따라 작용하면서 세계를 존속시키는 힘과 인간의 가슴에 있는 도덕성 간의 관련성을 찾아내는 문제다. 따라서 여기서는 최고의 사상가도 실패한다. **스피노자**는 때때로 궤변을 통해 윤리학을 자신의 치명적 범신론에 접목시켰다. 그러나 더 자주 그는 도덕을 극심하게 방치했다. 칸트는, 이론 이성이 완전히 지친 후에 단순한 개념들에서 *끄집어낸*[2] 자신의 정언명법이 기계 신으로서 절대적 당위를 갖고 등장하게 한다. 이 당위의 오류는, 언제나 보다 나은 것을 탁월한 것으로 간주하는 **피히테**가 그것을 크리스티안 볼프(Christian Wolff)의 장황함과 지루함을 갖고 자신의 『도덕론 체계(*System der*

---

1) 〔옮긴이〕 Plinius, 『서한집(*Epistulae*)』, 5, 16, 46(W. F. v. Löhneysen, 같은 책, 472쪽 참조).
2) 내 현상논문 「도덕의 기초에 관하여」 제6절을 보라.

Sittenlehre)』에서 **도덕적 숙명론**의 완전한 체계로 잡아 늘였고, 그다음에 그것을 자신의 마지막 소논문인 「학문론의 일반적 개요(*Die Wissenschaftslehre in ihrem allgemeinen Umrisse*)」(1810)에서 더 짧게 설명했을 때 참으로 분명해졌다.

이 관점으로부터 이제 모든 현존의 실재성과 자연 전체의 뿌리를 **의지**에 두고 의지에서 세계의 핵심을 증명하는 체계는 그래도 이론의 여지 없이 적어도 자신을 위한 강력한 선입견을 갖는다. 왜냐하면 이 체계는 다른 체계들이 원대하고 언제나 불확실한 우회로를 통해 획득하려고 시도하는 그것을 솔직하고 단순한 방법으로 획득하여, 윤리학에 도달하기도 전에 이미 갖고 있기 때문이다. 또한 그것은 참으로, 자연에서 작동하고 작용하는, 우리의 지성에 이 직관적 세계를 제시하는 힘이 우리 안에 있는 의지와 동일한 것이라는 통찰에 의하지 않는다면 결코 획득될 수 없다. 오직 **이** 형이상학이 실제적이고 직접적으로 윤리학의 버팀목이다. 그것은 그 자체로 이미 근원적으로 윤리적인 것이고, 윤리학의 재료인 의지에서 만들어진 것이다. 따라서 나는, 스피노자보다 훨씬 더 정당하게 내 형이상학을 '윤리학'이라고 이름 붙일 수 있을 것이다. 스피노자에게서 이 이름은 거의 아이러니처럼 보이며, "그 안이 밝지 않으므로 숲이라고 불리는 것"과 같은 이름을 갖는다고 주장될 것이다. 왜냐하면 그는 도덕을 그것으로부터는 도덕이 결코 일관적으로 도출되지 않을 하나의 체계에 오직 궤변을 통해 부착할 수 있었기 때문이다. 또한 스피노자는 도덕을 혐오스러운 뻔뻔함을 가지고 대체로 직설적으로 부인한다.(예를 들어 『에티카』, 제4부, 정리 37, 주석 2). 게다가 나는, 결코 어떤 철학체계도 나의 것과 같이 틈이나 끼워 맞춘 곳 없이 완전히 하나의 덩어리에서 잘라낸 것은 없다고 용감하게 주장해도 될 것이다. 그것은, 내가 그 체계의 서문에서 말했듯이 유일무이한 사상의 전개다. 이 사상을 통해 "진리의 언어는 단순하다"라는 고대의 말이 다시 한 번 증명된다. 그다음에 여기서 또 언급되어야 하는 것은, 자유와 책임, 즉 모든 윤리학의 이 버팀목을 말로 주장한다 해도 의지의 자존(自存, Aseität)을 전제하지 않는다면 그것은 절대로 생각될 수 없다는 것이다. 이 주장을 논박하려는 이는, 스콜라 철학자들이 이미 제시한, "행위는 본질에서 나온다(operari sequitur esse)"(즉 모든 존재의 성질에서 그 작용이 나온다)라는 공리를 먼저 파기하거나 "본질이 무엇인지에 행위가 따른다(unde esse inde operari)"라는 그 공리의 결론을 틀린 것으로 입증해야 한다. 책임은 자유를, 자유는 근원성을 전제한다. 왜냐하면 나는 내 **존재**에 따라 **의지**하기 때문이다. 따라서 나는 내가 **의지**하는 대로 **존재**해야 한다. 그래서 의지의 자존은 진지하게 사유된 윤리학의 최초 조건이며, 스피노자가 "자신의 본성의 필연성에 의해서만 존재하며, 자기 자신에 의해서만 행동하도록 결정되는 것은 자유롭다고 불리어야 할 것이다."(『에티카』, 제1부, 정의 7)라고 말하는 것은 정당하다. 존재와 본질에서의 의존성이 행위에서의 자유와 결합된 것은 모순이다. 프로메테우스가 자신의 창조물들에게 자신들의 행위에 대한 해명을 요구하려 했을 때, 그 창조물들이 다음과 같이 답변한 것은 완전히 정당하다. "우리는 우리의 존재에 따라 행위할 수 있었을 뿐이다. 성질에서 작용이 흘러나오기 때문이다. 우리의 행위가 나빴다면, 그것은 우리의 성질에 놓여 있었던 것이다. 그것은 그대의 작품이다. 그대 자신을 벌하라."[3] 우리의 참된 존재가 죽음을 통해 파괴될 수 없는 것도 이와 다르지 않다. 이 불멸성은 우리 존재의 자존 없이 진지하게 사유될 수 없으며, 의지를 지성으로부터 근본적으로 분리하지 않는다면 또한 사유되기 어렵다. 뒤의 논점은 내 철학에 속한다. 그러나 앞의 논점을 이미 아리스토텔레스가, 발생하지 않은 것만이 소멸하지 않는 것일 수 있다는 것과 이 두 개념은 서로 제약한다는 것을 (『천체에 관하여』, I, 12에서) 상세히 보여줌으로써 철저히 입증했다. "이것은 서로로부터 따른다. 발생하지 않은 것은 소멸하지 않고 소멸하지 않는 것은 발생하지 않았다. …… 왜냐하면 발생했음과 소멸적임은 서로로부터 도출되기 때문이다. …… 어떤 것이 발생했으면, 그래서 그것은 또한 소멸적이어야 한다." 고대철학자 중에서 영혼의 불멸성을 가르쳤던 모든 이들도 그 불멸성을 이런 식으로 이해했다. 그리고 어떤 식으로든 **발생한** 존재에게 무한한 지속성을 부여하려는 생각은 누구에게도

---

3) 『여록과 보유(*Parerga und Paralipomena*)』, I, S. 115ff. 참조.

떠오르지 않았다. 그 반대의 전제가 초래하는 곤경에 대해서는 교회에서 영혼 선재주의자, 영혼 창조론자, 정통 신앙주의자 간에 일어난 논쟁이 그 증거가 된다.

나아가 윤리학과 관련된 하나의 관점은 모든 철학 체계의 낙관론이다. 이것은 의무로서 어떤 것에서도 빠질 수 없다. 세상은 자신이 칭찬할 만하고 훌륭하다는 말을 들으려고 하고, 철학자들은 세상의 마음에 들려고 하기 때문이다. 나에게 그것은 다르다. 나는 무엇이 세상의 마음에 드는지를 보았고, 따라서 세상의 마음에 들기 위해 진리의 오솔길에서 벗어나지는 않을 것이다. 그래서 이 점에서도 나의 체계는 다른 것들과 다르며 홀로 선다. 그러나 다른 체계들이 총체적으로 그들의 설명을 완성했고, 게다가 최선의 세계에 대한 자신들의 노래를 부른 후에, 그 때 최종적으로 체계의 뒤에서 괴물의 뒤늦은 복수와 같이, 무덤에서 나온 정신과 같이, 돈 주앙에게 온 돌로 된 손님과 같이 불행의 근원, 이름 없는 엄청난 불행, 세상에 있는 경악스러운 비통한 고난의 근원에 대한 물음이 나온다. 그러면 그들은 침묵하거나 그렇게 중대한 빚을 청산하기 위해 공허한, 허풍 떠는 단어들만을 갖는다. 반면에 어떤 체계의 기초에 이미 불행의 현존이 세계의 현존과 뒤섞여 있다면, 거기서는 접종받은 아이가 천연두를 두려워하지 않듯이 그 유령을 두려워할 필요가 없다. 그러나 이것은 자유가 행위가 아니라 본질에 놓여 있고, 그래서 그 자유로부터 악과 불행과 세계가 발생할 때의 일이다.

그 밖에 진지한 사람인 나에게 실제로 아는 것에 대해서만 언급하고 완전히 규정된 의미를 결합하는 단어들만을 사용할 것이 허락되는 것은 정당하다. 그런 것만이 다른 사람들에게 확실하게 전달되기 때문이다. 그리고 "투명성은 철학자들의 신용장이다"라는 **뤽 드 클라피에르 보브나르그**(Luc de Clapiers Vauvenargues)의 말은 전적으로 타당하다. 따라서 내가 "의지, 생명에의 의지"라고 말한다면, 그것은 "사유물"도 내 자신이 만든 실체도 아니며, 또한 비확정적이고 변동적인 의미를 갖는 단어도 아니다. 오히려 누군가가 그것이 뭐냐고 내게 묻는다면, 그에게 나는 그 자신의 내면을 가리킬 것이다. 거기서 그는 그것을 완벽하게, 참으로 거대한 크기로, 가장 실재적인 참된 존재로서 발견할 것이다. 따라서 나는 세계를 알려지지 않은 것으로부터 설명하지 않았고 오히려 모든 것 중에서 가장 알려진 것으로부터 설명했다. 이것은 우리에게 다른 모든 것과 완전히 다른 방식으로 알려진 것이다. 마지막으로 내 윤리학의 금욕주의적 결론이 초래한다고 비난받은 역설에 관해 언급하자면, 다른 점에서는 나를 매우 호의적으로 판단하는 **장 파울**조차 이 결론에 대해 못마땅해 했고, 이 결론으로 인해 (나에 대해서는 침묵만이 사용될 수 있다는 사실을 알지 못했던) **레체**(Johann Gottlieb Rätze)도 1820년에 나에 반대하는 선의의 책을 쓰게 되었으며, 이 결론은 그때부터 내 철학을 비난하는 상투적인 주제가 되었지만, 나는 그와 같은 결론은 오직 이 오래된 대륙의 북서쪽에서만, 참으로 이곳에서조차 프로테스탄트 국가에서만 역설이라고 불릴 수 있다는 사실을 고려할 것을 요청한다. 반면에 멀리 있는 아시아 전체에서는, 혐오스러운 이슬람이 불과 칼을 들고 인류의 오래된 심오한 종교를 아직 몰아내지 않은 모든 곳에서는 오히려 통속적이라는 비난을 두려워해야 할 것이다.[4] 따라서 나는 나의 윤리학이, 붓다의 세계 종교와 관련해서도 그렇듯이 성스러운 『베다』의 『우파니샤드』와 관련해서는 완전히 정통적이며 심지어 고대의 참된 기독교와도 모순적이지 않다는 사실을 위안으로 삼는다. 이단이라는 다른 모든 비난에 대해 나는 무장되어 있고 가슴을 두르는 세 겹의 금속을 갖는다.

---

4) 이에 관해 간결하게, 그러나 완벽하게 알고자 하는 이는 타계한 목사 **보힝어**(Johann Jacob Bochinger)의 탁월한 저술 *La vie contemplative, ascétique et monastique chèz les Indous et chèz les peuples bouddhistes*(Strasbourg, 1831)을 읽어 보라.

결론

이 논문에 열거된, 분명히 눈에 띄는 증명들은 자연과학이 나타난 이후로 나의 학설에 나의 학설과 무관하게 제공된 것이다. 물론 자연과학의 증명들에는 내 기록에 들어가지 않은 것이 아직 많이 있다. 모든 언어로 그렇게 활발하게 계발되는 자연과학 서적 중 그것을 알기 위해 개인이 시간, 기회, 인내를 충분히 갖는 부분은 매우 적을 것이기 때문이다. 그러나 여기에 알려진 것도 이미, 내 철학의 시대가 접근한다는 확신을 나에게 준다. 자연과학이 해가 감에 따라 서서히 어떤 학설을 위한 믿을 만한 증인으로 등장하는 것을 나는 마음 깊이 기쁨을 느끼며 바라본다. 이 학설에 관해 "전문 철학자들(이 독특한 명칭을, 게다가 "철학적 직업"이라는 명칭도 몇몇 철학자들은 단순하게 스스로 제공한다)"은 깰 수 없는 정략적인 침묵을 17년 동안 지켰으며, 그 학설에 대해 언급하는 것을 그들의 정책에 문외한인 장 파울[1]에게 위임했다. 왜냐하면 그 학설을 칭찬하는 것은 그들에게 위험할 것으로 보였지만, 그것을 비난하는 것도 자세히 검토한다면 그다지 안전한 것으로 보이지는 않았기 때문이다. 그리고 "전문가도 직업인도" 아닌 대중에게, 파악할 수 없거나 지루하게 하지 않으면서도 매우 진지하게 철학하는 것이 가능하다는 사실을 알리는 것도 필요해 보이지 않았기 때문이다. 말하자면 무엇을 위해 그들이 그 학설과 함께 명예를 실추시켜야 했겠는가. 침묵을 통해서는 누구도 드러나지 않고, 업적에 반대하는 입증된 수단인 선호되는 비밀 방법을 갖고 있는데 말이다. 그리고 현시대 상황에서 그 철학은 강단에서 강의되는 자격을 갖지 않는다고 결정되었는데 말이다. 이 자격은 그래도 그들이 진심으로 모든 철학의 참된 최종 목적으로 여기는 것이다. 고귀한 올림포스에서 벌거벗은 진리가 온다 해도 그 진리가 가져올 것은 현 시대 상황에서 일어나는 요구들과 강력한 우두머리의 목적에 상응하지 않는다고 여길 만큼, "전문가이자 직업인인" 이 신사들은 이 상스러운 요정들에게 참으로 어떤 시간도 빼앗기지 않고 자신들의 올림포스로 급히 되돌아가 인사하고, 세 개의 손가락을 입에 올려서 방해받지 않고 자신들의 개요에 머무를 만큼, 그렇게 확실하게 그 자격이 철학의 최종 목적이라고 그들은 생각한다. 이 벌거벗은 아름다움, 이

---

1) 「미학적 예비학교의 후속학교(*Nachschule zur ästhetischen Vorschule*)」— 전술한 내용은 이 논문의 초판이 나온 때인 1835년에 관련된다.

유혹하는 사이렌, 이 지참금 없는 신부와 함께 사랑을 나누는 이는 당연히 국가철학자와 강단철학자가 되는 행운을 얻을 수 없기 때문이다. 운이 좋다면 그는 다락방 철학자가 될 것이다. 반면에 그의 독자는 수입을 얻으려는 가난한 대학생 대신에 드문, 정선된, 사유하는 존재들로 구성될 것이다. 무수한 무리들 중에 드문드문 퍼져 있는 이들은 거의 자연의 조화처럼 서서히 개별적으로 나타날 것이다. 그리고 멀리서 감사하는 후손이 눈짓할 것이다. 그러나 그 신사들은 진리가 얼마나 아름다운지, 얼마나 사랑할 만한지, 진리의 흔적을 추적하는 것에 어떤 기쁨이 놓여 있는지, 진리를 향유하는 것에 어떤 환희가 놓여 있는지에 대해 모르고 있음이 분명하다. 이들은, 진리의 모습을 본 누구라도 타락한 박수를 위해, 혹은 공직을 위해, 혹은 돈을 위해, 혹은 궁정고문관 칭호를 위해 진리를 떠나고 진리를 부인하고 진리를 불구로 만들 수 있을 것이라고 생각할 수 있다. 차라리 스피노자처럼 안경을 갈거나 클레안테스처럼 물을 긷는 것이 좋았을 것이다. 따라서 그 신사들이 앞으로도 무엇을 행하든, 진리는 "직업"의 마음에 들기 위해 다른 것이 되지 않을 것이다. 사실상 진지한 철학은, 학문이 국가의 후견을 받고 있는 곳인 대학에서는 감당할 수 없을 만큼 성장했다. 그러나 아마 이 철학은, 그 사이비 형태인, 대학에 있는 "신학의 시녀"가, 즉 철학적 진리에 대한 최상의 기준을 국가교리문답서로 보는 스콜라철학의 나쁜 모조품이 점점 더 시끄럽게 강의실을 메아리치게 하는

동안 비밀의 학문으로 간주되기에 이를 수 있다. — 너희는 그 길로, 우리는 이 길로.[2]

---

2) W. Shakespeare, "Lover's Labour's Lost," the end.

옮긴이 해제

1. 『자연에서의 의지에 관하여』의 철학적 배경

『자연에서의 의지에 관하여(*Über den Willen in der Natur*)』는 1836년에 출판되었고 19년이 지나 개정판이 나왔다. 이 한국어 번역본은 1854년에 출판된 개정판을 대본으로 한 것이다.

쇼펜하우어는 이 책에서 경험과학의 연구 결과를 통해 자신의 철학을 증명하려고 시도한다. 쇼펜하우어는 1818년에 『의지와 표상으로서의 세계(*Die Welt als Wille und Vorstellung*)』를 출간한 이후 자연과학을 비롯한 다양한 분야에 대한 독서와 연구를 통해 자신의 사상을 심화시켰다. 그 결과가 이 책에 반영된 것이다. 1835년에 작성한 「입문」에서 그는 자신의 철학체계에서 이 책이 갖는 특별한 중요성을 피력한다. 그에 따르면, 경험적인 것에서 출발하여 형이상학의 본래적 핵심에 이르는 서술 방식을 통해 자신의 형이상학이 자연과학과 공통의 경계지점을 갖는 유일한 것이라는 사실이 증명된다. 이로써 자신의 철학체계는 실재성과 경험을 초월하여 허공에 떠다녔던 이전의 철학체계와 달리 현실에 견고하게 뿌리를 내린다는 것이다. 『자연에서의 의지에 관하여』는 당시 자연과학의 연구 성과를 빠짐없이 기술하면서 그 성과를 철학과 연결시킨 최초의 책이라고 할 수 있다. 포이어바흐는 칸트의 인간학도 프리스의 인간학도 이루지 못한 사유의 인간학적 전회가 이 책에서 일어났다고 평가한다.

이 책의 초판이 나왔을 때 쇼펜하우어는 아직 세상에 알려지지 않은 철학자였다. 1835년에 그는 1819년부터 적어둔 생각들을 첨가하여 『의지와 표상으로서의 세계』의 개정판을 내려고 출판사에 문의했지만, 초판도 대부분 파지가 되었다는 답변을 듣고 계획을 포기했다. 이듬해에 쇼펜하우어는 그동안 써둔 원고를 모아 이 책 『자연에서의 의지에 관하여』를 썼다. 그러나 쇼펜하우어가 "17년간의 침묵을" 깨고 내놓은 이 책도 그의 철학에 대한 관심을 불러일으키지는 못했다.

개정판이 나온 시기의 시대적 상황은 달랐다 헤겔철학에 대해 포이어바흐를 비롯한 유물론적 사상가들의 비판이 이어졌으며, 콩트의 실증주의를 중심으로 자연과학에 기초하여 세계를 설명하려는 시도가 서서히 시대정신으로 자리를 잡게 되었다. 쇼펜하우어의 철학도 학계의 관심을 끌게 되었다. 이미 19년 전에 자연과학을 통해 자신의 형이상학을 증명하려고 시도했으며, 자신의 철학이 "다음 시대의 철학"이라는 이름으로 불릴 것을 요구한 쇼펜하우어는 사실상 시대를 앞서갔던 것이다. 다음 시대에는 "더 이상 의미 없는 쓸데없는 말, 텅 빈 상투어, 유희하는 대구법에 만족하지 않고, 실재적 내용과 진지한 설명"이 철학에서 요구될 것이라고 그는 초판의 「입문」에서 말한다.

그로부터 19년 후에 쓴 개정판의 「서문」에서 쇼펜하우어는 자연과학자들의 "극단적이고 편협한 유물론"을 비판한다. 그는 "도가니와 시험관을 다루는 신사들"을 지적하며 "단순한 화학이 제약사의 능력은 줄 수 있겠지만 철학자의 능력을 줄 수는 없다는 사실"을 강조한다. 그는 화학이나 물리학 혹은 생리학을 배웠지만 그밖에는 세상에서 아무것도 배우지 않은 사람들이 계몽가로 자처하는 현실을 비판한다. 자연과학 분야의 전문가라 해도 자연과학 외에는 아무것도 배우지 않았다면 대중과 다를 바 없는 무지한 사람이라는 것이다. 쇼펜하우어는 자연과학의 한계를 지적한다. 물리학을 비롯한 자연과학은 고유의 탐구 과정에서 설명이 끝나는 지점에 이르게 되는데, 이것이 바로 형이상학적 고찰이 시작되는 지점이라는 것이다. 자연과학은 이제부터 그 연구 대상을 형이상학에 넘겨줘야 한다고 그는 주장한다. 자연 속에 움직이며 작용하고 있는 모든 힘의 본질은 물리적인 힘을 넘어서는 의지라는 것을 과학자들은 인식하지 못한다는 것이다. 이 점에서 쇼펜하우어는 물질적 세계의 법칙만을 받아들이는 로크의 경험주의를 받아들이지 않는다. 그는 우리가 경험하는 현상의 본질인 실재에 접근하려고 시도한다.

『자연에서의 의지에 관하여』에서는 쇼펜하우어철학의 핵심 개념인 무의식적 의지가 집중적으로 다루어진다. 그는 생리학과 해부학을 비롯한 자연과학과 언어학 및 중국학까지 망라하는 모든 학문 영역의 연구 결과를 통해 동식물뿐 아니라 생명 없는 무기물에 이르는 모든 존재에게서 의지현상이 표명된다는 것을 제시한다. 이를 통해 쇼펜하우어가 증명하려는 것은 자신의 존재론이다. 즉 그는 칸트의 회의주의에 대해 우리가 자신의 내면을 통해 사물 자체에 접근할 수 있으며, 우리가 내면에서 발견한 의지는 자연현상의 본질인 의지와 동일한 것이라고 주장한다. 이러한 자신의 형이상학적 입장을 입증하기 위해 쇼펜하우어는 자연에서 일어나는 무의식적 의지현상을 기술하는 것이다. 나아가 그는 모든 존재에게 동일한 근원적 실재인 의지를 윤리학의 기초로서 제시한다. 이로써 쇼펜하우어는 자연과학에서 출발하여 윤리학에 이르는 모든 학문 영역을 일관되게 조망하는 철학적 체계를 완성하는 것이다.

무의식적 의지는 쇼펜하우어철학의 핵심 개념이지만 그의 철학이 비합리주의로 해석되는 계기를 제공하기도 한다. 쇼펜하우어는 합리성에서 비합리성으로의 전회를 완성했으며, 프로이트의 무의식 개념을 선취한다고 평가되기도 한다. 그렇지만 쇼펜하우어가 말하는 최초의 것이자 근원적인 것인 무의식적 의지는 개별자의 의지를 의미하지 않는다. 오히려 개별자의 의지는 언제나 동기라는 원인에 의해 필연적으로 작용한다고 그는 주장한다. 쇼펜하우어는 이 책에서 무의식적 의지는 물리적인 것이 아니라 형이상학적인 것이라는 점을 강조한다.

『자연에서의 의지에 관하여』에 서술되는 쇼펜하우어의 철학은 그 자신이 강조하듯이 칸트철학에 대한 수용과 칸트철학의 문제에 대한 극복이라는 맥락에서 가장 정확하게 이해될 수 있다. 쇼펜하우어는 객관적으로 실재 자체를 인식할 수 없다는 칸트의 회의주의를 수용한다. 지성은 단순한 현상에 제한되어야 하며 결코 사물 자체에 관한 인식능력이 아니라는 칸트의 발견에 따라 쇼펜하우어는 우리가 인식하는 세계는 표상의 세계일 수밖에 없다고 주장한다. 쇼펜하우어는 칸트 사후 50년이 지나 "진정한 철학"이며 "하나의 혁명"인 비판철학에 대한 지식이 사라졌고, 철학 교수들에 의해 독일철학이 타락의 상태에 처하게 된 현실을 비판한다. 그는 독자들에게 칸트의 책을 직접 읽을 것을 권한다.

다른 한편으로 쇼펜하우어는 칸트가 실재에 대한 인식을 철저히 해명하지 않는다고 비판한다. 그는 객관적 인식의 방법으로는 사물의 내부로 들어갈 수 없다는 점에서만 칸트의 관념론을 수용한다. 쇼펜하우어는 우리가 인식하는 주체인 동시에 인식되는 존재인 물자체이므로 외부에서는 들어갈 수 없는 본질에 이르는 길이 우리의 내부로부터는 열려 있다고 주장한다. 칸트가 절대로 인식될 수 없다고 간주한 이 물자체는 "우리에게 직접적으로 알려진 무척 친숙한," 우리 자신의 의지라는 것이다. 쇼펜하우어는 의지를 직접적으로 의식되는 유일한 것으로서, 자연현상에서 표현되는 의지와 동일한 근원적 실재로서 받아들인다. 이 의지는 인식과 독립적인 것이어서 인식이 없이도 성립한다는 것을 그는 강조한다.

이로써 쇼펜하우어는 의지작용을 인식으로부터 도출하려는 경험적 지식과 관점의 한계를 지적한다. 표상세계의 법칙을 실재의 법칙으로 간주하는 "편협한 유물론"을 그는 비판하는 것이다. 그는 형이상학의 탐구 대상인 의지를 자연현상의 근원적 실재로 제시함으로써 자연과학과 형이상학의 분리를 극복하고, 과학에 대한 실천철학의 우월성을 주장한 칸트의 철학에 실제적 기반을 제공하는 것이다.

2. 이 책의 내용

『자연에서의 의지에 관하여』에서 쇼펜하우어는 각 학문 분야의 연구 결과를 병렬적으로 제시하면서 자신의 철학적 입장을 밝힌다. 각 장은 서로 독립적이다. 그러면서도 쇼펜하우어의 철학적 입장을 증명한다는 점에서 내용상 다시 만난다.

생리학과 병리학 장에서 쇼펜하우어는 인식 없는 의지의 가능성을 해명한다. 우선 그는 의학자인 브란디스(Joachim Dietrich Brandis)가 질병에 관한 저술에서 의식 없는 의지를 생명 기능의 원천으로 서술한 것은 자신의 학설에 대한 표절이라고 주장한다. 자신이 칸트의 학설로부터 도출한 근원적인 형이상학적 진리를 브란디스는 아무런 증명 없이 단순히 주장한다는 것이다. 또한 생리학자인 로자스(Anton Rosas)는 자신의 논문을 그대로 베껴 썼다고 쇼펜하우어는 비난한다. 그렇지만 그는 표절보다 더 해로운 것은 철학을 수단으로 삼는 철학 교수들의 기회주의라고 주장한다. 기회주의자들은 빵 한 조각을 얻기 위해 진리를 어길 수 있다는 것이다.

쇼펜하우어는 생리학자 슈탈(Georg Ernst Stahl)이 물체의 모든 내적 기능을 완성하는 것이 의지임을 간파했으면서도 의지를 인식으로부터 분리하지 못하고 이성적 영혼 개념을 전제함으로써 불합리성에 빠지게 되었다고 주장한다. 또한 해부학자 할러(Albrecht von Haller)가 자극성과 감수성으로 물체의 내적 기능을 설명하려 했지만, 이러한 경험적 해명은 한계점에 이를 수밖에 없었다고 주장한다. 쇼펜하우어는 의지를 인식으로부터 완전히 분리하는 것이 자신의 학설에서 핵심임을 밝힌다. 지금까지 철학자들이 의지를 인식에 의해 제약된 것이라고 간주했지만, 오히려 의지가 처음의 것이며 존재 자체로서, 유기체에서 인식이 성립하기 위한 조건이라는 것이다. 그래서 인간에게서 생명의 원리를 형성하는 것으로서 영원하고

파괴될 수 없는 것은 영혼이 아니라 의지라는 것이다. 쇼펜하우어
는 의지가 물자체로서 완전히 근원적인 것인 반면에 인식은 의지의
가시성인 신체의 일부분인 뇌의 기능일 뿐이라는 점을 강조한다.
따라서 그는 인식 없는 과정에서도 일어나는 의지(Wille)를 인식에
의해 매개되는 자의(Willkür)와 구분한다. 신경을 통해 뇌와 교류하
는 신체 부분만이 자의적이고 다른 내적 조직의 운동은 비자의적인
자극에 의해 유도되지만, 의지는 어디에나 항상 있다는 것이다.

쇼펜하우어는 의지가 인식 없는 과정에서도 작용한다는 것이 해
부학자 할러 이후에 일어난 생리학의 발전에 의해 증명된다고 본
다. 의식에 동반되는 행동뿐 아니라 무의식적으로 일어나는 생명과
정도 신경계의 지배를 받는다는 사실이 밝혀졌다는 이유에서다. 의
식은 뇌에서 나오는 신경에 의해 조종되는 반면 무의식적 생명과정
은 신경절에 의해 관리되므로, 뇌와 연결되지 않는 내적 과정도 "독
자적 생명"을 갖는다는 것이다. 이 생명에 대해 화학자인 헬몬트
(Jan Baptist van Helmont)는 모든 기관이 독자적인 자아를 갖는 것
같다고 표현한 사실을 지적한다.

쇼펜하우어는 의식적·무의식적 운동 모두 의지의 운동이므로,
신체의 운동을 두 원천에서 도출할 필요는 없다는 점을 강조한다.
생물학자인 트레비라누스(Gottfried Reinhold Treviranus)는 갑각류
나 어류에게서 자의적인 장소 이동 운동과 생체 운동인 호흡작용이
완전히 하나로 일치하는 점을 발견했으며, 생리학자 뮐러(Johannes

Peter Müller)도 의지가 동공에 영향을 미친다는 것을 증명하려고 시도했다는 사실을 지적한다.

그러나 쇼펜하우어는 이 두 운동의 동일한 원천이 의지라는 사실에 생리학자들은 실험적 연구와 가설의 방법으로는 결코 도달하지 못할 것이라고 주장함으로써 자연과학적 방법의 한계를 지적한다. 물리적인 것에 대한 설명이 끝에 도달한 어디서나 그 설명은 형이상학적인 것과 만난다는 것이다. 다만 그는 메켈(Johann Friedrich Meckel)이나 부르다흐(Karl Friedrich Burdach) 같은 몇몇 생리학자들이 단순히 경험적인 방법으로 "식물의 자유의지"를 추정하거나 생명 없는 물체에도 있는 "자기애"를 증명함으로써 의지가 자연현상의 근원적 원동력이라는 진리를 어느 정도 인식했다는 점을 지적한다.

비교해부학 장에서 쇼펜하우어는 의지가 인식에서 도출되는 것이 아니라 최초의 것이고 본질 자체라는 점이 동물의 신체구조에서 나타난다는 점을 제시한다. 그는 동물의 신체가 동물의 의욕이 추구하는 목적에 상응하는 수단이므로 목적과 정확히 일치해야 한다고 주장한다. 그리고 자신의 이 주장은, 육식동물의 골격이 동물의 성향과 욕망에서 발전한다는 판더(Pander)와 알퉁(d'Alton)의 주장을 통해 입증된다고 본다. 또한 생리학자인 부르다흐도 배아, 신체, 생식기들이 "의지하므로" 그 형태가 결정된다고 주장하는 것을 지적한다. 그러나 쇼펜하우어는 이 자연과학자들이 근원력을 부정함으로써 그들이 넘어설 수 없는 한계인 형이상학적 문제에 이르렀다는 사실을 보여준다고 주장한다.

쇼펜하우어는 자연신학적 증명의 목적론을 비판함으로써 의지가 지성으로부터 독립적이라는 점을 다시 강조한다. 자연신학적 증명에서는 의지작용이 인식에서 도출된 것으로 간주되었으므로, 목적 개념이 동물의 현실적 존재에 선행했다는 것이다. 쇼펜하우어는 이와 같은 목적 개념을 받아들이지 않으며, 자연에 질서를 부여한 것이 지성이라는 자연신학적 사상은 완전히 잘못된 것이라고 주장한다. 지성은 세계의 이차적 원리일 뿐 결코 그 현존의 조건이 었을 수 없다는 이유에서다. 지성계는 감성계로부터만 재료를 획득하므로 "지성이 자연을 산출한 것이 아니라 자연이 지성을 산출했다"라고 쇼펜하우어는 주장한다. 따라서 목적론적인 모든 사실은 그 사실들이 발견되는 존재 자체의 의지로부터 해명된다는 것이다.

쇼펜하우어는 동물의 생활방식과 신체조직의 관계를 열거함으로써 의지가 인식에 앞선다는 사실을 강조한다. 그는 시간적으로는 동물의 기관이 생활방식에 선행하지만, 본질적으로는 의지가 기관의 형태를 결정한다고 주장한다. 동물이 자신의 생계를 위해 영위하려는 생활방식이 그 동물의 신체구조를 결정했다는 것이다. 그래서 많은 동물에게서 의지의 지향이 그에 필요한 신체 부분이 있기도 전에 표현된다는 점을 지적한다. 이것은 어린 숫염소, 송아지가 뿔을 갖기도 전에 맨머리로 들이받는 사실에서 알 수 있다는 것이다. 이로부터 그는 의지가 인식으로부터 발생하는 것이 아니라 즉 자신이 발견하는 도구를 사용하는 것이 아니라 최초에 있는 근원적인 것이라고 주장한다. 그런 방식으로 살려는 열망이 먼저 그 동물이 가진 도구들을 결정한다는 말이다. 아리스토텔레스도 침으로 무장한 곤충들에 대해 "투지(鬪志)를 가지므로 무기를 갖는다", "자연은 활동을 위해 기관들을 만든다"라고 주장함으로써 동물의 신체구조가 의지에 따른다는 사실을 표현한다는 것이다.

그런데 쇼펜하우어는, 라마르크(Jean-Baptiste de Lamarck)가 동물의 조직체를 결정한 것은 동물의 의지라는 사실을 정확히 보았으면서도 사물 자체인 의지를 시간 안에서 파악했기 때문에 오류에 빠진다는 점을 지적한다. 라마르크는 동물의 의지가 동물 자체보다 더 근원적일 수 있다는 생각에 결코 이를 수 없었으므로, 지향 없이 지각만을 갖는 동물을 가장 먼저 설정한다는 것이다. 그래서 지각의 인식에서 의지가 발생하고, 이 의지에서 동물의 기관이 발생한다고 보았다는 것이다. 이로써 라마르크는 동물종이 사용을 통해 기관을 산출하기 전에 이미 멸종했어야 한다는 반론에 부딪친다는 점을 지적하고, 이에 대해 쇼펜하우어는 의지가 물리적인 것이 아니라 형이상학적인 것이라고 주장한다. 모든 동물종은 시간 밖에 있는 형이상학적인 것으로서 자신의 의지를 통해 자신의 형태와 조직을 결정했다는 것이다.

쇼펜하우어는 의지가 인식에서 도출되지 않으며 오히려 최초의 것이고 본질 자체임을 다시 강조한다. 그리고 신체기관으로 무장된 동물은 의지의 현상이며 지성도 이 기관에 속한다고 주장한다. 쇼펜하우어는 동물의 무수한 형태가 의지 지향의 표현이라는 점을 제시한다. 맹수들의 이빨과 발톱은 싸우려는 의지의 표현이며, 토끼의 늘어난 귀는 도피하려는 의지의 표현이라는 것이다. 지성도 종을 보존하는 수단이라고 주장한다. 그래서 지성은 종의 보존에 필요한 정도에 따라 늘어나거나 줄어든다는 것이다. 매우 적게 번식하는 코끼리, 말, 원숭이가 탁월한 지성을 갖는다는 사실로부터 쇼펜하우어는 종의 보존이 어려울수록 지성이 발달했다고 주장한다. 그리고 인간의 이성도 인간의 욕구가 크고 근력이 약하며 번식이 느리다는 상황에 의해 요구되었다는 것이다. 그는 인간의 지적 능력이 탁월한 것도 개별자의 확실한 보존을 위해 요구되었기 때문이라고 본다.

쇼펜하우어는 동물학자 생틸레르(Étienne Geoffroy Saint-Hilaire)가 입증하듯이 척추동물 전체에서 뼈의 숫자와 배열은 변화하지 않지만, 크기나 형태는 의지의 목적에 따라 가변적이라는 점을 지적한다. 의지의 목적이 다르므로 예를 들어 동일한 팔뼈가 원숭이, 악어, 두더지에서 다르게 형성되었다는 것이다. 마찬가지로 지성의 저장소인 두개골도 생계를 얻는 방식의 어려움에 따라 늘어나거나 휘거나 한다는 것이다. 쇼펜하우어는 동물의 목적에 대한 신체구조의 적합성 및 동물 내부 작용의 합목적성으로부터 동물의 신체는 의지의 가시성이며 객체성이라는 결론을 도출한다. 그래서 신체 안에 있는 모든 것이 최종 목적인 그 동물의 생명을 위해 도모한다는 것이다. 여기서는 의욕, 행위, 성취가 하나이며 동일한 것이라고 쇼펜하우어는 주장한다. 의지가 먼저 의도를 갖고 목적을 인식하고 수단을 목적에 맞추고 하는 것이 아니라, 의지의 의욕이 직접적으로 목적이고 직접적으로 성취라는 말이다.

식물생리학 장에서 쇼펜하우어는 퀴비에(Georges Cuvier)를 비롯한 동식물학자들의 주장을 인용하여 식물의 자발적인 운동에 대해 기술함으로써 의지가 인식 없이도 작용한다는 사실을 제시한다.

동물학자 퀴비에는 식물이 동물의 움직임과 유사한 자발적 운동을 갖는다고 기술한다. 예를 들어 식물은 빛을 향할 때를 제외하면 언제나 수직 방향으로 나아가며, 뿌리는 좋은 토양과 수분을 향해 간다는 것이다. 퀴비에는 이러한 운동이 외부 원인의 영향에 의한 것으로 설명될 수는 없으며, 단순한 관성의 힘과는 다른 어떤 내적 성향을 받아들여야 한다고 주장한다. 퀴비에의 기록에 따르면, 식물학자 뒤트로셰(Henri Dutrochet)는 식물이 물체가 아니라 내부의 원리에 따라 움직인다는 사실을 실험을 통해 보여주었다. 공기도 습기도 식물이 자라는 방향을 결정하지 않는다는 것이다. 식물학자 마이엔(Franz Meyen)은 식물들의 자유로운 운동으로부터 일종의 의지작용을 도출하며, 트레비라누스는 덩굴손식물이 버팀목 주위를 감을 때 살아있는 식물의 주위만을 감거나 자신에게 적합한 양분을 흡수할 수 있는 식물의 주위만을 감는 현상에서 자발적 운동이 표명된다고 주장하며, 식물학자 도베니(Charles Daubeny)는 식물의 뿌리가 흙의 성분을 선택하는 능력을 갖는다는 사실을 실험을 통해 보여주었다. 또한 쇼펜하우어는 플라톤이 식물에 욕망을 부여한 사실을 언급한다.

쇼펜하우어는 많은 식물학자들이 식물의 자발적 운동을 관찰했지만, 식물에 의지를 부여하는 것에 동의하지 않은 것은 의식이 의지의 조건이라는 선입견에 사로잡혀 있었기 때문이라고 주장한다. 의지가 처음의 것이며 인식으로부터 독립적이라는 사실을 그들은 납득할 수 없었다는 것이다. 식물은 의식을 갖지 않지만, 의지를 직접적으로 갖는다고 쇼펜하우어는 주장한다. 의지는 사물 자체로서 식물 현상의 실체이기 때문이라는 것이다.

쇼펜하우어는 의지에 대한 직접적 인식의 가능성을 언급한다. 그것은 자신의 의지에 대한 직접적인 지각으로서 그 인식 안에서 사물 자체는 더 이상 은폐되어 있지 않다는 것이다. 의지가 자신에 대해 의식하는 것을 쇼펜하우어는 내감(內感)의 공이라고 말한다. 내감은 우리의 최초이자 직접적인 인식으로서 의지의 다양한 활동을 지각한다는 것이다.

그러나 쇼펜하우어는 인간이 아닌 동물에게서 인식능력은 다른 신체기관들이 그렇듯이 오직 보존을 목적으로 나타난다는 점을 다시 강조한다. 그리고 식물의 욕구는 인식을 요구하지 않으므로 자극에 대한 수용성이 인식을 대체한다고 말한다. 동물과 인간에게서 인식이 수행하는 것을 식물에게는 자극의 수용성이 수행하므로, 식물은 빛이나 태양을 지각하지 않지만 그쪽으로 향한다는 것이다.

쇼펜하우어는 이러한 식물의 의지작용은 자극의 감각과 구분되지 않고 하나로 융합되어 있는 반면에 동물에게서 동기와 의지작용은 분리되어 있으며, 인간에게서 의지와 지성은 명백히 분리되어 천재의 지성은 의지의 지배에서 벗어나 완벽한 객관성에 도달할 수 있다고 주장한다. 이로부터 개별적 행위들이 자유롭다는 착각이 초래된다는 것이다. 이 문제를 쇼펜하우어는 다음 장에서 다룬다.

물리천문학 장에서 쇼펜하우어는 영국의 천문학자 존 허셜 경 (Sir John Frederick William Herschel)이 중력을 의지현상으로 표현함으로써 자신의 학설을 과학적으로 표명했다고 주장한다. 그러나 그는 허셜이 인과성 개념의 근원을 경험으로 보았으며, 의지가 의식과 밀접하게 결합되어 있다는 생각에 사로잡혀 있다고 비판한다.

쇼펜하우어는 자연에 두 개의 다른 운동원리가 있다는 일반적인 생각에 대해 언급한다. 플라톤은 내부로부터 움직이는 영혼과 외부로부터 운동을 받아들이는 육체 사이의 대립을 언급하며, 아리스토텔레스도 움직이는 모든 것은 자기 자신에 의해서거나 다른 어떤 것에 의해 움직인다고 함으로써 두 운동을 구분한다는 것이다. 또한 쇼펜하우어는 루소가 전달된 운동에서 원인은 운동자의 외부에 있고 자발적 운동의 원인은 운동자의 내부에 있다고 주장하며, 당시의 생리학자인 부르다흐도 운동의 규정 근거를 내부와 외부로 구분하고, 혼이 있는 물체만이 자신 안에 운동의 계기를 갖고 독자적으로 운동한다고 주장하는 사실을 지적한다.

이러한 구분을 쇼펜하우어는 받아들이지 않는다. 운동이 두 개의 근원을 갖지 않는다는 이유에서다. 운동은 내부에서 시작하여 의지에 귀속되거나 외부에서 시작하여 원인에서 발생하는 것이 아니라는 말이다. 그는 오히려 의지와 원인이 분리되지 않고 물체의 모든 운동에서 동시에 일어난다고 주장한다. 한편으로 내부의 운동은 언제나 동기라는 원인을 통해 표현되며, 다른 한편으로 외적 원인을 통해 일어나는 것으로 보이는 물체의 운동도 본질적으로는 그 물체가 갖는 의지의 표현으로서, 원인에 의해서는 이 표현이 불러일으켜졌을 뿐이라는 것이다. 그러므로 이 두 운동은 모든 운동의 예외 없는 유일한 내적 원리인 의지를 따르며, 원인, 자극, 동기는 외적으로, 즉 시공간 안에서 현상적으로 표현되는 계기일 뿐이라고 그는 주장한다.

쇼펜하우어에 따르면, 이 두 운동이 다른 것으로 보이는 이유는 의지의 운동에 대해 파악하는 것이 어렵다는 점에 놓여 있다. 그는 자연현상에 대한 이해 가능성이 의지가 더 표현될수록 줄어들며,

반대로 존재 자체에 관련되지 않는 단순한 현상일수록 늘어난다고 말한다. 자연의 가장 낮은 단계에서 원인과 결과는 동질적이므로, 여기서는 인과결합이 가장 완벽하게 이해되지만, 존재의 사다리에서 상승할수록 인과성의 파악 가능성은 줄어든다는 것이다. 그는 이미 전기, 화학 작용에서 원인과 결과 간의 유사성은 사라지고 인과성은 두꺼운 장막에 싸인다는 점을 지적한다. 존재의 사다리에서 높이 올라갈수록 결과에 더 많은 것이, 원인에 더 적은 것이 놓여 있는 것으로 나타나서 유기적 영역에서 원인과 결과의 관계는 전혀 이해되지 않는다는 것이다. 더욱이 인식하는 존재의 영역에서 행위와 그 행위를 불러일으키는 사물 사이에는 아무런 유사성도 관계도 없으며, 개념을 갖는 인간은 객체의 현존이나 실재성을 행위동기로 요구하지도 않으므로 인간의 행위에서 원인과 결과의 분리는 거대해지고 신체의 운동은 원인 없이 발생하는 것으로 나타난다는 것이다.

그러나 쇼펜하우어는 인과성에 대한 이해 가능성이 없어진 자연의 최고 단계에서 "완전히 다른 종류의 해명이 완전히 다른 측면으로부터, 즉 우리 자신의 내면으로부터 암흑에 마주쳐 온다"라고 말한다. 인식하는 우리가 인식되는 객체 자체가 됨으로써 의지가 동인이라는 인식이 성립한다는 것이다. 그리고 그는 이 자기의식에 의해 인식 없는 자연의 모든 과정의 내부에 대한 통찰도 가능해진다고 주장한다. 자연력과 생명현상들에서 인식되지 않는 내부는 우리 내부의 의지와의 동일성을 통해 접근될 수 있다는 것이다. 또한 그는 의지에 의한 운동도 자연에 대립하고 인과성의 원리를 전적으로 회피하는 설명될 수 없는 것으로 나타나지만, 자기의식에서 외적·내적 인식의 통일이 완성된다면 인과성의 모든 단계에서 그 본질의 동일성이 인식될 것이라고 주장한다. 그래서 인간의 운동이 충돌한 공의 운동보다 필연성을 적게 갖지 않는다는 것이 알려지고, 내부로부터 얻은 인식을 외부를 인식하기 위한 열쇠로 삼아 자연현상에서의 인과관계를 철저히 알 수 있다는 것이다.

이로써 쇼펜하우어는 데카르트 이래로 철학이 중점적으로 다루는 핵심 물음이 해결될 것이라고 주장한다. 현상의 본질은 우리에게 직접적으로 알려진 의지와 본질적으로 동일하다는 것이다. 그래서 "의지가 있는 곳에 더 이상 인과성이 없고, 인과성이 있는 곳에 의지가 없다"라는 오류를 정정하여 쇼펜하우어는 "인과성이 있는 모든 곳에 의지가 있다. 그리고 어떤 의지도 인과성 없이 행하지 않는다"라고 말한다. 인과성은 세계의 한 측면인 표상의 본질이고, 의지는 세계의 다른 측면 즉 물자체라는 것이다. 인과성이 더 분명히 나타날수록 의지가 적게 표명되듯이 반대로 우리 자신에게서는 의지가 더 직접적으로 의식되고 인과성은 더 먼 것으로 나타나는 것일 뿐, 인과성과 의지는 언제나 함께 성립한다는 말이다.

언어학 장에서는 많은 언어에서 생명 없는 물체가 의욕을 갖는 것으로 표현되는 점을 지적한다. 세네카는 불이 의지한다고 표현하며 아리스토텔레스는 땅의 의지에 대해 표현한다는 것이다. 쇼펜하우어는 "물이 넘치려고 한다" "불이 붙지 않으려고 한다"라는 일상적 표현에서도 사물에 의지가 부여된다는 점을 지적한다. 반면에 사물에 인식, 표상, 지각, 사유가 부여된 경우는 없다는 것이다. 그는 독일어, 영어, 이탈리아어의 경우를 예로 들어 생명 없는 사물의 의욕에 대한 표현들을 제시한다. 또한 산스크리트 어원의 언어와 근본적으로 다른 중국어에서도 우주의 재료인 양(陽)이 의지를 갖는 것으로 표현되는 점을 지적하고 화학적 현상에도 욕망이 적용된다는 점을 예시한다. 따라서 모든 내적 충동을 의욕으로 표현하는 것이 곧 사물의 본질에 대한 표현이라는 것이다.

생물자기학이 자신의 학설에 대한 가장 사실적인 증명을 제공한다고 쇼펜하우어는 주장한다. 생물자기학에서는 근원적인 의지가 인간 개별자에게서 고찰되며, 자연 운행의 법칙인 인과율에 따라 설명될 수 없는 사물들이 다루어지며, 이로써 자연에 대한 초자연적 지배가 명시된다는 것이다. 그는 생물자기학에서 의지는 물자체로서 나타나므로 개별화의 원리가 사라지고, 개별자를 분리시키는 경계는 부서진다고 주장한다.

쇼펜하우어는 생물자기학의 현상을 마법의 현상과 비교한다. 마법은 일상에서도 보존되었으며, 경험주의자 베이컨조차 입증하는 무사마귀(Warzen)에 대한 감응요법을 위해서도 요구되었다는 것이다. 쇼펜하우어는 생물자기학과 감응요법이 물리적 작용에 대립적인 마법적 작용의 가능성을 경험적으로 증명한다고 주장한다. 또한 그는 칸트의 철학적 전환에 따라 우리가 인식하는 것이 단순한 현상이라면, 현상의 법칙에 근거하여 마법적 작용을 비웃을 수는 없다고 주장한다. 그 비난이 근거하는 법칙의 선천성은 그 비난을 바로 현상에 제한한다는 것이다. 쇼펜하우어는 로크의 철학을 추종하는 영국인과 프랑스인들이 물질적 세계의 법칙을 무조건적이라고 간주하고 물리적 영향 이외의 것을 승인하지 않는다고 비판한다. 이들은 물리학을 믿지만 형이상학을 믿지 않으며, 소위 "자연적 마법" 이외의 어떤 것도 허용하지 않는다는 것이다. 같은 이유에서 쇼펜하우어는 메스머(Franz Anton Mesmer)의 물질주의적 입장을 받아들이지 않는다. 마법의 본질적 동인은 의지이며, 의지작용은 현상적으로 인식될 수 있는 물리적 작용이 아니라는 것이다.

중국학 장에서는 중국의 세 종교에 대해 기술한다. 쇼펜하우어는 불교를 "지구상에서 가장 중요한 종교"로 일컬으며 노자의 도교도 그 의미와 정신에서 불교와 완전히 일치한다고 주장한다. 반면에 공자의 지혜를 학자와 정치가들이 좋아하는 장황하고 상투적인 정치철학으로 간주한다. 공자의 가르침은 형이상학을 배제한 무미건조하고 지루한 "완전히 독특한" 학설이라는 것이다. 이 세 종교는 서로 반목하지 않고 공존하며, 무신론적이라는 점을 쇼펜하우어는 강조한다. "물질로부터 독립적이고 물질을 마음대로 지배하는 것으로서 신, 영혼, 정신이라는 단어들은 중국어에 전혀 없다"라는 것이다. '천(天)'은 신을 의미하는 단어가 아니라는 점을 쇼펜하우어는, 하늘에 죄를 심판하고 결정하는 어떤 인간이 있는 것이 아니라는 주희(朱熹)의 말을 통해 제시한다. 그러나 최고의 통제를 수행하는 어떤 것이 없다고 할 수도 없다는 주희의 말과 "하늘의 정신은 인류의 의지가 무엇인가로부터 도출된다"라는 말을 쇼펜하우어는 자신의 학설과 일치하는 것으로 해석한다.

윤리학에 관해 마지막 장에서 짧게 언급한다. 쇼펜하우어는 형이상학이 윤리학의 바탕이어야 한다는 점을 강조하고, 절대적 당위로서 등장하는 칸트의 정언명법과 피히테의 도덕철학을 비판한다. 그는 자신의 의지형이상학이 윤리학의 실제적이고 직접적인 버팀목이라고 주장한다. 책임은 자유를 전제하며, 자유는 의지의 자존성을 전제하므로 윤리학의 핵심인 자유와 책임은 의지에서 출발해야 가능하다는 것이다. 쇼펜하우어는 존재에서 자유가 나온다는 입장을 짧게 언급하면서, 본성의 필연성에 따라 행동하는 것이 자유라는 스피노자의 주장에 동의한다. 나아가 그는 자신의 윤리학이 도달하는 금욕주의적 결론이 불교를 비롯한 동양종교뿐 아니라 고대의 참된 기독교와도 모순적이지 않다는 점을 지적한다.

여기서 언급한 윤리학의 문제를 쇼펜하우어는 몇 년 후 노르웨이와 덴마크의 왕립학술원에 제출한 현상논문들에서 계속 논의한다. 그는 1839년에 쓴 「인간의지의 자유에 관하여」에서 자유의지의 문제를 철저히 분석하며, 1840년에 쓴 「도덕의 기초에 관하여」에서 칸트의 정언명법에 함축된 당위성을 비판하고 윤리학의 형이상학적 근거를 제시한다. 그는 이 두 논문을 묶어서 1841년에 『윤리학의 두 근본 문제(*Die beiden Grundprobleme der Ethik*)』를 출판한다.

쇼펜하우어 연보

1788. 2. 22.	단치히(지금의 폴란드 그단스크)의 부유한 상인 가문에서 출생.
1793(5세)	단치히가 프로이센에 합병되는 것을 피해 가족이 함부르크로 이주함.
1797(9세)	누이동생 아델레 출생. 프랑스 르아브르에 있는 부친의 친구 집에서 2년 동안 지냄.
1799(11세)	프랑스에서 돌아와 상인 양성기관인 룽게 박사의 사립학교에 입학.
1800(12세)	부친과 하노버, 카를스바트, 프라하, 드레스덴을 여행.
1803(15세)	가족과 유럽 여행.
1804(16세)	단치히에서 상인 실습을 시작함.
1805(17세)	부친 사망.
1806(18세)	모친과 누이동생이 바이마르로 이주한 후 본인은 함부르크에 남아 상인 실습을 계속함.

1807(19세)	모친의 권유로 상인 실습을 중지하고 고타에 있는 김나지움에 입학.
1809(21세)	괴팅겐대학교 의학부에 입학.
1810(22세)	철학자 슐체의 강의를 들음. 슐체에게서 플라톤과 칸트를 읽으라는 충고를 받음.
1811(23세)	베를린대학교에 입학. 피히테의 강의를 듣고 셸링의 저서를 읽음.
1812(24세)	칸트와 플라톤을 연구. 베이컨과 로크를 읽음. 슐라이어마허의 강의에 참석.
1813(25세)	『충족이유율의 네 겹의 뿌리에 관하여』를 예나에 있는 튀링겐주립대학교에 제출하고 박사학위 취득. 괴테에게 박사학위 논문을 증정. 수개월 동안 괴테와 정기적으로 만나 색채이론에 관해 논의함. 바이마르의 공공도서관에서 아시아 관련 잡지를 빌려 보기 시작함.
1814(26세)	바이마르의 공공도서관에서 『우파니샤드』의 라틴어 번역본 『우프네카트』를 빌림.
1816(28세)	색채이론에 관해 괴테와 논의한 결실인 「시각과 색채에 관하여」가 발표됨.
1818(30세)	『의지와 표상으로서의 세계』를 완성. 이탈리아로 여행.
1819(31세)	베를린대학교에 사강사(私講師)직을 지원함. 헤겔의 강의와 같은 시간에 강의할 것을 희망함.
1820(32세)	시험 강의에서 통과함. 강의 중 헤겔과 짧게 논쟁함. 처음이자 마지막으로 강의를 개설함. 쇼펜하우어의 강의는 1820~1822년과 1826~1831년까지 계획되어 있었지만 수

강생이 없어서 한 학기로 끝남.

1822(34세) 이탈리아로 여행.

1823(35세) 독일로 돌아옴. 여러 질병과 청각장애를 앓으면서 뮌헨에서 겨울을 보냄.

1824(36세) 가슈타인(스위스), 만하임, 드레스덴에서 체류. 흄의『종교의 자연사』와『자연종교에 관한 대화』에 대한 번역 계약 체결을 시도함.

1825(37세) 베를린으로 돌아와 스페인어를 배우기 시작함.

1831(43세) 콜레라를 피해 베를린을 떠나 프랑크푸르트로 이주함. 헤겔은 콜레라로 사망함.

1833(45세) 프랑크푸르트에 최종적으로 정착함.

1836(48세) 『자연에서의 의지에 관하여』를 출판.

1837(49세) 칸트전집 출판에 관여함.

1838(50세) 모친 사망.

1839(51세) 현상논문「인간의지의 자유에 관하여」로 노르웨이왕립학술원으로부터 수상함.

1840(52세) 현상논문「도덕의 기초에 관하여」로 덴마크 왕립 학술원에 단독으로 지원했으나 수상하지 못함.

1841(53세) 두 현상논문을 묶어『윤리학의 두 가지 근본문제』를 출판함.

1842(54세) 누이동생 아델레를 20년 만에 만남.

1844(56세) 『의지와 표상으로서의 세계』제2권이 완성되어 제1권의 재판과 함께 출판됨.

1845(57세) 『여록과 보유』를 쓰기 시작함.

1847(59세)	『충족이유율의 네 겹의 뿌리에 관하여』의 개정판 출간.
1849(61세)	누이동생을 마지막으로 만난 후 누이동생 사망.
1851(63세)	『여록과 보유』 출간.
1854(66세)	『자연에서의 의지에 관하여』의 개정판 출간. 바그너가 『니벨룽겐의 반지』의 헌정본을 보냄.
1855(67세)	라이프치히대학교의 철학과에서 「쇼펜하우어 철학원리에 대한 해명과 비판」이라는 현상과제를 제시함.
1857(69세)	쇼펜하우어에 관한 강의가 최초로 본대학교와 브레슬라우대학교에서 개설됨.
1859(71세)	『의지와 표상으로서의 세계』 제3판 출간.
1860(72세)	9월 21일 프랑크푸르트에서 사망.

찾아보기

| 인명 찾아보기 |

김미영

이화여자대학교 철학과에서 학사·석사 과정 후 독일 뮌스터대학교에서 철학박사 학위를 받았다. 홍익대학교 인문과학연구소에서 학술연구교수로 재직했다.
논문으로는 「쇼펜하우어의 부정적 쾌락주의」, 「회의주의와 회의적 방법」, 「칸트의 철학에 대한 쇼펜하우어의 비판」 등이 있으며, 역서로는 『도덕의 기초에 관하여』(2004), 『충족이유율의 네 겹의 뿌리에 관하여』(2010)가 있다.

자연에서의
의지에 관하여

대우고전총서 030

1판 1쇄 펴냄 | 2012년 5월 25일
1판 3쇄 펴냄 | 2023년 2월 24일

지은이 | 아르투어 쇼펜하우어
옮긴이 | 김미영
펴낸이 | 김정호
펴낸곳 | 아카넷

출판등록 2000년 1월 24일(제2-3009호)
413-120 경기도 파주시 회동길 445-3
전화 031-955-9511(편집) · 031-955-9514(주문) | 팩스 031-955-9519
책임편집 | 좌세훈
www.acanet.co.kr

철학, 서양철학, 독일철학, 쇼펜하우어 KDC 165.47

Printed in Seoul, Korea.

ISBN 978-89-5733-241-2 94160
ISBN 978-89-89103-56-1 (세트)